政治学入門〔第3版〕

木寺 元［編著］

弘文堂

序章 「武器」としての政治学

第1章 日本の政治は有権者の要望に応えてきたか——戦後日本政治の変容

第2章 リーダーの権力はどのように決まるのか ——執政制度

第3章 選挙制度がたいせつな理由
――選挙制度と政治のかたち

第4章 投票の決め手になるのは何か
――投票行動論

第5章　政党の顔ぶれはどう決まるか——政党システムと政党組織

第6章 スタンプ台か、アリーナか ——議会制度

第7章 官僚たちのジレンマ　専門性か、民主的コントロールか ——官僚制と行政組織

第8章 選挙で選ばれない人がなぜ権限を持つのか ——独立機関

第9章 国と自治体の役割分担はどのようなものか ——国自治体間関係

第10章　「政府」のいない世界で ――国際政治

第11章　ニュースから「政治」を読みとく——メディアと政治

第12章 集約された利益で政治を動かす——利益団体

第13章 つながって大きくなる１人ひとりの声 ――市民社会

終章 ジレンマの向こうへ

附録　政治学基本用語集

引用参考文献

序章

「武器」としての政治学

もしCOVID-19（新型コロナウイルス）がなかったら。
私たちがずっと前から思い描いていた「未来」。
新型コロナウイルス感染症対策として政府が決定したさまざまな政策によって、そうした「未来」の数多くが阻まれた。
しかし一方で、近代以降の国家は、私たちの生命や財産を守る役割も負っている。

「政治」ってなんだろう。

もしあなたが海外旅行中に、テロに巻き込まれたら。
もしあなたが家庭を作り、子どもに重い障害があったら。
もしあなたの頼もしかった親が歳をとり、介護が必要になったら。

あなたが困ったとき、あなたを誰が守るのか。
お金で解決できない。友人や家族にも頼れない。「経済」や「社会」が守れない人を何が守るのか。

「政治」について考えてみよう。

1　誰があなたを守るのか

始まらない始業式、憧れだった文化祭、人生の節目だと思っていた成人式、紙屑になった留学先の合格通知、同期と切磋琢磨するはずだった新人研修、着るはずだったウェディングドレス、立ち会いたかった我が子の出産。夢に描いていた全てがなくなった。

保育や介護などケアの社会化が進む中で突如として世間にこだました「ソーシャル・ディスタンス」の掛け声は、そうした社会（ソーシャル）による支え合いさえ蒸発させた。少なくない保育園は閉鎖され、多くの介護サービスもストップした。

当然進むと疑わなかったグローバル化も、水際対策の名の下でいとも簡単に国境は封鎖された。市場（マーケット）は政府の介入を嫌うどころか、政府による補償を求め、事業者は給付金の申請に勤しんだ。

人と人とが自由に会えない日々は、政府の出す緊急事態宣言や関連する公式・非公式の法令や呼びかけを基盤とした。そして、人々は知事や市長の発言に耳をそばだて、役所の発表する当日の感染者数に一喜一憂し、首相や政府の指導力や対応力をあげつらった。

社会が薄められ、市場が混乱し、代わりにあらわになったのは政治に振り回される日々であった。本書は、COVID-19（新型コロナウイルス）が世界中を襲った後の世界線において、政治を学ぶ教科書である。

そもそも政治とはどういうものか。

法や、経済や、社会が救えない人を救えるのは何か。それは政治だ。政治は、法律を変える、なくす、あるいは作る。政治は、サービスを給付する、補助金を配る、減税する。政治は、人と人とをつなげる、離す、適切な距離感で結びつける。そうやって、法や経済や社会から漏れてしまって困窮する人たちを、政治は救うことができる。

2　開放的な政治か、効率的な政治か

とはいえ、困った人が政治に訴えることでただちに救われるとは限らない。多数の人が同じことに困窮することもあれば、ごく一部の人しか困窮しないこともある。多数の人が同じ問題を抱えるのであれば、その数を背景に政治は動くかもしれない。一方で、ごく一部、ごく少数の人が困った場合、政治は彼や彼女を救うのか。

政治哲学者のジョン・ロールズは、「無知のベール」という概念を提唱した（ロールズ、2010）。自分がどういう状態にあるか、何者であるか、などの知識や情報を、いっさい「知らない」場合に、みんなが納得する社会のあり方を考えようというものである。なぜ「知らない」ことが求められるのか。それは、自分についての知識や情報があれば、自分が有利なように、あるいは他人が不利なように、社会のルールを考えてしまうからである。

現実的な問題としても、私たちは自分についてよく「知らない」。自分が将来どこに住むことになるのか、将来どれだけの収入を得るのか、病気や事故にあって障害を持つことはないのか、いつ死ぬのか。私たちは不確実性の中にいる。だからこそ、いついかなる立場に自分が立つことになっても、納得できるようなルールのある社会を考えていくべきなのかもしれない。

しかし、現実はなかなかそうはいかない。人々の多くは、残念ながら、自分が少しでも得をすることを考える。政治に関わる局面でもそうだ。他の誰でもなく自分が、他のところでもなく自分の住んでいる地域が、他でもなく自分の働く会社が、少しでも利益を得られるように、政府に働きかけ、運動し、利益を実現してくれる政党や政治家に投票する。少

数の困った人を救うためには、どういう政治制度がよいだろうか。

もちろん、少数者の意見をじっくり聴く政治制度が必ずしも望ましいとは限らない。たとえば、そもそもなぜ国家があるのか考えてみよう。ロックやルソー、名だたる啓蒙思想家は、私たちの身体や生命、自由や財産を守るために、国家という政治共同体が必要だと唱えた。困窮する少数者のそれらが損なわれそうになったときのために、国家が作動するという考え方もできる。しかし、このグローバル社会の中で、多様な意見にじっくり耳を傾け、あらゆる人から合意を得ることを目指す意思決定の方法を採用していたらどうだろう。たとえば、戦争。私たちの国に安全保障上の危機が迫るときに、国内の慎重な合意調達は可能なのか。たとえば、市場競争。企業課税の引き下げ競争で遅れをとることは、国外企業の誘致失敗ばかりか、自国から国外への企業の流出を招いてしまわないか。このように、合意調達に慎重になるあまり、むしろ守るべき国民の生命や身体、自由や財産が損なわれてしまう可能性もある。また、少数者の意見にじっくり耳を傾けることは、一握りのエリートや特権階級の声を過大に政治に反映させることを正当化する口実にもなりうる。

少数者の意見が反映されやすい政治制度を「開放的」、意思決定の迅速さが重視される政治制度を「効率的」と定義しよう（建林・曽我・待鳥、2008)。政治制度は、この「開放的」か「効率的」かの狭間で揺れる。

3　境界線の政治

いずれにせよ、忘れてはいけないことは、政治とは境界線を引く、ということである。他のものと比べたときの政治の固有性とは何か。政治学者のカール・シュミットは、道徳には善と悪が、美術には美と醜が、経済には得と損があるように、政治には、友と敵があるとした（シュミット、1970）。私たちは、友と敵の対立に従って結束する。それが政治的単位である。つまり、政治的単位の境界は、友と敵との選別による。

この境界線がなくなればよいと思うかもしれない。しかし、そのためには、敵をすべて殺すか、他者との違いがないものとして目をつむらなくてはいけない。ところが、どうしても私たちとそうでない者たちの間に、違いは存在してしまう。政治学者のシャンタル・ムフは、この友と敵の境界線が常に引き直されるところに、政治的なるものの本質を見い出す（ムフ、2008）。つまり、境界線をなくすのではなく、自分たちと違う他者を尊重すべき他者としてしっかりとらえ、承認すること。その上で、境界線をめぐって討議をするべきなのではないか。

国籍要件、新型コロナ関連の給付金の支援対象、要介護度の認定基準、生活保護の受給資格……。政治は常に、守るべき者とそうでない者との間に線引きをする。どうしても存在してしまう、その線の引き合いにおいて、この境界画定を決める方法として、いかなる政治制度が望ましいのか。

4 「民主主義」の形

もう一度考えてほしい。今、私たちが「民主主義」といってイメージする政治制度は絶対のものではない。たとえば、「選挙」。私たちは歴史を知っている。古代アテネでは、アゴラを中心とした直接民主制が展開され、公職につくものさえ、くじ引きで決めた。現代はどうか。実は、日本では、町村に限っては、議会を設置せずに、選挙権のある住民が総会を開き、直接民主制によって政治を行う権利が制度的に保障されている。昔の制度ではない。今の地方自治法94条と95条だ。実際に、東京都宇津木村（現在の八丈町）では、地方自治法が施行されてから1951年に他の町村と合併するまで、村議会を置かず、村民総会を開いていた。

直接、このように、選挙で私たちの代理人を選び、主に彼や彼女たちに決定を委ねるという方法は、民主主義の決め方のすべてではない。

一方で、議会を置かずに、直接民主制で政治的な決定を行うとどうなるか。どうすれば困った人が救われるのか、という点から政治を見た場合、政治家に委ねるよりも直接困窮した人々が決定の場に関わった方がよいように思うかもしれない。しかし、困っている人々ははたして、議場に足を運び、討議に参加し、対立する人々を説得し、合意を得ることができるだろうか。生活に困窮する者はまず糧を得るための仕事を優先し、介護や育児に追われる者はまずそれらに時間をとられるのではないか。そうなると、本当に日々の生活に四苦八苦している人の声はむしろ意思決定の場には届かず、政治的な決定に反映されない。

その場合、私たちは直接政治的な意思決定の場に参加するのではなく、私たちの代理人を議場に送り出す代議制民主制が望ましいという考え方も出てくるだろう。

それでは、このときどのような代理人の選び方がよいのだろうか。

一方で、代議制民主制だけが政府の意思決定のルールとなったとき、代議制民主制の境界の外側に追いやられてしまった人たち、つまり選挙権が与えられない人々はどうするのか。たとえば、難民や移民、国籍を持たぬ人。彼や彼女たちは、法や経済や社会の編み目から抜け落ちてしまったとき、政治に救いを求めることもできないのか。

5　本書の構成

本書は、これらの疑問を解こうとするあなたに、思考の武器を授けるものである。

まず、この書を手に取るものの多くにとって身近な日本政治について、そのあゆみを**第 1 章**で学びたい。

その上で、首相や大統領など各国のリーダーと目されるひとたちに目を向けよう。民主制を採用する国々において、そうしたリーダーたちは行政府のトップであることが多い。**第 2 章**では、こうした行政府のトップに注目しよう。

代議制民主制では、有権者が選挙を通じて自分たちの代理人を選ぶ。選挙といっても、その選び方、つまり選挙制度は実は多様である。どのような選挙制度があるのか。**第 3 章**では、有権者が代理人を選ぶルールについて考える。そして、人は何を基準に、投票所に足を運び、投票する代理人を決めるのか。**第 4 章**では、そのメカニズムを学ぶ。

選ばれた代理人たちは、政党という集団で活動することが多い。**第 5 章**では、政党を軸に展開される政党政治について学ぶ。代理人たちは、一般に、立法府と行政府を舞台とする。立法府で、代理人を取り巻くルールにはどのようなものがあるのか。**第 6 章**で議会制度を扱う。行政府には、第 2 章で学んだ長を支える組織としての官僚制が備わっている。これについては、**第 7 章**で考えよう。さらに、裁判所、中央銀行など、選挙で選ばれた代理人以外の者が強い権限を持つことがある。それはなぜか。**第 8 章**で検討しよう。

政府には様々な水準がある。国内における中央と地方の関係については**第 9 章**で、そして政府なき世界としての国際政治については、**第 10 章**で考えよう。さらに、私たちが政治を考え、判断する上で欠かせないメディアについては、**第 11 章**が私たちに多くを教えてくれる。多様な民意を政治空間に投げ入れる利益団体については、**第 12 章**で学ぼう。

代議制民主制は、民主主義の 1 つのあり方である。その制度がうまく機能しないときどうすればよいのか。**第 13 章**の市民社会にはそのヒントがたくさん詰まっている。

本書は、新型コロナウイルス禍やウクライナ戦争、「民主主義の後退」をふまえて編まれた。

あなたには、理想の世界があるはずだ。そして、その理想の世界を実現するための武器として、政治学は役立つ。

あなたの理想の世界を実現するためには、政治はどのような制度を導入すればよいのか。どういう戦略で政治に関わればよいのか。または、それが実現されないのは、どういう政治制度が邪魔をしているからなのか。どういう有権者の行動が足を引っ張っているからなのか。考えながら、本書を読んでいただければ幸いである。

2016 年 2 月

2023 年 3 月加筆修正

編著者　木寺 元

第１章

日本の政治は有権者の要望に応えてきたか
——戦後日本政治の変容

戦後の日本は、主権者である有権者と代表者である政治家が共同で作り上げてきたといってよい。有権者の政治に対する要望と政治リーダーの設定する政策課題が相互に影響を与え合いながら、歴史を織りなしてきたからである。

戦後政治の歴史は、日本を取り巻く国際情勢や社会経済環境の制約がある中で行われた政策選択の軌跡である。外的環境の変化に対して政治リーダーはどのような政治判断を行ってきたのか。過去の政策選択は、その後の政治をいかに規定したのか。現在でも続く政治対立の源流は、どこにあるのか。以上の観点から、第１章では歴史的展開をたどっていきたい。

時代区分は経済成長を基準に、高度経済成長期、安定成長期、低成長期の３つとする。それぞれの時代に政治リーダーは何を政治目標として掲げ、実現に向け取り組んできたのか。一方、有権者は政治に何を望み、どのような形で政治的支持を表明してきたのだろうか。

▶▶▶ ディスカッション

代表民主制は、選挙で選ばれた代表者が有権者の意思を代弁する仕組みである。それでは戦後日本の政治は、国民の要望に十分に応えてきたといえるだろうか。

政治に求められる課題は、時代とともに変化する。流動的な世論を見極め、国民が政治に何を期待しているのかを見出すこと、そしてその実現に全力を尽くすことによって、政治家は国民からの支持を得て権力をつかむことができる。

他方で有権者の視点に立てば、政治への関わりとは、権力追求を目的とする政治家の野心を前提として、自分たちの要求を反映させる行動といえるだろう。

図表1－1は、国民が政治に求める課題を尋ねた意識調査である。「今、日本の政治が、取り組まなければならないいちばん重要なこと

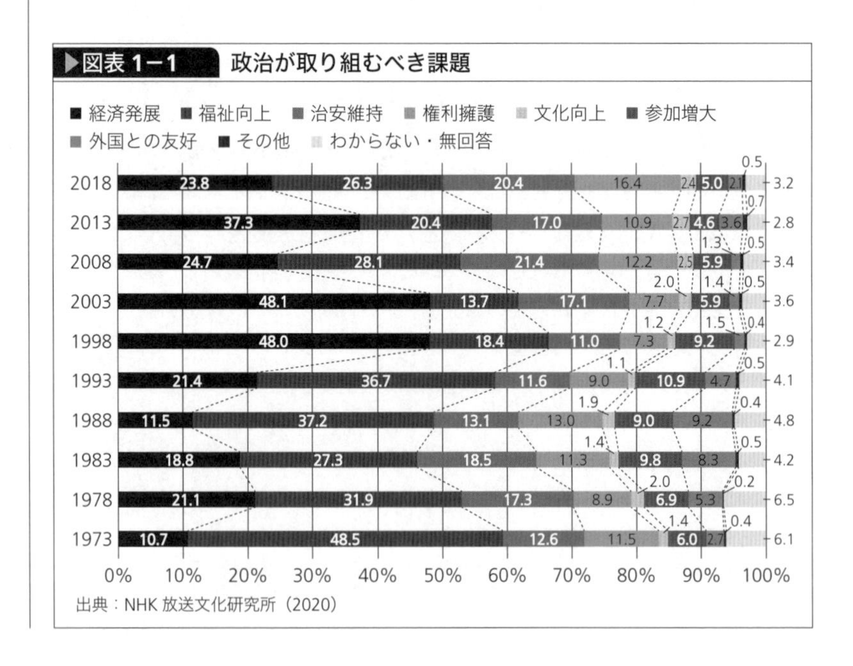

▶図表1－1 政治が取り組むべき課題

出典：NHK放送文化研究所（2020）

がらは、何でしょうか」という設問に対し、選択肢から単一回答するものである。これによると、1973年から1993年までトップは一貫して「福祉向上」であったが、景気が低迷した1998年、2003年、2013年には「経済発展」に1位の座を奪われていることがわかる。

こうした有権者の変化に政治は応えてきただろうか。**図表1−2**は、同じ調査から「政治的有効感覚」の推移を示したものである。「私たち一般国民の意見や希望は、国の政治にどの程度反映していると思いますか」という設問に対し、1998年には「全く反映されていない」と感じる人が急増していることがわかる。「政治的有効感覚」の低下は押しとどまっているものの、有権者の期待に政治が十分応答できているとはいえない結果を示している。

政治が有権者の意向に無関心だったのかというと、そうともいえず、世論と政党**マニフェスト**の関係を分析した研究によると、経済政策や安全保障において、世論の変化に政党の公約が応答している

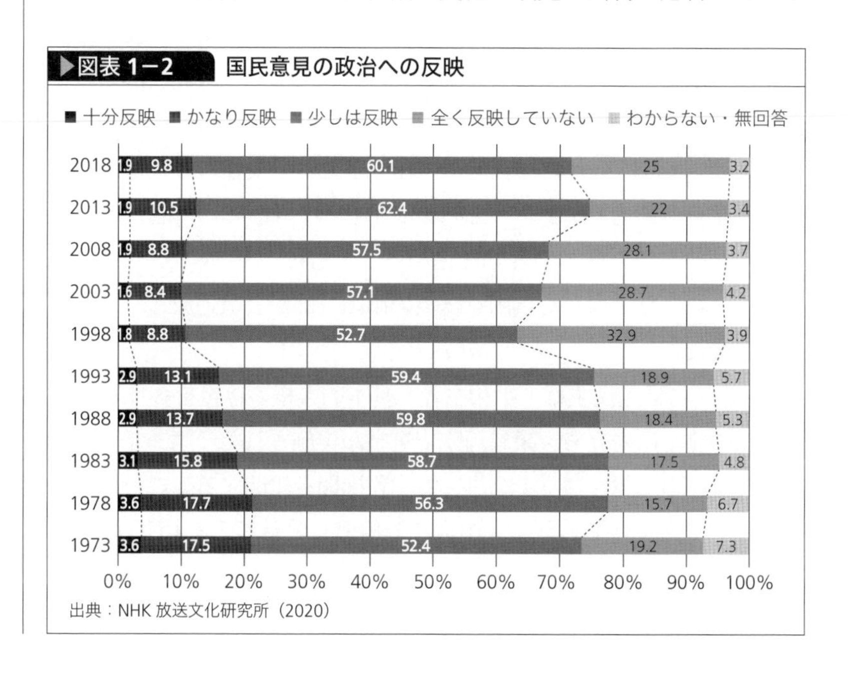

▶図表1−2 国民意見の政治への反映

出典：NHK放送文化研究所（2020）

傾向が確認されている（大村、2012、175～192 頁）。

政治課題への取り組みは、国民の要求に応じて問題解決に乗り出す受動的なケースもあれば、課題を先取りして国民に提示する能動的な場合もあるだろう。政治的競争にさらされる中で、それぞれの政権は何を優先的課題として設定し、どのように実現を図ってきたのだろうか。設定した課題は時代の要請、有権者の要望に適合していたのだろうか。

1　55 年体制の成立と高度経済成長

（1）戦後復興

日本の政党政治は戦前も一定の発展を遂げていた。衆議院の第一党が組閣を行い失脚した場合には第二党が政権を担う「憲政の常道」も定着し、1924 年から 1932 年までの 8 年間は二大政党が交互に政権を担当した。しかし軍部の台頭と大政翼賛会の成立により、政党政治の歴史は中断する。

1946 年 4 月に行われた戦後初の総選挙では、女性の参政権が認められ、選挙権年齢も 25 歳から 20 歳に引き下げられた。有権者は約 3 倍に増え、新人が当選者の 8 割を占めるとともに、39 人の女性議員が当選した。第一党となった自由党総裁の鳩山一郎が公職追放され、吉田茂が組閣する。

1947 年には国民主権・平和主義・基本的人権の尊重を 3 原則とする新憲法の施行に先立ち、衆参両院で選挙が実施された。第一党となった社会党は中道二党と連立を組み、片山哲内閣を組閣する。これは、日本には保守でも急進でもなく、中道こそ相応しいと考える GHQ の意向にも合致した。

しかし中道**連立政権**は短命に終わり、続く芦田均内閣も疑獄事件で退陣する。再び政権に就いた吉田茂は、アメリカ占領下の日本で国益を意識した政治判断を行う。1950年に朝鮮戦争が勃発すると、アメリカは日本に再軍備を求めたが、吉田は警察予備隊を創設することでこれに応じた。1951年にはサンフランシスコ平和条約に調印し、日本はアメリカを中心とする西側諸国と講和を結んで国際社会に復帰した。公職追放も徐々に解かれると、保守陣営では軽軍備で対米協調を進める吉田茂と、再軍備を行い自主外交が必要と考える鳩山一郎との対立が先鋭化する。1954年には長期政権を担った吉田が求心力を失って退陣し、日本民主党を結成した鳩山が首班指名された。

（2）55年体制の成立

1955年10月の日本社会党の左右統一を、経済界は自由主義体制への危機と受けとめ、保守合同を要請する。翌月、日本民主党と自由党の合同により自由民主党が誕生した。以後、1993年までの長期間、自民党が一貫して政権を担当する与野党の固定化した政治体制を「**55年体制**」という。初代総裁に就任した鳩山一郎は、吉田路線の転換を図る狙いから自主憲法制定を党是に掲げ、外交でも自主外交を展開して日ソ国交正常化を果たした。

「**55年体制**」は国内要因のみならず、国際社会の東西冷戦構造に規定されたものであった。自由主義・資本主義体制の下でアメリカを中心とする西側諸国との関係強化によって存立を図る保守勢力と、社会主義を追求し反米もしくは中立主義を標榜する革新勢力とのイデオロギー対立がその背後にあった。

ただし、保守陣営は一枚岩ではなかった。たとえば憲法をめぐっても、自民党は新憲法の基本原則を評価する吉田茂らの「保守本流」と、アメリカ占領下で制定されたことから、日本が真に独立国となるためには憲法改正が必要だと考える岸信介らの「自民党本流」に分かれていた。後者は公職追放により、戦後直後、表舞台での活躍を断たれた人々に顕著であった。憲法に対する考え方の違いは、戦争に対する歴史認識が影響している。戦争への反省を出発点とする「保守本流」に対し、「自民党本流」は日本の正当性を主張した（田中、2018、61〜65頁）。

一方、憲法改正に対する1950年代の世論は移ろいやすいものであった（境家、2017、88〜92頁）。独立回復直後の1952年の世論調査では、再軍備を進めるための憲法9条改正に多数が賛成していた。これは法的位置づけを明確にするための改憲に理解を示すものであった。しかし警察予備隊が保安隊へ改組され、さらに1954年には自衛隊が発足し、なし崩し的に再軍備が行われていくと、憲法9条は自衛隊を超える軍事力はもたないものと解釈され、9条維持派が優位に転ずる。

これに対して社会党は、全面講和・中立・在日米軍否定・再軍備反対の平和4原則を掲げていた。戦争の悲惨な記憶が残る国民にとって、社会党は平和への願いに応える存在であった。アメリカとの不平等な関係をただすために岸信介が推し進めた日米安保改定では、日本がアメリカの世界戦略に組み込まれることで逆にアジアの緊張を高める、という社会党の主張が説得力を持ったのである（石川・山口、2021、86頁）。このように社会党は、自民党に挑戦する役割を期待されたものの、党勢拡大よりも路線対立に明け暮れ、自民党の半分の議席にとどまり続けたのであった。

（3）高度経済成長

安保改定をめぐる混乱の責任をとって岸信介が辞任すると、後継として総裁選に勝利したのは、池田勇人である。経済成長率が極めて高いことに着目した池田は、所得倍増政策を打ち出して政治から経済の時代へ舵を切った。池田は軽軍備で経済を重視する吉田路線を踏襲し、岸が期待する憲法改正には取り組まなかった。経済成長を牽引したのは大企業による設備投資であり、鉄鋼・造船・自動車などの製造業は技術革新の成果を取り入れて著しい発展をとげた。1955年から1973年にかけての経済成長率は、年平均10％前後を記録する。同時に産業構造も変化して、1950年に48.5％だった第1次産業（農林水産業）比率は1970年に19.3％へと低下し、第2次（製造業等）・第3次（サービス業等）産業の比重が高まった。これは自民党にとって、農村や地域の有力者に頼る伝統的な集票が困難になることを意味し、中選挙区制の下で議員が生き残る手段として個人後援会が発展する契機となる。

経済成長路線は支持を集め、国民生活に豊かさをもたらした。こうした経済的繁栄の一方で、戦後に残された大きな懸案が沖縄返還である。長期政権となった佐藤栄作内閣は「核抜き本土並み」を条件に、1972年に沖縄返還を実現した。

16〜18ページの**図表1－3**は戦後内閣が辿った主要な政治事象である。

2　安定成長と保守優位の確立

（1）高度経済成長の終焉と与野党伯仲

政権の座にあり続けた自民党は、幅広い業界団体や利益集団の支持を集め**包括政党**となった。しかし高度経済成長に伴う都市化と世代交代は、社会集団と政党との関係を希薄化し、自社両党の議席率は低下していく。1960年には社会党右派の分裂により民社党が結成され、1964年に結党した公明党は都市有権者の支持を獲得して、野党は多党化する。

高度経済成長は次第に負の側面があらわになり、公害に苦しむ人々が増加した。政府は1967年に公害対策基本法を制定し、1971年には環境庁を発足させたが、大量生産・大量消費社会への疑問が呈されるようになった。国民の環境や福祉への関心は、大都市圏で**革新自治体**が誕生する原動力となり、1967年には東京、1971年には大阪で、革新勢力の支持する知事が相次いで誕生する。危機感をもった自民党は、革新自治

▶図表 1－3　戦後内閣の軌跡

内閣発足	首相	衆院選	与党議席（下線首相所属党）【衆定数】	国際関係、国内情勢
1945.8	東久邇宮稔彦			45.8　ポツダム宣言受諾
1945.10	幣原喜重郎			46.1　第 1 次公職追放
1946.5	吉田茂①	1946.4	自由 140・進歩 94【466】	46.3「鉄のカーテン」冷戦開始 46.11 新憲法公布
1947.5	片山哲	1947.4	社会 143・民主 124・国民協同 31【466】	47.3「トルーマン・ドクトリン」共産主義封じ込め
1948.3	芦田均		民主	48.9　昭和電工事件
1948.10 1949.2 1952.10 1953.5	吉田茂② 吉田茂③ 吉田茂④ 吉田茂⑤	 1949.1 1952.10 1953.4	民自 民自 264・民主犬養派 33【466】 自由 240【466】 自由 199【466】	 50.6　朝鮮戦争 51.9　サンフランシスコ平和条約 53.7　朝鮮戦争休戦協定
1954.12 1955.3 1955.11	鳩山一郎① 鳩山一郎② 鳩山一郎③	 1955.2	日本民主 日本民主 185【467】 自民	 55.10 社会党統一 55.11 保守合同 56.10 日ソ共同宣言
1956.12	石橋湛山		自民	
1957.2 1958.6	岸信介① 岸信介②	 1958.5	自民 自民 287【467】	 60.6　日米安保改定
1960.7 1960.12 1963.12	池田勇人① 池田勇人② 池田勇人③	 1960.11 1963.11	自民 自民 296【467】 自民 283【467】	 62.10 キューバ危機 64.8　北ベトナムへの米軍事行動 64.10 東京オリンピック
1964.11 1967.2 1970.1	佐藤栄作① 佐藤栄作② 佐藤栄作③	 1967.1 1969.12	自民 自民 277【486】 自民 288【486】	65.6　日韓基本条約 71.7-8 ニクソンショック 72.5　沖縄返還

1972.7 1972.12	田中角栄① 田中角栄②	 1972.12	自民 自民 271【491】	72.9　日中共同声明 73.2　変動相場制 73.10 第 1 次石油危機
1974.12	三木武夫		自民	76.2　ロッキード事件
1976.12	福田赳夫	1976.12	自民 249【511】	78.8　日中平和友好条約
1978.12 1979.11	大平正芳① 大平正芳②	 1979.10	自民 自民 248【511】	78.12 第 2 次石油危機 79.11 自民党40日抗争
1980.7	鈴木善幸	1980.6	自民 284【511】	81.3　第 2 臨調設置
1982.11 1983.12 1986.7	中曽根康弘① 中曽根康弘② 中曽根康弘③	 1983.12 1986.7	自民 自民 250・新自ク 8 【511】 自民 300・新自ク 6 【512】	 85.4　電電公社民営化 85.9　プラザ合意 87.4　国鉄民営化
1987.11	竹下登		自民	88.12 消費税法成立
1989.6	宇野宗佑		自民	89.6　天安門事件
1989.8 1990.2	海部俊樹① 海部俊樹②	 1990.2	自民 自民 275【512】	89.12 マルタ会談、米ソ冷戦終結 90.10 東西ドイツ統一 91.1　湾岸戦争 91.3　バブル崩壊
1991.11	宮沢喜一		自民	91.12 ソ連崩壊 92.6　PKO 協力法成立
1993.8	細川護熙	1993.7	社会 70・新生 55・公明 51・日本新党 35・民社 15・さきがけ 13・社民連 4【511】	94.1　政治改革法成立
1994.4	羽田孜		新生	
1994.6	村山富市		社会	95.1　阪神淡路大震災
1996.1 1996.11	橋本龍太郎① 橋本龍太郎②	 1996.10	自民 自民 239【500】	 97.7　アジア通貨危機 97-98 金融機関破綻
1998.7	小渕恵三		自民	98.10 金融再生法成立

2000.4 2000.7	森喜朗① 森喜朗②	 2000.6	自民 自民 233・公明 31・自由 7【480】	 01.1　中央省庁再編
2001.4 2003.11 2005.9	小泉純一郎① 小泉純一郎② 小泉純一郎③	 2003.11 2005.9	自民 自民 237・公明 34・保守 4【480】 自民 296・公明 31【480】	01.9　米同時多発テロ 01.10 テロ特措法成立 03.3　イラク戦争 03.7　イラク特措法成立 05.10 郵政民営化法成立
2006.9	安倍晋三①		自民	07.5　国民投票法成立
2007.9	福田康夫		自民	08.1　補給支援特措法成立
2008.9	麻生太郎		自民	08.9　世界金融危機
2009.9	鳩山由紀夫	2009.8	民主 308・社民 7・国民 3【480】	10.3　子ども手当法成立
2010.6	菅直人		民主	11.3　東日本大震災
2011.9	野田佳彦		民主	12.8　社会保障と税の一体改革成立
2012.12 2014.12 2017.11	安倍晋三② 安倍晋三③ 安倍晋三④	2012.12 2014.12 2017.10	自民 294・公明 31【480】 自民 290・公明 35【475】 自民 281・公明 29【465】	13.4　日銀異次元緩和 14.5　内閣人事局設置 15.9　安全保障関連法成立
2020.9	菅義偉		自民	20.4　新型コロナ、全国に緊急事態宣言 21.7　東京オリンピック
2021.10 2021.11	岸田文雄① 岸田文雄②	 2021.10	自民 自民 259・公明 32【465】	 22.2　ロシアによるウクライナ侵攻

（出典：北岡 2008、石川・山口 2021 を参考に筆者作成。議席数は選挙時の届け出政党を基準とした）

体の政策を取り込んで老人医療無料化や年金引き上げを実施し、1973年は「福祉元年」と呼ばれた（新川、2005、69〜93頁）。

1972年に首相に就任した田中角栄は「日本列島改造論」を掲げ、国土の均衡ある開発に取り組む。政策を実施するために組まれた超大型予算はインフレを招き、第1次石油危機がこれに拍車をかけた。田中が金権スキャンダルで退陣すると、後継の三木武夫は高度経済成長から安定成長へのソフトランディングを図った。しかし1976年にロッキード事件への関与により田中が逮捕されると、任期満了に伴う総選挙で自民党は過半数を割る結果となった。

福田赳夫内閣でも与野党伯仲は続き、1977年度予算では野党の減税要求に譲歩し予算を修正する事態となる。日本の財政は、1975年度予算で歳入欠陥による赤字国債を発行して以来、悪化の一途をたどっていた。当時大蔵大臣であった大平正芳は、こうした財政の現状が日本経済の構造的な変化に起因しており、従来の自然増収では解決できないことを強調した。大平は首相に就くと、ポスト産業社会における日本のあり方として、自立自助や相互扶助の仕組みを維持しながら公的福祉を組み合わせる、日本型福祉社会論を打ち出す。歳入面では一般消費税の導入をすすめたものの、党内外の強い反対から撤回を余儀なくされ、党内対立が激化する。**派閥**間の争いがピークを極めた自民党の40日抗争では、野党提出の内閣不信任案が与党議員の欠席によって可決され、解散総選挙となる。選挙期間中に大平首相が死去するという異例の事態の中、自民党は議席を回復し、**派閥**間対立はようやく沈静化した。

（2）保守優位と自民党組織の制度化

内閣を引き継いだ鈴木善幸は、予算に上限となるシーリングを設けて歳出削減を図るとともに、1981年には更なる行財政改革のため、財界や有識者からなる第2次臨時行政調査会（第2臨調）を設置した。第1次答申では「増税なき財政再建」を掲げ、続いて首相に就任した中曽根康弘は、新自由主義に基づく行財政改革を強力に推進した（大嶽、1994）。中曽根内閣は日本電信電話など 3 公社の民営化を進め、赤字体質が問題であった国鉄民営化も、国民の支持を得て実現した。なお、国鉄民営化のもう 1 つの目的は、社会党の支持組織である国鉄労組（国労）解体であった（葛西、2007）。1986 年衆参同日選挙で大勝した自民党は、保守安定期を迎える。

1980 年代には自民党組織の制度化も進展する。与野党伯仲の下で**派閥**均衡人事が採用されるようになり（川人、1996）、年功序列型人事も確立した（佐藤・松崎、1986）。省庁別に対応した自民党政務調査会の部会では、政策に精通し影響力を行使する**族議員**が生まれた（猪口・岩井、1987）。自民党の人事システムは、中選挙区制の下で議員が生き残りをかけた競争を行うために徐々に確立したものであり、**派閥**がこれを仲介した。

1989 年 4 月、竹下登内閣では、長年の懸案であった消費税が導入される。しかし同年の参院選では、消費税廃止を訴えた社会党が大勝し、自民党は参院過半数割れに陥る。折しもリクルート社による未公開株譲渡に多くの政治家が関与する金権スキャンダルが明るみに出て、世論の批判を受けた自民党は、選挙制度改革と政治資金規正をとりまとめる。

それにしても、自民党はなぜ 38 年間も政権を維持できたのであろうか。まず冷戦構造が自民党に有利に働いたことが挙げられる。自由主義体制のもとでアメリカをはじめ西側諸国と良好な関係を維持することは、日本の繁栄に寄与するものであり、体制を担うことができるのは保守政党であるという認識が国民に広がっていた。これは裏を返せば、社会党が自民党との対立軸を国民生活に身近な社会保障や経済政策ではなく、憲法や安全保障のようなハイポリティックスに置いたため、政権獲得を果たせなかったといえる。

また、自民党は長年与党の座を占める中で、補助金と集票を結びつけたことも長期政権が続いた理由である（広瀬、1981）。自民党が危機に直面すると補助金を重点的に配分し、支持回復に努めることで政権を維持したのである（カルダー、1989）。1989年に冷戦が終結し、選挙制度改革が行われると、政権を支えてきた前提条件も変化する。

対外関係の変化は2点ある。第1に経済分野であり、アメリカとの貿易摩擦が深刻化したことである。日米貿易摩擦はまず繊維から始まり、1971年に日本は輸出自主規制と繊維業界の救済でこれに対処した。1985年のプラザ合意では、ドル高是正のために先進国が協調介入することが合意されたものの、アメリカの対日貿易赤字は悪化する一方であった。貿易摩擦の対象は半導体、自動車に広がり、アメリカは対日制裁に乗り出して、農産物自由化や非関税障壁の撤廃も求めるようになる。

第2に安全保障分野であり、海外の紛争解決に日本の人的貢献が求められるようになったことである。イラクのクウェート侵攻に対し、1991年にアメリカを中心とする多国籍軍は、国連決議をもとに武力攻撃を加えた。専守防衛を旨としてきた自衛隊の派遣には、当初自民党内にも慎重論があり、世論の支持も得られなかった。冷戦が終結した国際社会において、国連の平和維持活動にどのように関わるか、日本の準備は不十分であった。社会党や共産党が強く反対したものの、1992年にPKO協力法は自民党・公明党・民社党の賛成により成立した。

3　低成長と統治構造改革

（1）選挙制度改革

自民党一党支配の崩壊は突如訪れた。1993年に政治改革法案の否決を受け、野党の提出した宮沢喜一内閣不信任案は自民党一部議員の離反により可決する。宮沢首相は衆議院を解散し、自民党の離党者は新生党と新党さきがけにそれぞれ集結した。自民党は過半数を大きく割り込む中で選挙に臨み、ほぼ現有議席を確保したが、細川護熙を首班に非自民

連立政権が発足し、自民党は下野することになる。1994年に選挙制度改革を含む政治改革4法案が、自民党と合意の末に成立した。

同年、自民党は社会党委員長の村山富市を首相に担ぎ、社会党、さきがけと連立を組んで政権に復帰する。社会党は党の基本路線を転換し、日米安保や自衛隊を容認した。これに対して、新生党、公明党、日本新党、民社党などは新進党を結成し、自社さ政権に対抗する。

選挙制度改革は政治家の行動パターンを変化させた。第1に、政党内で決定権をもつ主体である。同じ政党から複数の候補を擁立する中選挙区制では、候補者を差別化する必要があるため、**派閥**の役割が重要であった。しかし小選挙区制では、1つの選挙区に政党が擁立する候補は1人であり、公認権をもつ政党執行部の権力が強まる。第2に、党首の役割である。小選挙区制では政党間で政権選択を競うため、党首は首相候補に位置づけられる。したがって有権者に人気があり、「選挙の顔」となる人物が推挙される。中選挙区制では党内の政治力学で党首が決まり、権力の二重構造が常態化していたことと対照的である。第3に、二大政党への集結である。小政党が乱立したままでは小選挙区で勝ち抜くことが困難なため、議員は理念や政策に違いがあっても大政党に集結する動機をもつ。しかし新進党は、1996年衆院選で敗北すると一気に求心力を失い、翌年末に解党した。

(2) 中央省庁再編と官邸機能の強化

村山の辞任を受けて内閣を引き継いだ自民党の橋本龍太郎は、1996年衆院選で勝利すると、野党との改革競争が行われる中、トップダウンで構造改革に着手する。手がけた6大改革のうち行政改革は、中央省庁再編と官邸機能強化に結実した。中央省庁を1府12省庁に半減させ、閣議での首相の発議権を内閣法に明記した。さらに首相の補佐機構を拡充し、内閣官房に企画立案機能を付与した。内閣府は各省より一段高い地位に置かれ、首相直轄の政策会議が設置された。官邸機能の強化は、縦割り省庁と与党との結託による従来の政策過程を大きく変容させる。

橋本内閣は財政改革にも着手し、1997年には分野別の歳出削減を定めた財政構造改革法を成立させた。しかしバブル崩壊後の日本経済は不良債権処理が進まず、金融機関が相次いで破綻する事態に直面する。同年に実施した5%への消費税引き上げや特別減税廃止が景気後退を招いたとの批判に晒され、自民党は1998年参院選で過半数割れを喫する。

退陣した橋本の後継には小渕恵三が就任し、景気回復を優先させるため、財政構造改革法を凍結した。また、参院で安定多数を確保する必要から、1999年には自由党、のちに公明党も加えた三党**連立政権**を発足させる。野党も、社会党とさきがけの一部が合流した民主党（旧）と新進党に所属した議員らが合流し、1998年に新たに民主党（新）が誕生した。以後、自民党と民主党が二大政党として政権を競うことになる。

官邸機能の強化は、2001年に首相に就任した小泉純一郎によって効果を発揮する。自民党総裁選で党員票の圧倒的支持を得た小泉は、周囲の予想を覆して首相の座をつかんだ。小泉政権は聖域なき構造改革を掲げ、経済財政諮問会議を突破口に官邸主導の体制を構築する。「骨太の方針」では予算編成の方針を定め、国債発行30兆円枠の設定や不良債権処理の迅速化など、矢継ぎ早に新規の政策を打ち出す。公共事業削減や道路公団民営化には自民党内の反対が根強かった。しかし小泉首相は世論の支持を背景に、改革に反対するのは抵抗勢力と牽制し、党内の不満を封じ込めた。

小選挙区制と官邸機能強化による首相への権力集中が如実にあらわれたのは、2005年の**郵政解散**である。小泉首相は、改革の本丸と位置付ける郵政民営化法案が参議院で否決されると、国民の審判をあおぐとして衆議院を解散し、造反した現職を公認せず刺客を立てて対決構造に持ち込んだ。多くの有権者の関心をひきつけて自民党は圧勝し、郵政民営化法は成立する。このように小泉政権は多くの成果を残した一方、国民の間に格差拡大を招いたという批判も根強い。小泉改革と格差拡大を直結するのは早計であるが、中長期的にみれば新自由主義的政策が格差を拡大する方向に働くことは否定できないであろう（内山、2007、205〜207頁）。

また郵政民営化をはじめ小泉構造改革は、自民党の伝統的な支持基盤を揺るがすものであり、のちの政権は後遺症に苦しむことになる。第1次安倍晋三内閣が2007年参院選に敗北し過半数を割り込むと、政権運営は停滞し、続く福田康夫・麻生太郎内閣も短命に終わる。

（3）政権交代と一強多弱

1993年の政権交代は自民党の分裂を契機とした。これに対し、2009年の民主党政権の誕生は、選挙で有権者が選択したものであった。民主党は看板政策である子ども手当や農家への戸別所得補償を**マニフェスト**に掲げて選挙に勝利し、社民党、国民新党と**連立政権**を発足させる。しかし沖縄普天間基地問題をめぐる迷走、東日本大震災への対応の不備から、鳩山由紀夫、菅直人が退陣し、野田佳彦政権では**マニフェスト**にない消費税増税を決定したことが党内の分裂を招く。2012年衆院選で民主党は57議席に敗退した一方、自民党は公明党と政権に復帰し、第2次安倍晋三内閣が発足する。

安倍政権は大胆な金融緩和、機動的な財政運営、民間投資を喚起する成長戦略を3本の矢として掲げ、長引く円高・デフレからの脱却を目指した。農業や医療分野の規制改革と財政出動を併せて実施し、成長戦略重視の経済運営には、国民の支持も寄せられた。これは自民党が抱えてきた新自由主義的改革と利益誘導政治の矛盾を止揚する効果をもった（中北、2017、202頁）。また2016年には、選挙権年齢が18歳に引き下げられた。

一方、安倍内閣は、国民の評価を二分する政策にも取り組んだ。2015年には集団的自衛権を限定容認する安全保障関連法を成立させ、これを違憲とする野党は同法廃止に向けて共闘する。しかし民主党の後継である民進党が2017年衆院選で分裂し、野党第一党となった立憲民主党は2021年衆院選でも自民党の半分以下の議席に留まった。野党勢力は分裂しており、自公連立政権は当面安泰にもみえる。とはいえ世論調査によると、内閣支持の理由は「他の内閣より良さそうだから」という消極的なものでしかない。野党は国民に政権の選択肢を提供できるか、与党も国民から積極的支持を得られるか、ともに真価を問われている。

▶▶▶ ディスカッションを考える

第1章のディスカッションではこんな質問が出されました。
「戦後日本の政治は有権者の要望に応えてきたかどうか。」

文菜さん　自民党は国民の要求に応えてきたからこそ、長期政権を維持できたと思います。

先生　確かに選挙で国民の負託を受けた多数派が政権を担うという議会制民主主義の仕組み自体が、有権者の意思を反映するとみることはできますね。

弘斗さん　私は有権者に実質的な選択肢があるのか疑問です。55年体制のときも民主党政権が崩壊した2012年以降も、自民党に替わる政権がないのが実情です。

文菜さん　有権者が政治の選択肢をつくりだすことは難しいかもしれませんが、政党の公約を見比べて投票によって意思表示することは、政治に民意を伝えることにつながると思います。

弘斗さん　でも選挙で争点がはっきりしていて、政党の主張に明確な違いがあるとは限らないですよね。「争点隠し」が行われることも、他党の政策を真似して脱争点化することもあったと思います。

先生　政党の公約は同じように見えても、政策を進める手段や優先順位には違いがあるかもしれません。選挙ではそうした違いにも注目するといいですね。次に制度改革の影響も考えてみましょう。小選挙区制になったことで私たちの意見は反映されやすくなったのか、それとも少数派の意見が切り捨てられるようになったと思いますか。

文菜さん　小選挙区制は党首が首相候補となって政権を競う構図なので、透明性は高くなったと思います。

先生　政治家の立場で考えてみましょう。どちらの制度が有権者の意向に敏感になると思いますか。

弘斗さん　小選挙区制では大多数の有権者に嫌われないように行動すると思います。中選挙区制では他の候補者との差別化を図るため、得意分野から支持獲得を図るのではないかと思います。

先生　では有権者の立場で考えてみましょう。どちらの制度のほうが有効性の感覚が強いと思いますか。

文菜さん　自分の意見が大多数の有権者と一致するときは、小選挙区制のほうが反映させやすいと思います。逆に少数派である場合は、中選挙区制のほうがいいかもしれません。

先生　私たちの日常生活は政治と密接につながっています。大学のカリキュラムやアルバイトの賃金も、結局は政治による決定に行き着きます。人々はどのように政治に声を上げているのか、政治はそうした国民の声を十分汲み取っているのか、身近な問題からチェックするといいですね。

おすすめの本・ウェブサイト

原彬久（2000）『戦後史の中の日本社会党』中公新書

55 年体制下で自民党から政権を奪うことのできなかった社会党は、戦後政治の陰の主役である。本書は社会党がどのように権力と向き合い、論争を繰り広げたのかを丹念に追う。政治的資源に制約のある野党はなぜ結集が困難なのかを考えるヒントになる。

北岡伸一（2008）『自民党――政権党の 38 年』中公文庫

55 年体制下の自民党長期政権の要因は、派閥間競争を媒介としたソフトな支配にあるという視点から、38 年間の自民党政治を分析する。ポスト 55 年体制では何が変化し、何が継続しているのかを考察するための土台となる書である。

アジア・パシフィック・イニシアティブ（2022）『検証 安倍政権』文春新書

憲政史上最長となった第 2 次安倍政権の評価は二分されている。本書が指摘する安倍政権の特徴は、掲げた保守的理念を現実主義に着地させる統治術であるという。同政権の統治は、権力掌握の指南書にも、相次ぐスキャンダルから反面教師にもなり得る。本書は関係者のインタビューをベースに様々な角度から分析したものであり、今後の日本政治の参照点となる。

第2章

リーダーの権力は どのように決まるのか ——執政制度

「一国のリーダー」と聞くと、どの国でも同じように強大な権力を持っているとイメージするかもしれない。だが、リーダーが持ちうる権力は、各国の制度やそのときの政治状況によって異なっている。それは、リーダーが持ちうる権力が国の執政制度を中心とする、他の制度との関係の中で決まるためである。執政制度とは、行政府のリーダーの選び方や、国の機関や有権者との関係性を決める制度である。第2章では、民主主義体制のもとでの代表的な執政制度である議院内閣制と大統領制を中心に見ていく。それによって、一国のリーダーが持つ権力について理解を深める。

具体的にはまず、議院内閣制と大統領制の制度の特徴、そのリーダーシップの多様性について取り上げる。そして、日本の議院内閣制の発展や近年の変化を踏まえながら、一国のリーダーの権力がどのように決まるのか、そしてそれがどのように使われるのか、について考えていきたい。

▶▶▶ ディスカッション

民主主義体制における執政制度は大きく、議院内閣制と大統領制に分けられる。この区別を理解する１つの視点として、一元代表制と二元代表制がある。一元代表制と二元代表制は、国民がどのようにその国のリーダーと議会のメンバーを選ぶかという点で区別される。議院内閣制では、国民が議会を選挙によって選び、その議会から信任を受ける形で内閣が存在する。つまり、首相および内閣は、民意を一元的に代表している。これに対して大統領制では、国民が議会と大統領を別々の選挙によって選び、大統領が内閣を組織する。つまり、議会と大統領は民意を二元的に代表している。

この代表制についてより具体的に考えるために、日本の現状を考えてみよう。日本では、国政レベルでは一元代表制が採用されているのに対して、地方レベルでは二元代表制が採用されている。

まず、国政レベルの一元代表制について見ていこう。私たちは国政選挙で、候補者や政党に投票をする。そして、国会では国会議員が首相を指名するための投票を行い、多くの場合、議会内の多数派から首相が選出される。つまり、私たちは首相を直接選ぶことはできないが、選挙において議員や政党に対して信任を与え、それに基づいて国会で首相が選出される仕組みになっている。

次に、地方レベルの二元代表制について見ていこう。地方選挙では、都道府県や市区町村の首長選挙とその議会議員選挙が別々に行われているため、私たちは首長と地方議会議員の候補者に投票する。そして、選ばれた首長と地方議会議員は、地方議会の運営を行うことになる。つまり、私たちは首長と地方議会議員を別々に直接選ぶことができる。

このように、一元代表制が議院内閣制の形式であり、二元代表制が大統領制の形式である。２つの制度から選ばれるリーダーは、有権者の信任の方法が違うことが、**図表2－1**の通りわかるだろう。

▶図表2－1　一元代表制と二元代表制

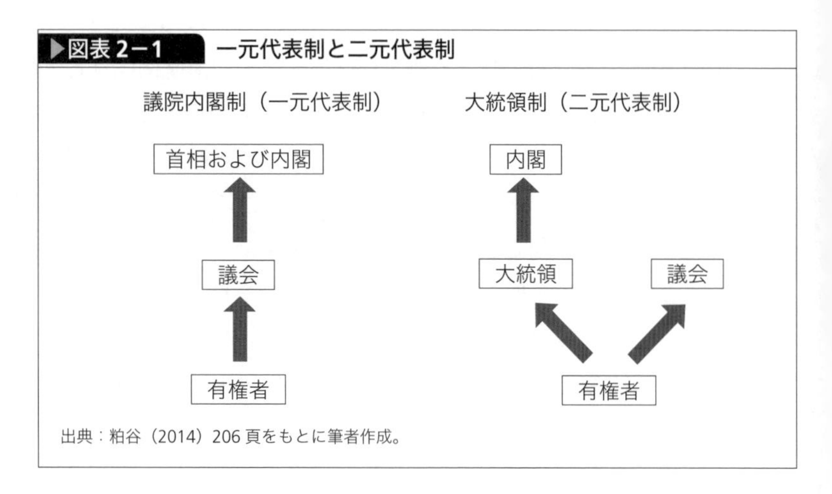

出典：粕谷（2014）206頁をもとに筆者作成。

ではここで、「開放性」と「効率性」の観点（序章）から2つの制度をみてみよう。

まず、どちらの制度が意思決定の迅速さが重視される「効率的」な制度といえるだろうか。政策決定のスムーズさという観点でみた場合、大統領制に比べて議院内閣制の方が、政策決定がスムーズに行われる傾向にあるとされる（Linz, 1994, pp.8–9）。民意が一元的に代表される議院内閣制では、議会の多数派の支持を得た者が首相に選出される。このため、首相は自らの政策について議会からの賛成を得やすくなる。これに対して、大統領制では議会の多数派と大統領の政党が異なる場合、大統領は議会との合意なしに自らの政策を進めることができない。

次に、どちらの制度が少数の意見が反映されやすい「開放的」な制度といえるだろうか。この答えは単純ではなく、他の選挙制度、政党システム、議会制度等をふまえないと答えることができない。たとえば、議院内閣制において首相が議会の多数派を構成するために連立政権を組む場合、連立政党の意見にも耳を傾ける必要がある。

執政制度と他の制度との連関も、続く章を読むことで考えていってほしい。

「開放性」と関連して、リーダーの説明責任（アカウンタビリティ）という観点でみた場合、議院内閣制に比べて大統領制の方がより明確な制度とされる（Shugart and Carey, 1992, pp.44–45）。議院内閣制では選挙で直接首相を選ぶことができず、議会で選ばれる。このため、分裂や離脱によって議会の多数派が変わると、選挙を経ずに内閣が変わることがある。これに対して、大統領制では二元代表制がとられ、国民が大統領選の候補者に票を投じることができるため、国民に対するリーダーの説明責任はより明らかである。

では、ここで思考実験をしてみよう。日本がもし大統領制を導入するとしたら、あなたは賛成だろうか、反対だろうか。その理由についても考えよう。なお、この時の大統領制とは、1（2）で中心的に紹介するアメリカの大統領制のスタイルを基本とする。ただし、国民が都道府県ごとに大統領選挙人を選び、選挙人の投票により大統領・副大統領が選出されるものとする。

1　執政制度の類型

執政制度とは、民主主義の政治体制において行政部門の活動を統括するトップリーダーをどのように選出し、立法部門である議会や有権者である国民とどのように関係づけるかについての様々なルールを指す（建林・曽我・待鳥、2008、104頁）。民主主義体制での執政制度は、大きく分けて、議院内閣制と大統領制がある。（1）からは、それぞれの特徴やバリエーションについて詳しく見ていく。それぞれの違いのポイントになるのは、行政府のリーダーを誰が選ぶか、行政府のリーダーはどのように解任されるか（Samuels, 2007）、そして、その結果として行政権と立法権がどのような関係にあるか、という3点である。

（1）議院内閣制

議院内閣制では、選挙で選ばれた議員によって構成される議会で、行政府のリーダー（首相）が選ばれている。そして、首相は国務大臣を任命することによって、行政府（内閣）を構成する。首相は議会に信任されることによって選ばれるため、常に首相は議会に対して責任を負う。このため、議会の不信任決議が出されれば、首相はいつでも解任される可能性を持っており、それに伴って内閣も解散される。また、このとき首相は、議会の多数派によって選ばれるため、首相は常に議会の多数派によって支持されていることになる。このため、首相は内閣だけでなく議会もコントロールできる。つまり、議院内閣制のもとでは、行政権と立法権が融合する状況が生まれるのである。

議院内閣制は、18世紀にイギリスで生まれた。18世紀初頭に誕生したハノーヴァー王朝でイギリス国王に即位したジョージ1世が国務を内閣に委ねることになったことから、1721年にウォルポールが首相に就任した。その後、1742年にウォルポール首相が議会下院で信任を失い辞職したことによって、内閣が議会下院に対して責任を負うという制度が成立した。

議院内閣制を採用している国・地域として、たとえば、イギリス、カナダ、オーストラリア、日本などがある。議院内閣制の例として、イギリスの議院内閣制について見ていこう。

イギリスでは、選挙によって選ばれた議会多数派を基礎として、内閣が形成される。このため、下院選挙によって多数議席を獲得した政党のリーダーが首相になり、その首相が内閣を形成する。首相は基本的に、議会から内閣不信任案を提出され、それが可決されない限り辞職することはない。イギリスの首相の権限として認められてきたのは、大臣の任命・罷免権、官職・省庁の改廃権、下院の解散権など様々なものである。

こうした権限を持つことによって、内閣の中で首相がリーダーシップを発揮することができる。また、首相の権限を補佐する制度も充実している。それは、首相官邸と内閣府である。首相官邸は、首相の活動を直接支え、政策全般にわたり首相に助言を行う。内閣府は、中央省庁の政策や業務を統合し、その調整を行う。また、イギリス議会では、政党が政策立案や政党を運営するための調達(資金調達や人材のリクルートなど)において自立している。さらに、党員の行動を制限するルール（政党規律）が強いことから、議会における一般議員は党の方針に従うため、内閣提出法案の成立率は平均して90%を超える。このように、首相を中心に政策を形成してそれを実現する制度的条件が整っている。こうしたイギリスの議院内閣制のモデルは、議会の所在地にちなんで**ウェストミンスターモデル**と呼ばれている。

（2）大統領制

大統領制では、議会の選挙とは別の国民が直接投票する選挙によって、行政府のリーダー（大統領）が選ばれている。そして、大統領が内閣の閣僚を任命する。大統領は国民から直接選ばれるため、常に大統領は国民に対して責任を負う。大統領の任期は原則として固定任期制であるため、一度選ばれれば憲法で定められた任期が終了するまで在任し、議会によって辞めさせられることはない。このように、議会と大統領は別々に選ばれることになるため、議院内閣制のように大統領が常に議会の多数派に支持されるとは限らない。このため、行政権と立法権は分立する状況が生まれる。

大統領制は、18世紀後半にアメリカで生まれた。アメリカでは1787年の合衆国憲法制定時に、立法府、行政府、司法府の間の三権分立が厳格に導入された。行政府のリーダーである大統領と議会は別々の選挙によって選ばれ、それぞれの役割は分担されている。そして司法府には、法律に対して違憲判決を下す権限である違憲立法審査権が認められてい

▶図表2−2　議院内閣制と大統領制

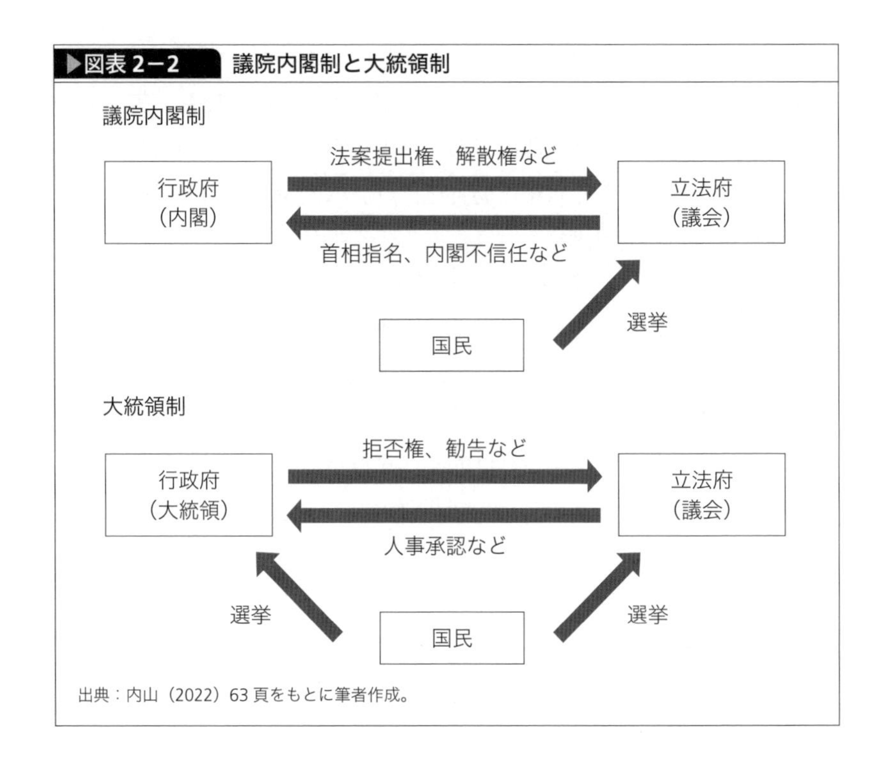

出典：内山（2022）63頁をもとに筆者作成。

る。このように、各権限に対して抑制と均衡のメカニズムが働いている制度といえる。

大統領制を採用している国・地域として、たとえば、アメリカ、韓国、アルゼンチンやブラジルといったラテンアメリカ諸国などがある。大統領制の例として、ここからはアメリカの大統領制について見ていこう。アメリカの大統領の任期は4年（2期8年まで）である。このため、大統領選挙は任期である4年に一度、連邦議会議員選挙とは別に行われる。大統領選挙では、国民は州ごとに大統領選挙人を選び、この選挙人によって大統領と副大統領が選出される。そして、選ばれた大統領は閣僚を任命する。アメリカでは、連邦議会議員が閣僚を兼任することを禁じられており、行政権は内閣ではなく大統領個人に属している。このため、大統領のもとには補佐官制度があり、多くの補佐官が大統領の行政府の統括を支えている。また制度上、大統領は法案や予算を議会に対して、提出することができない。ただし大統領は、基本的政策や予算・法案の成立を年頭教書の形で議会に要請することはできる。また、議会で可決された法案を無効にする権限である､「拒否権」を持っている。拒否権は実際に行使されなくても、行使するという威嚇だけで十分な威力があるため、大統領に与えられた強力な権限である。ただし、議会の上下院において大統領が拒否した法案をそれぞれ３分の２以上の多数で再可決すれば、大統領の拒否権を拒否することができる。大統領は一度選出されると、任期を全うするまで解任されることはない。ただし、大統領個人が重大な憲法違反などを犯した場合に備えて大統領弾劾制度が存在しており、議会で裁判が行われる。弾劾裁判で有罪が確定すると、大統領は解任される。また、こうしたアメリカの大統領制と異なる拒否権の条件や弾劾制度を備える大統領制を持つ国もあり、大統領制には多様なあり方がある。

（３）その他の執政制度

その他の執政制度として、議院内閣制と大統領制の双方の特徴を合わせ持っている半大統領制が存在する。**半大統領制**では、行政府のリーダーとして国民の選挙によって選ばれる大統領と、議会の信任を得て選ばれる首相の双方が存在する。大統領は任期制だが、議会のみが首相・閣僚を辞めさせる権限を持つ場合と、議会だけでなく大統領も首相・閣僚を辞めさせる権限を持つ場合の２通りがある。この場合、前者の方が議会の権限が強く、後者の方が大統領の権限がより強い。

さらに半大統領制では、行政権が大統領と首相によって分担されるという特徴がある。このため、行政権と立法権の関係は、大統領の所属政党と議会多数派の政党の関係によって大きく異なってくる。大統領の所属政党と議会多数派の政党が一致する、統一政府となる場合、議院内閣制のように大統領は内閣と議会の両方をコントロールできることになり、大統領の権限が大きくなる。一方、大統領の所属政党と議会多数派の政党が一致しない、分割政府となる場合、大統領は所属政党と対立する政党から首相を選ばざるをえなくなる。この状況の政府を、コアビタシオン（保革共存政権）と呼ぶ。コアビタシオンでは大統領の権限は限定され、逆に首相の権限が大きくなる状況が生まれる。半大統領制は、たとえば、フランス、ロシア、台湾、セネガルといった国・地域などで採用されている。

また、議院内閣制と大統領制の特徴を部分的に持つ制度として、首相公選制および議会統治制がある。**首相公選制**では、行政府のリーダーである首相を国民が直接選び、首相は政権運営について議会の信任をもとに行うものである。このため、首相は議会によっていつでも解任される可能性を持つ。首相公選制は、1992年から2001年までの間、イスラエルで採用された。一方、議会統治制は、行政府のリーダーが議会によって選ばれるものの、一度選ばれた後は任期終了まで解任されることはないというものである。議会統治制は、スイスなどの国で採用されている。

2　執政制度とリーダーシップ

（1）リーダーシップの強さと弱さ

行政府のリーダーである首相や大統領の権限の大きさは、どのように決まるのであろうか。これは、単純に執政制度のみで決まるものではなく、議会の制度、議会多数派との関係、選挙制度、政党システムなどとの組み合わせによって決まる部分が大きい。とりわけ選挙制度は政党システムに大きな影響を与えるため、執政制度のあり方も大きく変わる（待鳥、2015、139～164頁）。このため、同じ執政制度が採用されていても、執政制度以外の制度（たとえば、選挙制度など）が異なれば、国によってリーダーシップの大きさは変わる。また、一国の中で執政制度が一貫していても、そのときの政治的状況が変わることによってリーダーシップの大きさは変わる。このように、リーダーシップの強さと弱さは、執政制度と深く結びついているものの、普遍的なものではない。

一般的に議院内閣制と大統領制を比較する場合、行政権と立法権が融合する議院内閣制の方が、首相のリーダーシップが発揮されやすくなると考えられている。行政権と立法権が分立している大統領制では、（3）で述べるように、大統領と議会多数派が対立する関係にある場合に、大統領のリーダーシップが制約されるためである。しかしこれは一般論であり、それぞれの執政制度に存在するバリエーションは、近年新たに様々な研究が行われてきた。ここからは、議院内閣制と大統領制のリーダーシップのバリエーションについて見ていきたい。

（2）議院内閣制とリーダーシップ

議院内閣制では、首相は議会の信任を得るため、一般的に議会における多数派のリーダーが首相になる。このとき、首相の権限に影響を与える要素として、議会多数派の内容、特に多数派の構成と与党内の集権度が挙げられる（建林・曽我・待鳥、2008、114〜115頁）。

まず、多数派の構成とは、首相が議会の信任を受ける際に、与党が議会内で単独で多数を形成しているか、あるいは複数の政党によって連立を組まなければ過半数を確保できないか、という状況を指す。単独政権であれば、首相は自らが所属する与党の同意のみによって政策を進めることができるが、連立政権の場合は与党の同意だけではなく連立を組む所属政党以外の政党からも同意を得る必要がある。このため、連立政権の場合は、単独政権と比べてリーダーシップが発揮しにくくなる。

次に、与党内の集権度とは、党のリーダーが党所属議員をどれだけコントロールできるかということである。たとえば、選挙で立候補する際の公認、当選後のポスト（人事）、選挙資金の分配など、所属議員が再選のために必要になる資源について、党首や党執行部がどの程度コントロールできるかによって、所属議員が党の規則に従うかどうかが決まる。党内組織の集権度が高ければ高いほど、首相はリーダーシップを発揮しやすくなり、逆にそれが低ければ低いほど、首相のリーダーシップは制限される。

これらの組み合わせによって、議院内閣制のリーダーシップの強さに多様性が生まれるのである。

（3）大統領制とリーダーシップ

大統領制では、大統領と議会が別々の選挙によって選出される。このため、大統領の所属政党と議会多数派との関係、および憲法で大統領に与えられている権限が、大統領の権限に影響を与える（辻、2005～2006）。

まず、大統領の所属政党と議会多数派との関係である。大統領の所属政党と議会多数派の政党が同一である場合（統一政府）、大統領は自らの政策を進めやすくなる。しかし、大統領の所属政党と議会多数派の政党が異なる場合（分割政府）、自らの政策を進めるのが困難になる可能性が高い。大統領の任期は固定されているため、一度分割政府の状況が生まれると、その「ねじれ」状態を解決することが困難になりやすい。ただし、統一政府の状況下で、必ずしも常に大統領のリーダーシップが発揮しやすいとは限らない。たとえば、アメリカのように、政党規律が弱い場合には、議員が大統領の意向に反して行動する状況が生じうるため、注意が必要である。

次に、憲法で定められた大統領の権限との関係である。たとえば、拒否権や大統領令（デクレ）といったものである。拒否権とは、議会で成立した法律や予算などを最終的に成立させる際に必要となる大統領の署名を拒否できる権限である。拒否権には、包括拒否権や部分拒否権など、国により様々な種類が存在する。また、大統領令とは、政令や省令のような法律の委任に基づいて行政機関が定める行政立法などを指す。こうした権限は、大統領が持つ事実上の立法権として考えられる。このため、たとえ分割政府の状況が生じたとしても、大統領に政策決定を進めるための様々な権限が与えられていれば、ある程度リーダーシップを発揮することが可能になる。

このように、これらに代表される要因の組み合わせによって、大統領のリーダーシップには幅がある。

3 日本の議院内閣制

(1) 日本の議院内閣制の特徴

戦後、日本では議院内閣制が採用され、首相は長い間、自民党単独の支持のもとで政権運営されてきた。自民党は 1955 年に結党されて以来、1993 年の衆議院議員総選挙で大敗するまで政権につき、一党優位体制が長く続いたためである。これまで確認したように、議院内閣制では行政権と立法権が融合する傾向にあるため、一般的には首相がリーダーシップを発揮しやすい。しかし、日本の議院内閣制では、ごく最近まで首相のリーダーシップは「弱い」ものであった。これはどのような理由によるのであろうか。

それは、法律の中で規定された首相権限の弱さと自民党内の集権度の低さという 2 つの特徴によるボトムアップ的な政策形成が原因であるとされる(飯尾、2007;内山、2022、74〜76 頁)。このため、ここでは首相のリーダーシップを制約してきた、こうした 2 つの特徴を中心に見ていきたい。

第 1 に、法律の中で決められた首相の権限の弱さである。もともと、日本の内閣制度が発足した 1885 年に内閣制度の内容を定めた内閣職権では、天皇ではなく内閣総理大臣をトップとする内閣が政治を行うことが定められた。また、このとき大宰相主義という政府全体を動かす強力な権限を内閣総理大臣に与える原則がとられていた。しかし、こうした首相への強力な権限付与に対して反対意見もあったことから、1889 年に制定された明治憲法では、内閣職権に代わる内閣官制、大宰相主義に代わる閣僚平等主義が採用された。このとき定められた大臣単独輔弼制は、大臣 1 人ひとりが天皇を支えるという内容である。各大臣を選ぶ権限を持っていたのは首相だったが、各大臣の役割が強調されたことによって、首相の権限は弱められることになった。その後に軍部が台頭した際には、各大臣の権力が多元化して分散していたために意思決定の責任の所在が曖昧になり、第 2 次世界大戦に突入した。

こうした戦前の反省から、戦後は統治能力のある民主的な内閣が目指されることになった。1946 年に制定された日本国憲法では、議院内閣制が定められ、首相の役割についても明確に示されることになった。これにより、首相には各大臣の任免権や各大臣に対する指揮監督権が与えられた。しかし、引き続き各大臣が各省庁の仕事を分担するという役割分担は維持されたことや、指揮監督権も具体的な命令権ではなく一般的な指示にとどまる内容であったため、首相のリーダーシップは制約されることになった。こうした各大臣による役割分担が維持されてきたことで、行政府内における分権的でボトムアップ型の意思決定構造を助長することになった。

第 2 に、中選挙区制がもたらした自民党内の集権度の低さである。日本では、中選挙区制がとられてきたことで、政党に対する得票よりも個人に対する得票が非常に重要な意味を持った。議員として当選するためには多くの選挙資金が必要とされ、党内議員のグループである派閥や個人後援会の援助を受けて、選挙活動を行っていた。党内の意思決定については党議拘束がかけられていたものの、議員個人は首相のためというより、選挙でより重要になる派閥のために仕事をする動機があった。

このため自民党内では、派閥が組織の意思決定や人事に対して強い影響力を持っていた。首相の選出の際には、派閥間で協力して多数派を形成する必要があっただけではなく、党内の役職についても当選回数や派閥のバランスを考慮する慣例が作られていた。たとえば、首相は党内の慣例に従って、組閣の際に自分の派閥だけではなく他の派閥からも大臣を任命したり、当選回数に応じて役職を割り当てたりする必要があった。このため、首相が組閣や新たな政策形成などの際に発揮できるリーダーシップは、大きく制限されていた。

（2）首相権力の強化

こうした日本における「弱い」首相権力は、1990年代以降の政治行政改革によって首相を取り巻く制度や環境が大きく変わり、「強い」首相権力を作ることになった（たとえば、竹中、2006；待鳥、2012）。ここからは、主な改革を見ていくことによって、首相権力がどのように変化したのかを確認したい。

第1に、選挙制度改革による小選挙区比例代表並立制の導入である。1994年の細川護熙内閣が提案した選挙制度改革によって中選挙区制が廃止され、新たな選挙制度として小選挙区比例代表並立制が導入された。小選挙区比例代表並立制では、全国で300（2023年2月現在は289）の小選挙区と200（2023年2月現在は176）の比例代表選挙区が導入され、中選挙区制の場合の個人重視の投票システムから政党重視の投票システムへと変化することになった。具体的には、政党が政治家を候補者として公認するかどうかを決定する公認権の重要性が増したことや、小選挙区と比例代表区の重複立候補の可否、名簿順位の決定など、首相および党執行部が議員個人の選挙活動に直接与える影響力が強くなった。また、選挙に必要とされる資金についても、政治資金規正法による規制強化や政党助成制度の創設によって、政党に資金が集まるようになった。このため、個人の政治家にとって、党から配分される資金がより重要になった。こうした制度改革によって、派閥の影響力が低下し、自民党内の集権度は高まったことから、首相の権限が強まった。

第2に、中央省庁改革による内閣機能の強化である。1997年の橋本龍太郎内閣時に内閣機能強化と省庁再編を柱とする行政改革が推進され、2000年1月に開始された新たな中央省庁等改革が実現した。この中では、内閣法が改正され、首相が閣議で内閣の重要政策に関する基本方針を発議できることが記された。これによって、首相が内閣の政策を立案できる権限が明確に示された。また、首相の政策を支える制度として、内閣官房の機能が強化されて、首相の政策立案を補佐する役割が認められたり、スタッフが増員されたりした。新たに設置された首相直属の内閣府では、政策の立案や省庁間の調整を行う機能が認められたり、経済財政諮問会議などの会議を設けて重要事項に関する審議が行われたりするようになった。さらに、各省庁には副大臣および大臣政務官を置き、首相の政策を支える役割が果たされることになった。このように、法律の中で首相の権限が明記されるだけではなく、首相の政策の形成や調整を支える組織やスタッフが新たに設けられたことで、首相が自らの政策を進めやすくなったといえる。

(3) 首相のリーダーシップと政策

1990年代の政治行政改革によって首相を取り巻く制度が変化したことにより、日本の首相はそれまでと比べてリーダーシップを発揮しやすい環境が整った。

この制度変更は、小泉純一郎政権（2001〜2006年)、第2次以降の安倍晋三政権（2012〜2020年）でも大いに活用された。首相が政策形成でリーダーシップを発揮するという意味で「官邸主導」といえる小泉政権、安倍政権では、どのように首相権力が活用されたのだろうか。

まず、小泉政権では自民党執行部人事および閣僚人事について、派閥の意向に従うことなく、首相自らの意向で進められた。従来であれば、派閥のバランスを重視した年功序列型の人事が進められてきたが、小泉首相は自らの考えに基づいて、党の重要な職務に関する人事を進めた。このことは、首相の人事権が確立したことを示している。

また、既存の自民党の政策にとらわれない改革が、首相の指示のもとで強力に進められた。小泉首相は自らの政策を「聖域なき構造改革」と呼び、公共事業費の削減、郵政事業の民営化、道路特定財源の見直しといった政策課題を進めていった。この際に、中央省庁改革によって強化された内閣機能が活用されたのである。特に積極的に用いられたのは、内閣府に設置された経済財政諮問会議である。経済財政諮問会議では、実質的な政策内容を定めることができたため、官邸主導で政策を進めていく上での制度的な基盤となった。

選挙制度をめぐる公認権も、自らの政策を進める際に首相の権力として活用された。小泉政権では、郵政3事業とされる郵便事業、郵便貯金、簡易保険を民営化するという郵政民営化を実現しようとした。郵政民営化は、経済財政諮問会議において具体的な内容を定め、2005年4月に自民党内の反対を押し切る形で郵政民営化法案が提出された。しかし、参議院で否決されたため、小泉首相は国民に信を問うために衆議院を解散した。この際に、公認権を活用して自らの政策に反対する現職議員を「抵抗勢力」として公認をせず、対抗馬として別の候補を擁立して選挙を戦った。これによって自民党は勝利を収め、2005年秋の国会で郵政民営化法案は成立した。

次に、第2次以降の安倍政権についてである。安倍政権では自民党執行部人事および閣僚人事について、党内の有力者を閣僚や党幹部に取り込み、異論が出にくい状態にした。また、安倍政権のリーダーシップは、2014年に内閣官房に設置された内閣人事局（**第7章**）を通じて、各省庁の官僚人事に対する統制を強めたことによって一層強化された。首相自身が、人事権を行使したことで政権運営を有利に進めやすい環境に整えたといえる。

小泉政権同様に高い内閣支持率を保った安倍政権では、特に内閣官房を活用することで中心的な政策を推進した（Takenaka, 2021）。安倍政権では、産業競争力会議（未来投資会議）、一億総活躍国民会議、働き方改革実現会議など様々な政策会議を、内閣官房に設置した。たとえば、安倍首相は自身の政策を「アベノミクス」と名づけ、「大胆な金融政策」「機動的な財政政策」「民間投資を喚起する成長戦略」を３本の矢に見立てた経済財政政策を掲げた。民主党政権下で停止されていた経済財政諮問会議を内閣府に復活させるとともに、新たに日本経済再生本部を内閣官房に設置し、それらを連携させて政策を進めた。

また、外交政策でも首相のリーダーシップを発揮した。経済連携協定の環太平洋パートナーシップ協定（Trans-Pacific Partnership Agreement：TPP）の交渉では、各省庁ではなく内閣官房に交渉本部として TPP 等政府対策本部を設置し、意見の集約を行った。安倍政権は農業団体などの反対意見の国内調整を行いながら、交渉の中でも存在感を示した。

このように、小泉政権や安倍政権では選挙制度改革や中央省庁改革によって高められた首相のリーダーシップを活用して、政権運営が進められた。特に戦後最長となる７年８か月にわたる長期政権となった安倍政権では、首相が権限を発揮する制度的基盤をさらに整えた。その一方で、小泉政権や第２次以降の安倍政権以外の政権は１年程度の在職期間で終わっている。首相に権限が集中する制度になったことで、逆に高い支持率を確保できなかった政権は不安定化することを意味する（Uchiyama, 2022）。

私たちは、首相がいかに制度に支えられた権力を活用するのか、また日本社会が抱える現在の課題に対して有効な政策を進めているかといった視点から、政権を正しく評価する必要がある。今の政権を、あなたはどう見るだろうか。

▶▶▶ ディスカッションを考える

第２章でのディスカッションではこんな質問が出されました。
「日本がもし大統領制を導入するとしたら、あなたは賛成だろうか、反対だろうか。その理由についても考えよう。」

先生　みなさんはどう考えましたか？

弘斗さん　私は大統領制の導入に賛成です。自分達で大統領を選べた方が、国民からの支持を背景に大統領がより大胆な政策を実行できると思うからです。大統領の説明責任もはっきりして大統領の責任を問いやすいと思います。

自分達が政治に参加している実感も上がるから、投票率も上がるんじゃないかな？

文菜さん　私は、大統領制の導入には反対です。大統領制となって、もし分割政府の状況になったら、政治が停滞することになると思うからです。

それに、大統領に立候補する人は、国民の人気ばかりを気にするのではないかと思います。たとえば、財政赤字を抱える中で、お金をばら撒くような国民に都合のいい政策を訴えるのではないかと心配です。

先生　お二人の意見が分かれましたね。お互いの意見についてどう思いますか？

弘斗さん　確かに、大統領候補者に対して、私たちが選ぶ目を持たなければいけませんね。

ただ、日本では自民党が一党優位体制にあるし、アメリカでは大統領に「拒否権」がありますよね。これによって、大幅な政治停滞を招くことはないのではないでしょうか？　大統領と議会が議論することで、より良い政策につながると思います。

文菜さん　投票率が上がるかもしれないというのは、どうかなと思います。日本の地方選挙は首長を直接選べるのに、投票率はそんなに高くないと思います。

大統領に拒否権があったとしても、3分の2以上の多数で再可決すれば大統領の拒否権を拒否できるので、常に議会をコントロールすることはできないと思いますし、何より政策形成に時間がかかります。議員内閣制がもっているリーダーシップの強さで、今の日本の問題を解決できるようにする方が良いと思います。

先生　二人とも、良いポイントをついていますね。日本では地方議会は二元代表制、つまり大統領制に近い仕組みをもっています。日本の地方議会では具体的にどのように進められているか、メリットやデメリットは何かといった観点を考えると参考になると思います。

おすすめの本・ウェブサイト

待鳥聡史（2015）『代議制民主主義』中公新書

有権者を起点とした「委任と責任の連鎖関係」を軸として、代議制民主主義の歴史を振り返り、制度的な特徴を明らかにした上で、そのあり方や意義について論じた１冊。この章で十分に取り上げることができなかった、執政制度と選挙制度の関係も示されている。

中北浩爾（2019）『自民党――「一強」の実像』中公新書

55 年体制から 1990 年代の選挙制度改革を経て安倍政権までを通時的に分析した１冊。本章で取り上げた自民党内の派閥とポスト配分や、政策決定プロセスの変化などについても詳しく知ることができる。

首相官邸ホームページ
(https://www.kantei.go.jp/)

現在の内閣総理大臣の活動、記者会見および閣議の記録を見ることができるだけではなく、歴代内閣についても調べることができる。内閣総理大臣のスピーチの文面や動画、閣議の議事録など、様々な情報が掲載されているので、首相および内閣の活動について知ることができる。

第3章

選挙制度がたいせつな理由
――選挙制度と政治のかたち

選挙制度は重要である。

だが、選挙制度については、高校までの勉強で、将来有権者になるのだから投票のルールくらいは最低限知っておくべきだ、という規範的な観点から教えられる。そのため往々にして、勉強の中身は退屈である。しかし、より重要なのは、選挙制度は実際の政治のかたちを変えうるという点にある。選挙制度のありようによって、政党執行部や首相のリーダーシップに影響が及ぶのである。

第3章では、まず**1**で選挙制度の重要性について説明したのち、**2**では実際に選挙制度はどのように分類できるかについてみていく。あわせて、日本では現在どのような制度が採用されているのかについても解説する。**3**では、衆議院の選挙制度を振り返りながら、選挙制度が政治家や政党にどのような影響を与えるのかを具体的に確認し、選挙制度の重要性を示す。

▶▶▶ ディスカッション

衆議院の選挙制度が、中選挙区制から小選挙区比例代表並立制に変更されて、四半世紀が経過した。すでに新選挙制度のもとでの選挙戦が9回を数え、日本政治の風景も様変わりした。はたして、この選挙制度改革は、日本政治を当初意図した方向に変えたといえるであろうか。

かつての中選挙区制は、ひとつの選挙区の中で、過半数を狙う政党の候補者は同じ党の別の候補者との同士討ちが避けられないという仕組みであった。そのため、党の政策を訴えても意味がないし、選挙戦でも党には頼れず、党内の議員グループである派閥の影響力が高まった。それにより、党は分権的な構造になり、与党の場合は首相の権限が弱まることになった。

選挙制度改革によって導入された小選挙区制と比例代表制の混合制では、いずれも政党の公認が重要な意味をもつようになった。自民党の派閥は影響力を失い、首相をはじめとする党執行部の求心力が高まって、首相のリーダーシップも（改革以前よりは）強まった。長期政権を築き、「安倍一強」ともいわれた第2次以降の安倍晋三政権は、その象徴的な帰結であるともいえる。

だが、安倍政権の後を継いだ菅義偉政権は1年で退陣し、強いリーダーシップを発揮するには至らなかった。岸田文雄政権もまた、強固な体制を築くことはできていない。第2次安倍政権の前の民主党政権の3人の首相も、強いリーダーシップを発揮する前に政権の座を追われた。むしろ、長期政権となった小泉純一郎政権と第2次以降の安倍政権の方が例外で、制度の意図した帰結がもたらされなかったケースの方が多いとすらいえるかもしれない。

もちろん、長期政権になれば首相のリーダーシップが強く、短命なら弱いと単純に結び付けられるものではない。宥和的な政権が長持ちすることも考えられるし、強力なリーダーシップを発揮していた首相が病などで突如退陣するといったこともありうるからだ。しかし、このところの日本の例をみる限り、リーダーシップの弱い政権が長期化した例はなく、逆もまた然りにみえる。

では、なぜ当初意図したような変化がすっきりとした形では実現していないのであろうか。言い方を変えれば、何が障害となって、改革の主旨は損なわれてしまったのだろうか。

1つの考え方として、与党のリーダーとしての首相が選挙制度改革によって公認権を手にしたといっても、選挙で苦戦することが予想される場合、解散に打って出ることが難しくなり、党内をまとめきれず退陣に至ってしまうことは起こりうる。2021年夏、菅首相が低支持率のために解散に打って出ることができず、自民党内からの支持も失って退陣に至った例を想起すればよい。このような場合、支持率が下がってしまう状況に陥った首相の個人的能力、資質が問題だったととらえることもできるかもしれない。

だが、支持率を高く維持できるかどうかは、単に首相の能力によってのみ決まるのではない。菅政権であれば、コロナ対応という誰が首相であっても対応が難しい問題に直面したということも原因の1つであろうし、民主党政権の場合、ねじれ国会となって野党の意見を聞かずに政策を進めることができなくなったことで、政策遂行のスピードが著しく落ちたことも大きかった。

本章では、選挙制度が政治に与える影響の大きさと、その論理を説明していくことになるが、これが唯一の説明要因ではないこともまた、念頭に置いて読み進めてもらいたい。

1　選挙制度はなぜ大事か

（1）ルールとしての選挙制度

選挙制度は重要である。なぜだろうか。

民主主義国においては、その国の国民は主権をもち、行使する。では、「主権の行使」は、どのように行われるのだろうか。自ら政治家に名乗りをあげて、首相や大臣、知事や市町村長として主権を行使する人もいるだろうが、政治家になる人は少数である。代表制民主主義国における大多数の国民は、有権者として、選挙で投票することが、すなわち主権を行使することであろう。

選挙で投票するというのは、スポーツでいえば試合に出場する選手（政治でいえば、政治家）を選ぶ監督になるようなものである。だが、ルールを知らずにどの選手をどのポジションで起用していいか、判断することはできない。コントロールがよく速いボールを投げられる選手はピッチャーにふさわしく、飛距離が出てチャンスに強いバッターは4番に置く、というような判断は、野球のルールを知っているからできるのである。

そこで、まず監督＝有権者として知っておくべきルールを把握してもらうために、選挙制度を学ぶことが重要だと考えられ、中学校や高校でも選挙制度の授業が用意されているのである。

だが、往々にして、ただルールを学ぶためだけの選挙制度の学習は苦痛ですらある。たとえばサッカーでいえば、強烈なシュートや鮮やかなパスといった競技の魅力を十分に知る前に、オフサイドの要件を細かく学ぶようなものだからである。にもかかわらず、本書でも選挙制度の章は**第3章**という前の方に置かれている。その理由は、選挙制度が単に有権者として知っておくべき投票のルールを定めたものだから、というだけにとどまらない重要性をもっているからである。

代表制民主主義国においては、有権者が選挙で、代表となる政治家を選ぶことからすべてが始まる。その意味で、選挙は政治の出発点である。選挙のルールを定めた選挙制度は、政党や政治家に大きな影響を与える。そのことを通して、政治のかたちが変わる。いま私たちの目の前で繰り広げられる政治は、実は選挙制度によって特徴づけられている部分がある。だから、選挙制度は重要なのである。

（2）選挙制度と政治のかたち

では実際に、選挙制度はどのようにして政治のかたちに影響を与えるのであろうか。

ある議院内閣制の代表制民主主義国において、非常に強いリーダーシップを発揮している首相Aがいるとする。A首相が強いリーダーシップを発揮できるのは、自らを首相に選出した議会に、強力で固くまとまった支持勢力を有しているからである。議会における首相の支持勢力を、日本では与党と呼ぶが、与党が強力で固くまとまるかどうかは、単に与党の議員の心持ちのみによって決まるのではない。もし与党の議員が全員、カリスマ性をもったA首相に心酔していれば、まとまりはよくなるかもしれない。しかし、抜群のカリスマ性などもっていなくとも、強い首相は生まれうる。

ここで、首相を支える立場にある与党の議員Bの立場になって考えてみよう。B議員は、A首相の人柄にさほど惹かれているわけではない。それでも、B議員はA首相の言うことには従わなければならないと思う可能性がある。B議員にとって極めて重要な3つの要素について、A首相が生殺与奪の権を握っているかもしれないからである。3つの要素とは、選挙・カネ・人事である（建林、2004など）。

B議員が政治家を続けていくには、選挙に当選しなければならない。選挙に当選するには、A首相率いる政党Cに所属することが有利であると考えれば、B議員はC党に所属したいと願うだろう。もしB議員がC

党に所属できるかどうかを決めるのが、党首であるA首相であるとすれば、B議員はA首相の意向には従わなければならないと考えるはずである。

また、選挙をはじめとする政治活動にはカネがかかる。だが、自前ですべてのカネを用意するのは大変である。日本をはじめ議会制民主主義の国のなかには、国が政党の活動を助成するカネを提供しているところも少なくない。日本では、これを政党助成金制度といい、年間で約300億円が税金から支出され、政党によって差はあるが収入の多くを占めている。政党助成金は、その名の通り政党に入るカネだから、選挙のときと同じくC党の党首でもあるA首相が、この使い道を自由に決められるのであれば、B議員にとってA首相に従うことはカネの面でも重要な意味をもつ。

さらに、B議員が政治家として自らの理想とする政策を実現したいと考えるならば、ただ選挙に当選するだけでは不十分かもしれない。しかるべきポスト、たとえば大臣や党の役員など、相応の権限がある地位につくことも、B議員にとっては重要である。どの議員をどのポストに配置するかを決める（＝人事権をもつ）のがA首相なら、B議員はA首相に気に入られるように振る舞おうとするかもしれない。

このように、政治家にとっては選挙・カネ・人事の3要素は極めて重要なものであり、それらを差配する相手に対しては、たとえ人柄や政策で不満をもっていたとしても、従わざるをえないと考えられる。なかでも、3つの要素のうち、最も優先されるのが選挙である。「政治家は選挙に落ちればただの人」という言葉があるように、選挙に当選してはじめて政治家は政治家としての活動が可能になり、大臣などの多くのポストも選挙に当選した政治家にのみ与えられる。したがって、選挙に関わる権限（＝ここでは、ある政党が誰をどの選挙区に立候補させるかを決める公認権）を誰がもっているかが死活的に重視されるのである。

誰が公認権をもつか、ということを決めるのが、選挙制度である。C

党の党首であるA首相に一元的に公認権が集中するような選挙制度のもとでは、A首相の求心力は高まり、C党のまとまりは強くなる。逆に、党首であるA首相以外に公認権があれば、B議員をはじめとするC党の議員たちはA首相の顔色をうかがう必要がなくなるので、C党のまとまりは弱くなってしまうだろう。選挙制度によって政党のまとまり具合が変わり、それが首相のリーダーシップの強弱という政治のかたちに影響するからこそ、選挙制度は重要なのである。

以下では、どのような選挙制度になれば政党のまとまりが強くなったり弱くなったりするのかについて具体的に見ていくことにしよう。

2　選挙制度の種類

選挙制度は、大きく分けて3種類ある。単純多数制と比例代表制、この2つを組み合わせたものの3つである。

(1) 単純多数制

単純多数制は、有権者が候補者名を選んで投票し、合計した票数の多い候補から順に当選者を決めるという方法である。これは、有権者が選ぶ候補者の数、1つの選挙区から当選する候補の数によって、さらに細かく分類される（川人・吉野・平野・加藤、2011）。

まず、有権者が選ぶ候補者の数が1人の場合を単記制といい、複数の場合を連記制という。単記制には、有権者が選んだ候補にしか票が配分されない非移譲式と、ある候補が当選ラインを越えたら、同じ政党の別の候補者の票として読み替えて死票をなくす移譲式がある。連記制にも、有権者が選挙区の定数分の候補者を選べる方式（これを、単に連記制と呼ぶ）と、定数より少ない複数の候補者しか選べない制限連記式がある。現在、日本で行われている単純多数制の選挙区選挙では、単記制が採用されており、有権者が1枚の投票用紙で複数の候補者を選択することはない。

次に、1つの選挙区から当選する候補者の数が1人である場合、これを小選挙区制という。これに対し、2人以上の複数の候補者が当選する場合を、複数選挙区制という。

現在、衆議院のすべてと参議院の1人区の選挙区選挙は小選挙区制で行われているが、これは投票の際に有権者が選択する候補者の数が1人で、その選挙区で当選する候補者も1人である制度ということになる。

他方、複数選挙区制のなかには、日本では「中選挙区制」「大選挙区制」と呼ばれ、今も参議院選挙の一部の都道府県と、地方選挙で採用されている仕組みが含まれる。

中選挙区制は、1993年まで衆議院でも採用されていた仕組みである。これは、有権者が選択する候補者の数は1人だけだが、1つの選挙区から当選する候補者の数は2〜6人（ほとんどは3〜5人）で、票数の多かった候補者から順に、定数まで当選する方法である。有権者の票が他の候補者に移譲されることはないので、先に説明した分類にしたがえば、単記非移譲式複数選挙区制（Single Non-Transferable Vote：SNTV）ということになる。

大選挙区制は、中選挙区制よりも1つの選挙区で当選する候補者の数が多いものを指し、有権者が選ぶ候補者の数や票の移譲については、中選挙区制と同様である。したがって、これも単記非移譲式複数選挙区制の一種である。日本では、主に衆院選や参院選といった国政選挙で用いられてきた中選挙区制と、地方自治体の議会選挙などで用いられる大選挙区制を、選挙区の定数の規模で区別して分類してきたため、小・中・大という呼び名が与えられてきた。しかし、選挙区の分類にあたっては、定数の大小だけでなく、単記か否かや、移譲の有無といった点も重要になることには注意が必要である。

単純多数制では、落選した候補に投じられた票は無駄になってしまう

（これを死票という）。移譲式を採用すれば、死票を減らす効果があるが、そうでなければ死票が多くなることもありうる。

（2）比例代表制

比例代表制は、有権者が投じた票を政党ごとに集計し、定数を政党ごとの得票数に比例して配分する方式をいう。このため、有権者の意思を議席に忠実に反映することができ、死票も少なくなるという特徴がある。

比例代表制では、得票数に比例して各政党に議席を配分するが、誰を当選者とするかについて２種類の方法がある。１つは、拘束名簿式と呼ばれるもので、政党が事前に候補者のリストに順位をつけて提出し、有権者の投票の結果、獲得した議席数の順番までの候補を当選者とする仕組みである。候補者間の優先順位は政党の側が設定するので、有権者が介在する余地はない。日本の衆院選の比例区では、この方式が採用されている。

もう１種類は、非拘束名簿式という方法である。これは、政党が事前に提出した候補者リストのなかから、有権者が投票したい候補者名を選んで投票するか、政党名を投票するかを選べる仕組みである。拘束名簿式とは異なり、政党によって事前に作られた候補者リストに順位はついていないので、候補者名で投じられた票数で順位をつけ、１位になった候補者から順にその政党の獲得議席数までを当選者とする。なお、非拘束名簿式の場合、A 政党の候補者リストにある候補者に投じられた票と、政党名 A で投じられた票を合わせて、A 政党の得票数として集計され、他党との比例配分の計算に用いられる。2001 年から 2016 年までの日本の参院選の比例区では、この方式が用いられた。

2019 年から、日本の参院選の比例区では、拘束名簿式と非拘束名簿式が同居する新制度が導入された。そこでは、政党ごとに任意の数の候補者に順位をつけて（特定枠という）、残りの候補者には順位を付けずにリストを提出することが認められる。各政党の得票数の集計は、非拘束名簿式のそれと同様であり、政党名の票数＋拘束・非拘束を問わず政党リストに載っている候補者名の票数の合計という形になる。当選者は、まずは順位付けされた特定枠の候補者が優先され、残りを非拘束名簿部分で得票数の多かった候補者から順に獲得議席数まで選ばれる。仮にすべての票が非拘束名簿部分の候補者名で投じられた場合でも、有権者が選んでいない特定枠の候補者が優先して当選するという変則的な方式となっている。なお、特定枠を用いず、非拘束名簿だけを提出することも認められている。

（3）混合制

3種類目の選挙制度として、これまで述べた2つの方式、つまり単純多数制と比例代表制を組み合わせた混合制という方式がある。日本の衆院選と参院選は、ともに単純多数制と比例代表制の両方に議席が配分されており、混合制にあたる。

たとえば衆院選では、465の定数のうち、単純多数制の一種である小選挙区で289、比例代表で176の議席が決定される。3年ごとに半数の議席が配分される参議院では、248の定数のうち、小選挙区で64、中選挙区で84、比例代表で100の議席が決定される。参議院の場合、合区といって、複数の県（徳島・高知と鳥取・島根）をまとめて1つの小選挙区としているところがあることにも注意が必要だ。

衆院選と参院選は、ともに混合制の選挙制度ではあるが、両者には違いもある。衆院選には小選挙区と比例代表の両方に立候補する重複立候補が認められているが、参院選では認められていない。重複立候補とは、小選挙区で落選した候補者も、場合によっては比例代表で復活当選を果たすことができる仕組みである。すでに説明したように、衆院選の比例区は拘束名簿式なので、候補者リストの優先順位は政党が決定する。その際、重複立候補する候補者については、政党は同一順位を付けてリストを作ることが許されている。同一順位が付された重複立候補者については、小選挙区での惜敗率（当選した候補者の得票を分母、当該重複立候補者が獲得した得票を分子として百分率で計算）の多い者から順に当選者となる。

3　選挙制度の意義

以上みてきたように、選挙制度は大きく分けて3種類あるが、それぞれの制度を採用することで現実の政治にどのような影響が及ぶのだろうか。このことを、日本政治を例にとって述べてみたい（竹中、2006など）。

（1）衆議院の中選挙区制

衆議院ではかつて、単純多数制の一種である中選挙区制が採用されていた。中選挙区制は、ほとんどの選挙区の定数が3～5なので、衆議院全体の過半数の議席獲得を目指す政党は、1つの選挙区に複数の候補者を立てなければならなかった。このことは、候補者レベルで考えると、自分と同じ選挙区に同じ政党のライバルが存在することを意味する。同じ政党のライバルがいるのに、自分の政党の政策だけを訴えていたのでは差別化ができない。そこで、当選を確実なものとするために、各候補者は党の政策ではない部分、具体的には選挙区にどれだけ目に見えるサービスを提供できたかというところで競争するようになった。わかりやすいところでは、たとえば古い道路を新しくする、公民館を建てる、高速道路や新幹線を引っ張るといった公共事業の予算を獲得することなどである。

候補者がこのような行動に走るようになると、党のリーダーの方針を末端まで行き届かせるのが困難になっていく。そもそも、当選するために党の政策が最優先されないなら、政党の公認は必ずしもなくてもよいことになる。実際、中選挙区時代は、保守系無所属といって、自民党の公認が得られないまま選挙に立候補して、当選してから自民党に入党するといった行動も後を絶たなかった。党のリーダーの有力なリソースである公認権が、あまり重視されなかったのである。

これは、逆にいえば候補者にとって、自分の所属する政党執行部が必ずしも頼りにならないということを意味する。選挙に立候補するためには、まとまったカネも必要だし、選挙ポスターを掲示したりする人手もいる。だが、同じ選挙区に同じ党の候補者がいる場合、政党の執行部は誰か1人だけに肩入れするのは難しい。そこで、政党執行部の代わりに候補者を実務レベルで支援したのが、自民党の議員グループである「**派閥**」である（中北、2017）。

派閥は、究極的にはグループのボスを自民党の総裁に押し上げるための組織である。衆議院が中選挙区制を採用していた時代は、そのまま自民党の長期単独政権時代（＝**55年体制**）にあたるので、自民党の総裁になることはイコール首相になることを意味した。自民党総裁になるには、所属国会議員による投票が大きなウェイトを占める総裁選挙を勝ち抜かねばならない。そのために、派閥は1人でも多くの議員を自分たちのグループに所属させる必要があり、新人候補の応援に力を注ぐようになる。候補者にとっては、政党執行部に代わって派閥が自分の選挙の面倒を見てくれるありがたい存在になるのだ。

このように、衆議院の中選挙区制時代は、自民党議員の忠誠心は党執行部ではなく派閥に向かう構造になっており、選挙制度によって党執行部（当時の自民党の場合は、首相）のリーダーシップが制約されていた。

（2）選挙制度改革の経緯

衆議院の中選挙区制は、政党間の政策論争が選挙戦のメインにならず、候補者本位の選挙につながり、派閥を中心にした党の構造をもたらす結果になった。このことは、2つの意味で金権政治を助長することにもつながった。第1に、候補者本位の選挙戦になると、他の自党の候補者との差別化のために、候補者が有権者の目にみえるサービス（典型的には公共事業）を提供するようになる。これにより、たとえば地元の業者などとの癒着につながる可能性が出てくる。第２に、派閥のボスは、所属議員を増やすために物心両面の支援を継続する必要があり、議員数が増えれば増えるほど多額のカネが必要になる。

今日でも、政治にはカネのイメージがつきまとうところもあるが、その源流は55年体制の自民党政治にあり、その根本には中選挙区制という選挙制度があったのである。1988年に発覚した**リクルート事件**という金権スキャンダルをきっかけに、カネのかかりすぎる政治に対する世論の批判が高まると、政治のありようを見直すには選挙制度を変えることが不可欠であるとの認識が広まっていく（佐々木編著、1999など）。

しかし、中選挙区制によって最もメリットを受けていたのは、政権与党の自民党であった。中選挙区制の下で、最大野党であった社会党は、1958年の衆院選を最後に、定数の過半数を超える候補者を擁立するのを諦めてしまっていたので、中選挙区制を続ける限り、自民党は半永久的に与党であり続けることができた。それをあえて、政党間の政策論争を前面に出して政権交代の可能性を伴う選挙制度に変更するのはリスクが高い。選挙制度を変更するには、公職選挙法の改正が必要になり、衆参両院で過半数の賛成がなければならない。衆議院で過半数を占める自民党の大勢が選挙制度改革に後ろ向きとなれば、変更するのは難しい。

だが、カネにまみれた政治に改革を迫る世論の声を受け、自民党のなかにも**政治改革**（＝選挙制度改革）を推進するべきだとの主張をする議員も現れ、最終的には1993年６月に自民党が分裂し、政治改革推進派の一部グループが党を離れる事態になった。その直後の７月に衆院選が実施され、自民党と共産党を除く８党会派による非自民**連立政権**（細川護熙内閣）が発足し、55年体制は終焉を迎えた。

細川内閣のもと、1994年１月に衆議院の選挙制度改革を柱とする政治改革関連法が成立し、新たに**小選挙区比例代表並立制**が導入されることになった。

（3）小選挙区比例代表並立制の影響

衆議院の選挙制度が小選挙区比例代表並立制へと変更されたことは、政党や政治家の行動に大きな影響を与えることになった。

当初は、小選挙区 300、比例代表 200 の計 500 議席となっていたので、混合制のなかで小選挙区の比重が重い。すでに述べたように、小選挙区制は 1 つの選挙区から 1 人しか当選者が出ないので、各政党は候補者を 1 人に絞り込むことになる。他方、選挙区ごとの有力な候補者は 2 人に絞られるという法則（**デュベルジェの法則**）も知られ、大きな政党ほど有利になりやすい傾向がある。そこで、小規模な政党は生き残りが難しくなると予想され、実際に政党の大規模化が進行する結果をもたらした。

だが、他方で、小政党でも議席を確保できる見込みがある比例代表制との混合制だったため、大規模化のみが進行したわけではなく、中小規模の政党も存続したり、新たに結成されたりした。これにより、大規模な 2 つの政党が政権をめぐって対峙しつつ、その周りに中小規模の政党が取り囲むというかたちができあがっていった。

また、政党単位で議席が配分される比例代表制はいうまでもなく、大規模政党の候補者が有利になりやすい小選挙区制でも、候補者にとって政党の公認がもつ意味は飛躍的に上昇した。中選挙区制であれば、党の公認はなくても、派閥が応援してくれれば当選できたのが、小選挙区比例代表並立制では党の公認がなければ当選するのが難しくなった。その結果、候補者や議員の忠誠心は、派閥のボスから政党の執行部へと移行していくことになったのである。

こうして、新しい選挙制度の導入によって、公認権を梃子に政党執行部のリーダーシップは強まり、与党の場合は首相の権限強化に結び付くことになる。

（4）選挙制度の重要性

以上のように、選挙制度をどのように設定するかによって、党執行部や首相のリーダーシップは強い影響を受ける。選挙制度は、単に投票の際のルールだから有権者として知っておかなければならないというだけではなく、実際の政治のかたちを規定するものとして、極めて重要なのである。日本の例は、そのことを端的に教えてくれる。

ただ、同時に注意しなければならないのは、選挙制度だけで政治のかたちのすべてが規定されるわけではない、ということである。選挙制度は、**第5章**で後述する政党組織や政党システムの形成に大きな影響を与えるが、それは政治のごく一部分にすぎない。たとえば、首相をはじめとする内閣の大臣などの政治家が、部下である官僚をどの程度統率できるかといった論点は、首相のリーダーシップを考えるうえで必要不可欠なものだが、これは直接選挙制度とは関係がない。選挙制度は非常に重要だが、それだけですべてが変えられるほど、政治の世界は単純ではないのである。

▶▶▶ディスカッションを考える

> **第３章のディスカッションではこんな質問が出されました。**
> 「1990年代の衆議院の選挙制度改革によって、日本政治は当初の意図通りの方向に変わったといえるか。」

先生　最近の日本の政権をみていて、みなさんはどんな感想をもっていますか？

文菜さん　今の政権がいいかどうかはよくわからないけど、代わりもいそうにないな、とは思います。

弘斗さん　野党は文句ばかり言っている感じです。批判だけじゃなく、やってみてから言ってほしいです。

先生　でも、野党は政権の座にはいないから、やってみたくてもできません。どうすればいいでしょう？

弘斗さん　文句はほどほどに、政権をとったらどういう政治をやるのかが聞きたいです。抽象的なことじゃなくて、具体的にどう変わるのかを。

文菜さん　無理だと思います。考え方の違う政党が仲良くしようとしている時点で、まともな具体策が出てくるとも思えないし。

先生　では、今の政権に課題はないでしょうか？

文菜さん　これからの世の中をどうしていきたいのかが結局よくわかりません。私たちが社会に出て働いたり、年をとったとき、この国は大丈夫なのか、正直不安です。年金とか、掛け金を払ってももらえないかもしれない。

弘斗さん　目先の問題にばかり集中していて、私たちの将来に関する話がほとんど聞こえてこないというのは同感です。若者向けの政策というと、奨学金を拡充しますとか言ってるけど、そんなお金ホントにあるの？

先生　確かに、野党が弱いこともあって、政治が目先の問題に目を向けがちになっている傾向はあるかもしれません。本来なら、野党は将来の政権交代に向けてしっかり準備しなければならないのですが、そうなっていないようにも見えてしまいます。

弘斗さん　未来の話も聞きたいです。こんな時代だからこそ。

おすすめの本・ウェブサイト

加藤秀治郎（2003）『日本の選挙――何を変えれば政治が変わるのか』中公新書

日本の選挙制度の現状と理念を照らし合わせたとき、どのような問題があるかを解説した書籍である。特に参議院の選挙制度が抱える問題点についての指摘は重要である。

川人貞史・吉野孝・平野浩・加藤淳子（2011）『現代の政党と選挙〔新版〕』有斐閣アルマ

日本も含めた選挙制度のさらに細かい類型について知りたい場合に、特に有用な中・上級者向けの概説書である。本書では言及しなかった政党の連合をめぐる理論なども取り扱っている。

北岡伸一（2008）『自民党――政権党の38年』中公文庫

55年体制の自民党がどのような政治を行ってきたのかについて、その歴史を振り返る書籍。派閥間の抗争の実態や、首相に十分なリーダーシップが付与されていなかったことが実感できる。

第4章

投票の決め手になるのは何か
——投票行動論

投票は、民主主義国に暮らす人々にとって、最も身近な政治参加の手段の1つである。しかし、投票をめぐる人々の行動は複雑で、その原理を理解することは容易ではない。第4章では、そもそもなぜ人々は投票に行くのか、仮に投票に行ったとして、何に基づいて投票先を決めるのかについて、政治学の研究を振り返りながら説明する。

投票に行くか行かないかの決定について、ライカーとオーデショックは、選挙結果によりもたらされる政策によって有権者が受ける利益と、投票という義務を果たしたという満足感、それに投票に行くことにかかる時間などのコストを合計して、利益がコストを上回ったときに投票に行くと考えた。

次に、投票先の決定にあたって有権者が考慮する要因について、社会学モデル、心理学モデル、業績投票モデルを順に紹介し、近年の日本の文脈に当てはめてそれぞれのモデルの妥当性を検討する。

▶▶▶ ディスカッション

選挙において、高齢者の投票率と若者の投票率を比べたとき、前者が後者を大幅に上回っていることはよく知られている。2021 年の衆院選を例にとれば、10 歳刻みで最高の投票率を誇ったのは 60 歳代の 71.43％であるのに対し、最低の 20 歳代は 36.50％であり、半分程度の割合にとどまっている。

そもそも、少子化が進行して 20 歳代は 60 歳代に比べて人口が少なく、およそ 7 割しかいないから、投票に行った 20 歳代の総数は 60 歳代の 3 分の 1 に満たない計算になる。これでは、政党や政治家が若者より高齢者向けの政策ばかりに力を入れる「シルバー・デモクラシー」になってしまうという声も根強い。

では、なぜこれだけ世代によって投票率に差があるのだろうか。まず、高齢者が投票所に足を運ぶ理由を考えてみよう。第 1 に、60 歳代を迎えた人は、定年によって仕事をリタイアして、その後は基本的に年金を収入源として生活していくことが多くなる。また、病気になると医療を受けなければならない。介護を受けないと満足に生活できなくなる人もいるだろう。年金、医療、介護はいずれも、国の政策と密接な関連があるので、人々の政治への関心は、自分の生活上の必要性と密着している分、当然高くなる。これに対し、若者の場合、高齢者に比べて政治との接点を意識することは少ない。

第 2 に、高齢者ほど「選挙に行くのは当たり前」と思っている人の割合が多い、という可能性が考えられる。いまの高齢者が若者だったころ、日本社会はいまほど豊かで成熟した社会ではなかったので、社会をよりよくするために政治に期待し、投票に行くことが当たり前になりやすかったのかもしれない。それにひきかえ、いまは現状の生活に不満をもっている若者自体も減っているか、不満をもっていても政治によってそれが変えられるとも思えず、投票に行くことが習慣化されにくいという構造もありそうである。

これらはいずれも、有権者が投票所に足を運ぶか否かを規定する重要な要因を表現している。第1のポイントは、加齢効果と呼ばれ、高齢者ほど政治によって生活が影響を受けやすく、どこに（誰に）投票するかが切実な意味をもちやすいことを表す。第2のポイントは、とはいえ自分の1票だけで選挙結果に影響を与えられる可能性はごく小さいので、投票するかどうかにはそれが義務だとどこまで感じているかに左右されるということを意味する。

これらは、いずれも有権者が投票に行くことで2種類の便益、すなわち金銭などの物質的な便益と、義務を果たしたという精神的な便益を受けられるということを示す。これに対し、投票にはコストがかかる。投票所に足を運ぶことにも時間がとられるし、投票先を決定するためにも情報収集する手間と時間がかかってしまう。便益がコストを上回れば投票に行くだろうが、便益をコストが上回れば、棄権する方が有権者にとって合理的な行動になる。

投票に関わるコストは高齢者にとっても若者にとってもそれほど変わらないと考えられるので、残りは便益の差である。上述したように、高齢者ほど2種類の便益は大きく、若者は便益を感じにくいから、高齢者の投票率が若者のそれを上回ると考えることができるのである。

このように考えると、若年層の投票率をそもそも上げることが可能なのかという疑問も浮かび上がってくる。高齢者に比べて物質的な便益が少ないのは、いわば構造的な問題だからである。それに対し、精神的な便益を高められれば、投票率を上昇させられるという考え方もできる。その意味で、18歳選挙権によって高校などの早い段階で主権者教育に力が入れられることには、一定の意味を見出すことも可能だろう。

1　なぜ投票に行くのか

日本の国政選挙では、2016年の参議院選挙より、選挙権年齢が20歳から18歳に引き下げられた。読者のなかにも、すでに投票に行った（あるいは、権利はあったが棄権した）という人もいるだろう。

投票には、いくつかのハードルがある。選挙権が与えられる年齢に達していることを前提にしても、そもそも投票に行くか行かないかという問題がある。中学や高校で、投票の重要性について学んだ経験をもつ人は多いはずだ。だから、投票に行かなければならないとは思っていても、実際に投票所に足を運ぶ人は決して多くはない。2021年に行われた衆院選の投票率は55.9%、2022年の参院選は52.1%と、およそ半数足らずの有権者が棄権している現状がある。

また、仮に投票所に足を運ぶことを選択したとしても、誰に、どの党に投票すればよいのかという問題に直面する。重要だから投票をしようとは考えたものの、候補者や政党のことはよく知らないし、特にどうしても投票したい先がない。そのようなとき、どのようにして人々は投票先を決定しているのだろうか。

このように、投票にまつわるいくつかのハードルについて、政治学ではどのように考えられてきたのか、**第4章**ではその概要について順を追って説明していく。まず手始めに、投票に行くか棄権するかという選択について考えてみよう。

人々はなぜ投票に行くのか。その答えを考えるとき、ヒントを与えてくれるモデルがある。

$$R = P \times B + D - C$$

これは、ライカーとオーデショックという政治学者が提示したモデルであるが（Riker and Ordeshook, 1968）、人々が投票に行くのは、投票に行くことがその人たちに何らかの益をもたらすからであると考える。ここでいう「益」には、金銭的な利益のような物質的なものだけではなく、投票に行くことで義務を果たし、解放感を得られるといった精神的な利益も含まれる。人々は、投票という行動から利益を得られると思えば投票に行くし、そうでなければ行かないと考えるのである。

投票という行動から得られる利益には、P（Probability）×B（Benefit）とD（Duty）の2種類がある。Bは、投票した先の政党や候補者が、自らの望む政策を実現してくれることによって得られる利益のことだ。たとえば、税金の負担が重いと日頃から不満を募らせている有権者にとっては、減税を掲げる政党や候補者への投票によって、実際に減税が実行されれば、不満は少なからず解消されることになろう。また、公共事業を主な収入源とする建設業に従事している有権者は、公共事業の必要性を訴えたり、地元への事業の誘致を訴える政党や候補者に投票すれば、自分の利益に結び付く可能性がある。こうした利益Bに、自分の投票によって結果が左右される可能性PをかけたP×Bが投票によって実現する利益となり、これが大きいほど、人々は投票所に足を向けやすいと考えられる。

次に、Dは投票を「有権者としての義務だと考える程度」を指す。義務だと思う人ほど、投票したことで得られる満足感は大きいだろう。

このように、投票を損得で考えると、有権者にとっては勝敗に影響を与えられる程度が大きければ大きいほど、投票に行くインセンティヴが生まれることになる。自分の1票が勝敗に対して与える影響力が大きければ、先に述べた利益が実現するかしないかに直結するからだ。

しかし、現実には有権者の1票が選挙結果に影響を与える度合いは大きくはない。たとえば、2021年の第49回衆院選の長崎4区では、当選者と次点の得票差は391票だった。これは、衆院選の小選挙区ではかなりの僅差であるが、それでも391票の差があるので、有権者のうちの

1人が投票に行っても行かなくても、結果そのものは変わらない。結果に対して与える影響が大きくないなら、投票に行く意味は薄く、多くの有権者が棄権に回りそうなものであるが、国政選挙でおよそ半数の有権者は投票に行く。この理由は、少なくない有権者が投票というのはある種の義務であると考えているからだろう。

そして、投票という行動はP×BやDのような利益だけを有権者にもたらすわけではない。まじめな有権者であれば、どの政党や候補者に票を投じるか決めるために、ネットやテレビや新聞、選挙公報などにふれ、情報を収集しようとするかもしれない。それには時間がかかる。また、実際に投票所に足を運んで投票を終えるまで、少なくとも数分はかかる。これらの時間は選挙がなければ必要のないものであり、他のことに時間を費やすことができるという意味で、有権者にとっての不利益C（Cost）である。上述の式では、こうしたコストCをP×BやDといった利益から引いて、有権者の利益を算出できると考えられている。

こうして算出された報酬R（Reward）がゼロ以上、すなわち投票によって生じるコストに比べて、有権者が得られる利益が大きい場合は、その有権者は投票に行くが、Rがマイナスになってしまえば、コストが利益を上回るので、棄権すると考えるのである。

2　どのように投票先を決めるのか

では、投票所に足を運んだ有権者は、どのようにして投票先を決めるのだろうか。政治学のなかでも、投票行動論といわれる分野の研究者たちは、長くこの問題と向き合ってきた。

（1）社会学モデル（コロンビア学派）

投票先の決定要因として、初期（1940年代）の研究をリードしたのが

社会学モデルである。これは、コロンビア大学のラザーズフェルドらのグループが実施した研究が基になっており（Lazarsfeld et al., 1948）、コロンビア学派とも称される。

ラザーズフェルドらは、オハイオ州エリー郡で1940年に実施された調査（エリー調査）を基に、人々の社会経済的地位や宗教、居住地域が投票行動を規定していると主張した。つまり、社会経済的地位が高く、プロテスタントで、農村や郊外に居住している有権者は共和党に投票し、社会経済的地位が低く、カトリックで、都市に居住している有権者は民主党に投票する傾向があった。人々の内面ではなく、社会的な要因によって投票先が規定されると主張したことから、社会学モデルと呼ばれる。

この研究は、他にも標本調査においてランダム・サンプリングやパネル調査（同じサンプルに継続して調査を実施すること）を取り入れるなど、今日のサーベイ調査にもつながる記念碑的なものであるが、人々の内面に目を向けないことへの批判も起きた。読者のなかにも、自分の置かれた社会的環境によって、いわば決定論的に投票先が決まっているといわれると、違和感（あるいは反感）をもつ人もいるかもしれない。

（2）心理学モデル（ミシガン学派）

そこで、キャンベルらの研究グループは、社会学モデルが想定するように、社会経済的要因が投票行動に影響を及ぼすにしても、その過程では有権者それぞれの心理的な要因も作用していると考えた（Campbell et al., 1960）。この研究は、**心理学モデル**、あるいはミシガン大学の研究者が中心になったことから、ミシガン学派とも呼ばれる。

この研究では、投票先の決定に影響を与える要因を、長期的なものと短期的なものに分ける。このうち長期的なものの方が影響力が強いとされ、それは政党帰属意識といわれる。政党帰属意識は、字義通り、自らが好み、親近感をもつ政党に関する意識であるが、これは日本の読者には少し説明が必要かもしれない。

日本では、たとえば両親が特定の政党の支持者で、日常的に家庭でその党や候補者についての話題が活発に展開される、というケースは多くはないだろう。親や親戚がどこかの政党を（ときには熱烈に）支持しているということは珍しくなかろうが、それが日常的に子どもの前で披歴されなければ、世代を超えて支持政党が継承されるということはあまり考えられない。

アメリカでは、選挙ともなれば各家庭が家の前に支持する候補の看板を飾るという光景が珍しくない。日本のように、支持政党について人前で明け透けに語ることが半ばタブー視されているというようなこともない。そのため、親が特定の政党に向ける親近感が、自然に子どもにも伝わり、世代を超えて継承されていくことがある。プロ野球やＪリーグなどで贔屓にするチームが、普段一緒にテレビなどで試合をよく見たり、スタジアムに足を運んだりするうちに、親子で自然と同じになるといったケースを想像すれば、わかりやすいかもしれない。

したがって、これは単なる政党「支持」にとどまらず、政党「帰属意識」であって、一種の刷り込みも含めて人々の行動を認知のレベルで規定することになる。だが、仮に政党帰属意識が強固で、人々がそれに基づいてのみ行動するなら、選挙ごとに人々の投票先はほとんど変化せず、したがって結果も大きくは変わらないということになるはずだ。実際には、アメリカでも異なる党の大統領が数年ごとに選ばれているのは、読者もよくご存じだろう。

そこで、心理学モデルでは短期で投票行動に影響を与える要因を想定する。それが、重要とされる順に候補者イメージと争点態度である（田中、1998)。有権者は、候補者のイメージや、その時々の選挙で重要と考えられる政策課題（争点）によって、元々もっていた政党帰属意識とは異なる選択をすることがある、という議論は、直観的に納得しやすい話であろう。ただ、心理学モデルでは政党帰属意識とイメージ・争点態度が独立に存在するのではなく、あくまで政党帰属意識に基づく認知を前提として、イメージや争点態度も投票行動に影響する、と考えられていることには注意を要する。

（3）業績投票モデル

これらに対し、より単純に、有権者の現政権への評価が高いときには与党に、低いときには野党に投票すると考えるのが**業績投票モデル**である（Fiorina, 1981）。

この方法であれば、極端な話、与党や野党がどのような政策を掲げているかにかかわらず、投票先を選択することが可能になる。細かい情報収集も不要で、ざっくり内閣の業績を評価すればよいので、コストも低く済む。業績投票は、いわば過去をみて投票する方法であり、先に述べた争点に基づく投票は未来をみて投票する方法ということになる。

3　日本の実例

2 で述べたモデルは、いずれもアメリカの昔の事例が基になっている。では、近年の日本ではどのような傾向がみられるのであろうか。いくつかのポイントに絞って、以下で検討してみたい。

（1）政策に基づく投票

2021年に実施された第49回衆院選に際し、明るい選挙推進協会が実施した全国意識調査によると、小選挙区の投票に際し、有権者に考慮した要因について複数回答ありの選択式で尋ねたところ、1位は「候補者の属する党の政策や活動を考えて」で49.6%、2位は「候補者の政策や主張を考えて」で48.0%、3位は「候補者の人柄を考えて」で24.4%、4位は「地元の利益を考えて」で24.2%となっている（明るい選挙推進協会、2022、6頁)。およそ半分の有権者は、政党もしくは候補者、あるいは両方の政策に基づいて投票先を決めたということになる。

政策に基づいて投票先を決めるというとき、勤勉な有権者なら、次のように投票先を決めるかもしれない。まず、自分の理想とする政策位置を認識したうえで、立候補している候補者や政党の政策位置をすべて並べ、最も距離が近い候補者や政党に投票するという方法である。しかし、このような厳密な方法で投票先を決める有権者は、決して多くはないだろう。

まず、すべての政党や候補者について、正確に主張の中身を把握して政策位置を特定するのは、非常に手間がかかる作業である。よほどの政治好きなら話は別かもしれないが、現実にはそこまでするほど有権者の多くは暇ではない。また、仮にすべての政党や候補者の政策位置を知ることができたとしても、ある特定の政策についてはA党が自分に近く、別の政策についてはB党が近いというように、政策分野ごとに自分と距離の近い政党が入れ替わる可能性もある。こうなると、どこに投票するかの判断に迷いが生じてしまう。

したがって、約半数の有権者が政策に基づいて投票先を決めているといっても、それが厳密な形で行われているとは考えにくい。有権者はもう少し簡便な方法で政策をみて、投票先を決めていると思われる。その際、たとえば政党そのものに付与されたイメージなど、ややもすれば漠然としたラベルに基づいて投票先が決められることがある。これは、たとえば自民党は財界寄りの政党で、立憲民主党や国民民主党は労働組合寄りの政党なので、前者は自由な市場競争を推進しがちで、後者は再分配による社会的公正の実現に重きを置く、といったようなイメージに基づき、自らの好みに近い方に投票するといった方法である。この方法であれば、選挙のたびに政策に関する情報を新たに仕入れなくとも、投票先を決めることが可能なので、有権者は投票に関わるコストを低減することができる。これを、ヒューリスティックな方法などと呼ぶこともある。

（2）争点投票

だが、漠然としたイメージに基づいて投票先を決めることが難しくなる選挙も稀にある。特定の政策課題に選挙の争点が集中する場合である。心理学モデルのところで説明した争点態度の話を想起されたい。

2005年、小泉首相のもとで行われたいわゆる**郵政解散**は、この典型的な例である。この解散は、小泉首相が「郵政民営化の是非を国民に聞いてみたい」と表明して行われたものであったため、総選挙の争点が郵政民営化一本に事実上絞られた。このようなケースでは、郵政民営化という特定の政策争点に対する自分の意思を有権者は固めたうえで、各政党や候補者が郵政民営化にどのような態度をとっているのかを把握して、自らと近い党・候補を選ぶという形になりやすい。こうした投票のあり方を争点投票という。

ただ、争点投票はそれほど頻繁に起こるものではない。日本の場合、現行では憲法7条に基づいて、首相はいつでも衆議院を解散することができる。そのため、与党に有利なタイミングで選挙を設定することが可能である。小泉首相のように、特定の政策に関する賛否を問えるタイミングで解散すれば、争点投票は容易に起こせそうにも思える。しかし、政権が取り組む政策課題は多岐にわたるので、単一の争点が重視される選挙であっても、他の政策課題が重要でないということにはならない。そのため、首相がいかに単一の争点で選挙を戦いたいと考えても、有権者がその他の政策課題も同様に重視してしまえば、争点投票は起こりにくくなる。首相の設定した争点を、有権者がそのまま受け入れ、各政党や候補者の当該争点に関する主張もはっきりしている、という限られた条件が成立しないと、争点（だけに基づく）投票は起こらないのである。

（3）業績投票

政策争点という意味では、郵政解散以降の衆院選は争点がはっきりせず、「大義なき解散」などと批判されることもあった（『毎日新聞』2017年9月25日付夕刊など）。参院選も、3年に1度、決まったタイミングで行われるため、特定の争点を設定して有権者に投票を促すような形に持ち込むことは難しい側面がある。また、近年の日本の政党政治は流動化しており、政党の顔ぶれも選挙ごとに変化するので、どの党がどのような主張をするのか、混乱してしまうことも少なくない。

このようなとき、有権者の投票の有力な判断材料となりうるのが時の内閣への業績評価である（2（3）参照）。政党間競争の構図がはっきりせず、争点も明確でないとなれば、いわば消去法的に業績投票が促されることになりやすく、このところの日本はその傾向にあるといえるかもしれない。

（4）経済投票

業績投票に関連して、単に「（全体的な）業績」という漠然とした評価だけに基づくのではなく、もう少し特化した政策への評価から業績を判断しようという有権者もいるだろう。

2021年の衆院選で、有権者に考慮した問題（政策課題）を訪ねると、以下のような答えが返ってきた。1位は「医療・介護」（52.5%）、2位「景気対策」（52.2%）、3位「コロナ対応」（40.1%）、4位「年金」（39.1%）、5位「子育て・教育」（35.3%）の順である（明るい選挙推進協会、2022、8頁）。

医療・介護や年金、子育てといった社会保障をめぐる問題、景気対策などの経済をめぐる問題は、過去の選挙でもおおむね有権者の関心が高いテーマである。これらに比べると、「外交・防衛」（18.0%）、「憲法改正」（11.9%）といった外交・安全保障に関わる政策課題は重視されにくい傾向にある。

有権者に経済政策が重視されやすい傾向があることから、次のような可能性を考えることができる。日本のように、首相が任意に解散できる仕組みの国であれば、景気がよいタイミングで解散すれば与党に有利に働く可能性がある。また、解散が自由にはできず、固定任期のような国であっても、選挙が近づいてくれば財政出動して公共事業を増やし、一時的に景気を浮揚させたうえで選挙に臨めば、有利になるかもしれない。ここから、GDP の伸びが好調だったり、失業率が低いといったように、各種経済指標が好調なときは選挙で与党が有利になり、逆の場合は不利になるという傾向がもし見つけられるとすれば、有権者は主に経済環境に着目して投票先を決めているといえるかもしれない。このような投票のあり方を、経済投票と呼ぶことがある。

景気がよいタイミングで解散したり、選挙が近づいてくると景気浮揚策としての財政拡張が行われやすいといった傾向があるかどうかについては、これまで様々な研究が行われてきている（平野、1998 など）。経済投票が行われることを支持する研究結果も、支持しない研究結果も示されており、決着がついているとはいえない。ただ、それこそ有権者が投票先を決める基準が多様であるのと同じように、解散を判断するタイミングは様々な要素が絡み合って決まる。解散を決めるうえで 1 つの判断材料になっていることは否定できない。

（5）実際の投票

現実の日本の有権者の眼前には、政策や争点、業績などが複雑に絡み合って展開されている。誰もが目に止めやすい明確なものがあれば別だが、すでに述べたようにそのようなケースの方が稀だ。実際には、どれか 1 つだけに着目して投票先を決定するというよりは、様々な要素を勘案して決めているだろう。

ここまで説明してきたモデルはあくまでモデルにすぎず、それだけで実際の投票行動のすべてを説明し尽くすことはできない。かといって、投票行動は複雑だから、というだけではメカニズムを理解することは覚束ず、すべてがブラックボックスに入ってしまう。投票行動の原理を探求する試みは、今もなお続いているのである。

4　無党派層の存在

有権者による投票先の選択と密接に関連する要素として、政党への評価があることはすでに述べてきたが、この点に関連して、近年の有権者のなかには特に支持している政党がない、いわゆる「**無党派層**」が無視できない割合で含まれることを指摘しておかなければならない。

先の明るい選挙推進協会による調査では、31.7％の有権者が「あなたはふだん何党を支持していらっしゃいますか」という質問に対し、「支持政党なし」と回答した。この割合は、35.1％にのぼった自民党に次いで多い（明るい選挙推進協会、2022、11頁）。

無党派層は、政治に対する関心がそもそも低い「無関心層」を必ずしも意味するものではない。現に、先の調査による質問で「わからない」と答えた有権者が5.0％いることからすれば、ここでいう無党派層は政治への一定以上の関心はあるが、支持する政党がみつからない人々と考えた方が適切である。

1990年代以降、政界再編が長く続いた日本では、自民党や共産党など一部の政党を除いて、党の歴史が浅く、政策のイメージも判然としない政党が多く含まれる。そのため、有権者が確固たる支持政党をもつことが難しい側面もあるだろう。2017年の野党に起こった再分裂騒動は、それをますます助長したところがある。

無党派層の人々は、その性質上、時々の政権に対する評価や争点への態度などで、投票先をその都度入れ替えながら投票していると思われる。ボリュームが多く、移り気な無党派層に魅力をアピールすることができれば選挙に勝てるが、そうでなければ勝てないという状況にもなっているのである。

▶▶▶ ディスカッションを考える

第４章のディスカッションではこんな質問が出されました。
「高齢者の投票率が若者の投票率よりも大幅に高いことを受け、その要因を考えるとともに、若者の投票率を上昇させる手段としてどのようなものがあるか。」

先生　みなさんは若者として当事者ですが、どう考えますか？

文菜さん　確かに、日ごろの私たちの生活で政治の影響を感じる場面は少ない気がします。

弘斗さん　政治家はカネに汚いし、自分のことしか考えてないイメージですね。

文菜さん　だけど、お年寄り向けの政策ばかりが大事にされるのは困ります。

弘斗さん　でも、単に「投票に行こう」と呼びかけられても、ぼくらの世代は行かない人が多いですよね。

文菜さん　やっぱりもっと教育を充実させないといけないんじゃないでしょうか。

先生　どういう教育を受けたら投票に行こうと思いますか？

弘斗さん　いま実際に行われている政治や政策の意味をもっとわかりやすく教えてほしいです。難しくてよくわからないし、政治の授業といえばルールの説明ばかりで面白くありません。暗記科目になっています。

文菜さん　あと、お年寄り任せにしてしまったら、私たちのこれからの生活が危なくなるという脅し（？）のようなものも必要かもしれません。そうすれば義務感が高まると思います。

先生　教育以外でどんなことが求められるでしょうか？

弘斗さん　もう少し実際の政治が見ていてワクワクする面白いものになるといい気がします。

文菜さん　投票のコストを下げることも考えるべきではないでしょうか。投票所に行かなくても、スマホで投票できたりしたらもっと気軽に投票できます。

先生　ネット投票は、セキュリティやなりすましなど、解決しなければならない問題もありますが、導入に向けて検討がスタートしています。気軽に投票できるのは高齢者にとってもありがたいことですから、近い将来に実現されていくといいかもしれませんね。

おすすめの本・ウェブサイト

たかまつなな（2019）『政治の絵本〔新版〕――学校で教えてくれない選挙の話』弘文堂

どうしても政治や選挙を難しいものととらえがちで、自分には関係のないものと思ってしまう若者に対し、政治を身近に感じるためのヒントが詰まっている。なかでも、付録でカードがついた政治版人狼ゲームは一度お試しあれ。

飯田健・松林哲也・大村華子（2015）『政治行動論――有権者は政治を変えられるのか』有斐閣ストゥディア

より詳しく投票行動の理論や研究動向を知りたい人におすすめの書籍。本書では扱いきれなかったテーマも、投票行動に特化したこの本では満遍なく網羅されている。

明るい選挙推進協会（2022）「第49回衆議院議員総選挙 全国意識調査 調査結果の概要」公益財団法人明るい選挙推進協会（http://www.akaruisenkyo.or.jp/wp/wp-content/uploads/2018/07/49syuishikicyosa.pdf）

選挙のたびに実施されている世論調査の結果をまとめたもの。これをみると、自分以外の有権者がどのようなことを考えて投票に行ったり、棄権をしたり、投票先を決めたりしているのかというおおまかなイメージがつかめる。

第5章

政党の顔ぶれはどう決まるか
——政党システムと政党組織

政党間の選挙における競争の構図や、選挙結果を受けての連立交渉など、政党のありようを全体としてとらえた概念が政党システムである。

政党システムは、政治のあり方にも少なからぬ影響を与えるため、重要な意味をもつ。たとえば、二大政党制は単独政権になりやすいため為政者のリーダーシップは強くなる傾向にあるが、多党制だと連立政権になりやすいのでリーダーシップは弱くなる一方、多くの視点が政策に取り入れられて合意が調達されやすい。

政党システムは、上記のように、まず政党の数によって分類されるが、そこにイデオロギー距離を加味することで、より精緻な分類が可能になる。

次に、政党システムを変容させる要因として、社会的亀裂と選挙制度に着目する。なかでも、1990年代の日本の選挙制度改革を例に、選挙制度が政党システムに影響を与える様子や、政党組織が変化したことを観察する。

▶▶▶ ディスカッション

政党システムは、言語や宗教の違いなどの社会的亀裂や選挙制度によって影響を受け、形成されていくものである。社会的亀裂がヨーロッパなどに比べて小さい日本では、政党システムに対する選挙制度の影響がより大きくなると考えられる。

日本は、衆議院で小選挙区比例代表並立制を導入しており、単純な小選挙区制に比べて比例代表制がある分政党の数は多くなるが、単純な比例代表制に比べれば政党数は少なくなる傾向にある。実際、2003年から2012年にかけては、自民党と公明党の連合に、民主党が対峙する二大勢力が政党システムの中心にあったが、2012年以降は野党が多党化している状況にある。

この経緯を見ると、ある疑問が浮かび上がる。日本社会には、二大政党制と多党制のどちらがよりフィットしやすいのかという問題である。そもそも二大政党制は、有力な政党が2つしかないので、社会にある多様な利益を強引に2つにまとめてしまうことになる（効率的）。これでは、多様な意見を政治の場に十分に反映することが難しく、その観点からは多党制の方が望ましいことになる（開放的）。日本には1億人を超える実に多種多様な人々が住んでいるのだから、それを2種類の利益だけに集約することなど現実的でないともいえるだろう。

しかし、多党制になると、様々な考え方をもつ政党が併存することになるので、実際の議会の場での政党間のやりとりが複雑になるという問題が生じる。たとえば、選挙の前に各政党の獲得議席がわかるわけではないので、有権者が投票するタイミングでは選挙後にどの政党が与党になるか、ひいては誰が首相になるかの見当も皆目つかないことがありうる。このような場合は、選挙結果によっていわば政党任せで政権が作られることになり、主権者の政治への関与が二大政党制に比べて薄まってしまうという見方も可能になる。

これに対して、二大政党制には単純であるがゆえのよさがある。勝者と敗者がくっきり分かれるから、勝った政党のトップが首相になることがあらかじめはっきりしている。有権者は、首相になってほしい方の党首が率いる政党に票を投じればよいので、投票に際しての情報探索コストも小さくて済む。基本的に単独政権になるから、首相が他の与党に気をつかう必要もなく、リーダーシップも強くなりやすい。

だが、二大政党制はリーダーシップが強くなる分、政権交代が起きると政策がガラッと転換されてしまい、政治が不安定になってしまうという問題を抱える。それに対し、多党制は複数の政党で合意しつつ政策を形成していく分、政策が安定して長続きしやすいという傾向にある。有権者は自分の政策に関する好みをしっかり把握して、各政党のスタンスも十分に理解したうえで投票先を決めなければならず、手間はかかるが、一度決めてしまえば政党システムが安定している限り、その後は投票先の選択で迷わなくて済む。

政界再編によって政党システムがなかなか安定しない日本の現状を考えると、多党制よりは二大政党制の方が有権者にとってはわかりやすい政治になるのかもしれないが、対立軸を２つにまとめられるほど日本社会は単純な構造になっていないと考えれば、多党制の方が望ましいともいえる。

このどちらがよいのかという判断は、究極的には有権者の民主政治観に委ねられる問題である。ただ、その際に注意が必要なのは、選挙制度だけを変更したからといって望ましい政党システムが実現するとは限らないことである。政党システムを規定する要因として、選挙制度は重要に違いないが、それだけですべては決まらないのである。

1　政党システムと政党組織

第3章では、選挙制度が政治のかたちに影響を与えることを説明した。選挙制度によって、政党の執行部が集約できる権限には差が生まれ、たとえば議院内閣制であれば、ふつう与党の執行部のトップが就任する首相のリーダーシップも、それに左右される。いうまでもなく、与党の執行部が強い権限を有する方が、そうでない場合に比べて首相のリーダーシップが強くなる。

したがって、選挙制度によって首相のリーダーシップの強弱が左右されるというとき、そこに至る過程では、まず政党間の競争の構図（＝政党システム）と政党の組織構造が主に選挙制度によって定められる。そして、政党システムと政党組織のありようが、与党のトップである首相のリーダーシップを規定する。そこで**第5章**では、政党システムと政党組織が選挙制度によってどのような影響を受け、それらがどのように政府の長のリーダーシップに影響を及ぼすのかを説明する。

2　政党システム

（1）政党システムとは何か

政党システムとは、政党間の選挙における競争の構図や、議会での議席の配分、さらには政権の形成をめぐる（連立）交渉と対立の図式を総称した概念であり、政党制（度）とも呼ばれる。要は、国レベルでの政党システムとは、どのような政党が選挙に候補者を擁立しており、各政党の議会での議席はどのくらいで、（連立）与党と野党はそれぞれどの政党が該当するのか、という一連の政治過程で登場する諸政党の姿をいう。

（2）政党の数と政党システム

政党システムを理解するうえで、まず着目しなければならないのは、登場する政党の「数」である（デュヴェルジェ、1970）。たとえば、政党の数が1つしかない場合、そこでは民主的な競争が行われているかどうかが問題になる。競争原理が働くことなく、1つの党だけが存在を許されているような場合、一党独裁という。また、政党の数が2つしかない場合は、二大政党制と呼ばれる。3つ以上の政党が併存しているケースは、多党制といわれる。以下では、話を理解しやすくするために、日本と同じ議院内閣制を前提にその違いについて説明する。

二大政党制と多党制では、できあがる政治のかたちが大きく異なる可能性が高い。二大政党制なら、片方の政党が選挙で議会の過半数を制して与党となり、もう片方は少数しか獲得できずに野党になることがほとんどになる。与党は政党1つだけだから、他党との連立交渉は不要で、単独政権になる。単独政権の場合、他の与党に気をつかわなければならない連立政権に比べ、首相は強いリーダーシップを発揮できる可能性が高いだろう。

他方、多党制の場合、1つの政党だけで過半数を占められれば単独政権になるが、そうならなければ複数の政党で協力して議会の過半数を押さえ、内閣を発足させることが必要になる（連立政権）。この場合、首相は自分の政党以外の連立与党にも気をつかわないと、円滑な政権運営はできない。連立与党とはいえ、もともとは考え方が違うからこそ別の政党を結成しているので、政策面で容易に妥協が成立するとは限らない。首相にはどうしても自分の考えをある程度曲げることが必要な場面が出てきて、リーダーシップは制約を受けることになる。

このように見てくると、二大政党制の方が効率的で、多党制よりも優れていると感じる読者もいるかもしれない。しかし、事はそう単純ではない。二大政党制の場合、単独政権になりやすいから、首相は強いリーダーシップを発揮しやすい。だがこのことは、同時に二大政党制の弱点にもつながる。二大政党制では、どちらかの政党が担った政権が行き詰まれば、選挙によってもう片方の政党の政権ができあがることになる。ひとたび政権交代が実現すると、強いリーダーシップを背景に、新たに首相になった人物は、前の政権の政策を大胆に転換して独自色を発揮しようとするかもしれない。

政権交代のたびに大きな政策転換が繰り返されれば、国民の生活には少なからぬ影響が及ぶ可能性がある。たとえば、奨学金制度が政権交代のたびに大幅に見直されることになれば、高校生のときに目論んでいた大学生活の資金計画が、大学入学後に変更されてしまい、どうにも身動きできなくなってしまう、といったことも考えられる。このように、二大政党制には、首相のリーダーシップが強まりやすいため大胆でスピーディな政策決定が可能になる（効率的）反面、国民生活に密着するような重要な政策転換も頻繁に行われる可能性があり、政策が安定せず予見可能性も低くなってしまうというリスクもある。

他方、多党制の場合、連立政権になりやすいので、首相のリーダーシップは制約される。だが、連立政権であるということは、1つだけの政党が政権を担う場合に比べて、多様な意見が政策決定の場に反映されやすいということでもある（開放的）。また、次の選挙の結果によって政権が交代する場合でも、すべての連立与党が野に下る場合もあれば、一部の政党がそのまま別の連立政権に加わり続けるということもありうるので、そうなれば政策の継続性も一定程度保たれる。各政党とも、連立の組み換えによってさまざまな政権の組み合わせが考えられるため、税制や社会保障などの重要な政策決定にあたっては、ほぼすべての政党を巻き込む形で検討されることもある。こうなると、あらかじめほとんどすべての政党が合意できた内容だけが政策となるから、これを変える誘因をもつ政党はいなくなり、政策が安定するというメリットがある。

もちろん、このことは同時に、国を取り巻く国際政治や経済の環境が変化し、それに対応して政策を見直さなければならないようなケースでは、安定しているがゆえに改革が遅れるというリスクにもなるが、リーダーシップが強い政治だけが「よい」政治ではないことは確かである。ここには、効率性と開放性のトレードオフが存在する。

以上のように、単純に政党の数で政党システムを分類したのがデュベルジェという政治学者であるが、これに政党間の根本的な考え方（理念・思想）の違いを加味して分類した方が、より有意義な分類が可能だと考えたのがサルトーリである。

（3）サルトーリの政党システム

サルトーリは、デュベルジェが行った政党の数による分類を基本にしつつ、政党のイデオロギーの違いを加えた分類を行った。

▶図表5−1　サルトーリの政党システムの分類

一党制	二党制	多党制
①一党制 ②ヘゲモニー政党制 ③一党優位制	④二大政党制	⑤穏健な多党制 ⑥分極的多党制 ⑦原子化政党制

出典：サルトーリ（2001）を参考に、著者作成

図表5−1をご覧いただきたい。サルトーリによれば、一党制はさらに3種類に分かれる。①一党制と②ヘゲモニー政党制は、合法的に存在が認められる政党がそれぞれ1つしかないか、複数あるかの違いで、いずれも1つの政党にしか政権担当が認められていない独裁的なシステムをいう。

一党制のなかでも、③一党優位制は民主的な競争が働いているシステムである。典型的には、1955年から1993年まで、38年もの長期にわたってほぼ単独で政権の座につき続けた自民党がこれに該当する。1945年に第2次世界大戦が終わって民主化が図られた日本においては、

その後一貫して自由競争の民主的選挙が行われてきたが、自民党は結党した 1955 年から一度も下野することなく、1993 年まで政権党であり続けた。いわゆる 55 年体制の日本のようなケースは、単なる政党の数による分類だけでは独裁的な一党制との区別がつかないところであったが、サルトーリはそれを別のものとして分類したわけである。

二党制には④二大政党制しかなく、多党制は 3 種類に分かれる。まず⑦原子化政党制は、少数政党が林立し、政党間の合意形成などが著しく困難な状態を指し、安定した政権の樹立は望めない状態をいう。サルトーリの分類の白眉は、⑤穏健な多党制と⑥分極的多党制の区別を行ったことである。同じ多党制でも、政党間のイデオロギーに大きな差異はなく、根本的な考え方の相違が存在していない政党システムのことを、⑤穏健な多党制という。ここでは、政策に根本的な違いがないので、議会に議席を有するすべての政党（3〜5 党）にはいずれも政権担当の可能性があり、政権の形は連立政権になることが多い。これに対し、⑥分極的多党制は、イデオロギーが大きく異なるいくつかの政党が存在しているものの、その規模はいずれも小さく、政権を担当するのはイデオロギー距離の近い中道寄りの政党に限られる、というシステムである。

なかでも、⑤穏健な多党制は、西ヨーロッパの一部の国や北欧諸国などに見られ、こうした国の政治は一定の安定性を保ちつつ、有権者の満足度も低くなかった。多党制を細かく分類したサルトーリと相前後して、こうした国の民主政治の利点について論じたのが、レイプハルトという政治学者である。サルトーリやレイプハルトの業績によって、イギリスやアメリカに代表される二大政党制こそが民主政治の標準で、優れた制度であるという見方に風穴があくことになったのである。

サルトーリによる政党システムの分類は、汎用性の高いものであり、今日に至るまで広く用いられている。

（4）レイプハルトの合意型民主政治モデル

オランダ人の政治学者であるレイプハルトは、自らの母国オランダや、隣国ベルギーなど、1つの国のなかに複数の言語を話す人々や、異なる宗派の宗教を信じる人々が同居するような国でも、安定した民主政治が展開されていることに着目した（レイプハルト、1979）。レイプハルトによると、これらの国々の特徴は①大連合が形成されることに加え、②相互自治権や、③各集団の自律性が認められ、選挙制度は④比例代表制を採用していることにあるとされる。

言語や宗教といった根本的な相違によって政党が分かれているものの、イデオロギーの面では大きな差異はなく、比例代表制のため突出した議席を獲得する政党も現れにくいので連立政権になる。このため、政党同士が互いの違いを認めたうえで、合意できる案件を処理していくという政治のあり方が定着していく。ここでは、それぞれの政党が代表する多様な有権者が合意するような形で政策決定がなされていくので、政策も安定し、有権者の政治への満足度も高まると考えられたのである。

レイプハルトは、このような特徴を備えた政治を**合意型民主政治**（多極共存型民主政治）と名付け、二大政党制のもとで強いリーダーシップを可能にする政治のあり方（**多数決型民主政治**、あるいはウェストミンスター型民主政治）と対置した。二大政党制に基づく為政者の強いリーダーシップを前提にしなくとも、「優れた」民主政治は実現しうることを示した点で、レイプハルトの議論は民主政治の豊かな可能性を示したものといえる。言い換えれば、ここでいう「合意型」は開放的な政治を、「多数決型」は効率的な政治をより追求するものだということになる。

しかし、レイプハルトが合意型民主政治の代表格として分析したオランダやベルギーにおいて、近年極右政党が台頭したことなどから、その特徴が揺らぎつつあることも指摘しておかなければならない。二大政党制もまた、母国のイギリスでスコットランド地方の地域政党が躍進して動揺を見せている。ここで説明してきた政党システムの理念型も、時代の変化に応じて作り変えられることになるかもしれない。

3　政党システムの規定要因

次に、二大政党制や穏健な多党制といった政党システムの違いは、何によって生まれてくるのかという点に目を向けたい。それぞれの国や地域の政党システムを規定する要因としては、社会的亀裂と選挙制度の影響が挙げられる。

（1）社会的亀裂と凍結仮説

政党の数やイデオロギーに影響を与える要素として、社会的亀裂がある。たとえば、言語や宗教、階級といった社会経済的要因によって、社会のなかにある種の分断があるとき、それぞれの違いに沿う形で政党が結成されることがある。このような形でできあがった政党は、おしなべて強固な支持基盤をもつので、社会経済的要因そのものが変質しない限り、政党システムそれ自体も高い安定性を有することになる。

リプセットとロッカンは、この点に着目し、1920 年代の西欧諸国にあった社会的亀裂に基づいて政党が形成され、それらが積みあがってできた政党システムが 1960 年代にもほとんどそのまま持続していると主張した。これを「凍結仮説」という（Lipset and Rokkan, 1967）。

政党システムがある時代の社会的亀裂に基づいて形成され、それが「凍結」されるという議論が仮に正しいとすれば、根本にある社会的亀裂が変容したり、新たな亀裂が社会のなかに生じたりすれば、凍結された政党システムが解凍されることもありうるはずである。

その点では、イングルハートが指摘したように（イングルハート、1978）、1980 年代を過ぎ、主に先進国で一定の物質的豊かさが達成され、人々の関心が経済的（量的）な利益から精神的（質的）な利益に向かうようになってくると、脱物質主義的な新たな価値観が重んじられるようになってくる。実際に、一部の国では、緑の党などのエコロジー政党が台頭した。

（2）選挙制度と政党システム

リプセット・ロッカンの凍結仮説には、様々な角度からの批判が寄せられてきたが、なかでも選挙制度の影響を軽視しすぎていることへの批判は根強いものがある。

政党システムを規定する要因として、選挙制度が極めて重要だと考えるとき、忘れてはならないのが「**デュベルジェの法則**」であろう。デュベルジェの法則とは、「小選挙区制は二大政党制につながり、比例代表制は多党制につながる」というものである。デュベルジェの法則という名前は知らなくとも、法則の中身についてはどこかで耳にした読者も少なくないだろう。

これは、デュベルジェという政治学者が唱えた法則なのでそう呼ばれるのだが、このうち「比例代表制は多党制につながる」という部分については、理論的にも経験的にも大筋で正しいと考えられる。**第3章**でみたように、比例代表制は定数が大きいほど、それほど得票率が高くない小政党でも議席を獲得できる仕組みである。したがって、議席を獲得できる政党の数も多くなり、多党制につながりやすくなる。

それに比べ、「小選挙区制は二大政党制につながる」という前段については、議論の余地がある。デュベルジェは、2つの要因によって小選挙区制は二大政党制につながりやすいと考えた。まず1つの選挙区で1人しか当選しない小選挙区制では、事前の報道機関による情勢調査などで、第三党以下になりそうな相対的に小規模な政党は、議席を獲得できる可能性が非常に低くなる。第三党以下の政党が小選挙区に候補者を擁立すれば、当該政党の強固な支持者などから一定の得票は見込めるかもしれないが、当選ラインに届く見込みは限りなく低い。そのため、第三党以下については選挙区での得票率に比べて獲得できる議席率が極めて小さくなる傾向がある（これを過少代表という）。このような傾向を、デュベルジェは機械的要因と呼ぶ。

有権者にとっては、小選挙区制ではこのような要因が働くので、死票になるとわかっている第三党以下に投票するのを避け、当選が見込める有力な2人の候補者（＝二大政党の候補者）のうち、どちらかよりましな方に投票するようになる（戦略投票）。これを心理的要因という。デュベルジェは、機械的要因によって有権者に心理的要因が働くことで、小選挙区制が二大政党制を導くと考えたのである。

では、実際に小選挙区制は二大政党制につながりやすいかというと、アメリカ合衆国は上下両院の議会選挙で小選挙区制を採用していて、実際に共和党と民主党の二大政党制になっている。だが、アメリカ以外の国においては、必ずしもそうなっていないケースが目につく。たとえば、カナダは従前より三党制の傾向が強かったし、小選挙区制とそれに基づく二大政党制の代表的な国だったイギリスは、近年そこから外れつつある。このように経験的には、デュベルジェの法則が当てはまりにくくなっているともいえるが、ではこの法則は誤りなのかといえば、事はそう単純ではない。

カナダやイギリスの例を詳しく見ていくと、全国レベルで二大政党制にならない要因として、地域政党の存在を挙げることができる。カナダでは1990年代以降、フランス語文化圏で、カナダからの独立を訴える人もいるケベック州において、ブロック・ケベコワという地域政党が支持を集め、小選挙区で当選者を出し、二大政党に割って入った。イギリスでも、2010年の総選挙でスコットランド地方の地域政党であるスコットランド国民党が同地域で躍進し、二大政党がいずれも下院の過半数に届かず、連立政権になる事態を引き起こした。

これらのケースは、小選挙区制を採用したからといって、全国レベルでの二大政党制に直結するとは限らないことを示している一方で、選挙区レベルで有力な候補者が２人に絞られるという論理の根幹までが否定されたわけではない。あくまで一部の地域において、二大政党以外の地域政党が擁立する候補者が、有力な２人の候補者のうちの片方に割って入り、実際に当選していった結果として、全国レベルで二大政党制にならなかったということである。こう考えると、小選挙区制では選挙区レベルでの有力な候補者が２人に絞られるという法則（**M＋1ルール**）については、妥当性が失われていないといえる。

（3）日本の選挙制度と政党システム

日本でも、1994年に衆議院の選挙制度改革が行われたことは**第3章**でも紹介した。もし、選挙制度が政党システムを規定するなら、日本の政党システムにも何らかの影響が生じるはずである。

政党システムの変化を観察しようとするとき、政党の数が重要になることは先に述べた。そこで、選挙や議会において有効な政党の数を示す概念として、**有効政党数**という数値がある。衆議院における有効政党数を選挙制度改革前後で比べると、中選挙区制時代（1993年まで）には３前後であったものが、小選挙区比例代表並立制になって以降、特に2005年には２近くまで数字が減少している（建林・曽我・待鳥、2008)。2009年まではその傾向が続いたが、2012年以降は民主党の分裂もあり、2021年衆院選後の有効政党数は2.69まで上昇している。

これは、小選挙区制が選挙区単位で有力な２名の候補者での争いになることから、全国レベルでも政党の数が少なくなりがちであることの反映とも考えられるが、二大政党制に近づくなら２に近い数字になるところ、現状は必ずしもそうはなっていない。これは、新しい選挙制度が比例代表制との混合制であることの影響であると考えられる。

そもそも日本では、ヨーロッパ諸国に比べて言語や宗教などの社会的亀裂は可視化されにくく、それに基づいた政党システムが歴史的に形成されてきたわけではない。そこで、政党システムに与える選挙制度の影響の大きさが際立つ部分もあるわけだが、もとより社会的亀裂と選挙制度は二律背反な関係にあるのではなく、両者ともに政党システムに重要な影響を与える要素なのである。

4 政党システムと政党組織

最後に、社会的亀裂や選挙制度に規定される政党システムの違いが、政党組織にどのような影響を与えるのか、日本を例に考察してみたい。

かつて衆議院で中選挙区制が採用されていたころ、自民党は党内の議員グループである派閥が主体となって選挙や人事、カネを差配する分権的な組織であった。これは、中選挙区制のもとでは党の公認を得ることはさほど重要なことではなく、それよりも派閥の応援を受けることが当選の近道であったことや、当選後の人事も派閥の影響力が大きかったことによる。

しかし、選挙制度改革で小選挙区比例代表並立制が導入されると、この光景は一変する。小選挙区、比例代表のいずれも、政党の公認がなければ当選は覚束なくなり、候補者の忠誠心は派閥から党執行部に移った。日本の政党に起こった変化は、党執行部への忠誠を促すような選挙制度が導入されれば、集権的な政党組織になるという好例である。

日本の政党組織が集権化されたことを象徴的に示したのが、2005 年のいわゆる郵政解散をめぐる動きである。2005 年、時の小泉純一郎内閣は、国営だった郵政事業の民営化をめざしたが、特定郵便局長会など郵政事業に携わる人々は自民党の有力支持者であり、小泉内閣の与党である自民党のなかに強く反対する議員がいた。郵政民営化関連法案は、自民党から多数の造反者が出たことで、衆議院では辛うじて可決されたが、参議院では否決されてしまった。

小泉首相は、「国民の声を聞きたい」といって直ちに衆議院を解散し、総選挙となった。このとき、小泉首相は衆議院での採決で郵政法案に反対票を投じた自民党の議員に対し、総選挙では公認せず、郵政民営化に賛成の候補者を自民党公認として、当該議員の選挙区に擁立する方針をとった。「刺客」と呼ばれた自民党の新しい公認候補は大きな注目を集め、小泉自民党は総選挙に圧勝して、郵政民営化法案は成立したのである。

このプロセスでは、党議拘束に反して造反するという異例の行動があったとはいえ、自民党公認で選挙に勝利してきた現職議員を次の総選挙で公認せず、小泉首相率いる執行部主導で別の「刺客」を差し向けており、党執行部の公認権が最大限に活用されている。これは、選挙制度改革によって徐々に進んできた政党組織の集権化が白日の下に晒された事例であるといえる。

だが、政党組織は国政の、しかも衆議院の選挙制度にだけ対応していけばよいものではない。参議院選挙もあれば、地方の首長選や議会選もあり、全国政党はこのいずれにも対応しなければならない。衆議院や参議院の一人区、地方の首長選はいずれも小選挙区制だが、参議院の複数人区や地方議会選の多くは、中選挙区制か大選挙区制という異なるルールが採用されている。

そのため、日本の政党組織は、中選挙区制時代に比べて集権化が進んだことは確かであるが、たとえばイギリスの政党に比べれば集権化の度合いが穏やかである。政党によっても濃淡はあるが、依然として各種選挙における候補者選定は政党の地方組織において行われることも多く、すべてを執行部で集約して公募が行われるといった形にはなっていない。論者によっては、こうした現状は、選挙制度改革が専ら衆議院のそれをめぐる議論に終始した結果、参議院や地方議会の選挙制度と不整合を起こした帰結であるとし、選挙制度の不均一性を問題視する向きもある(上神、2013など)。他方、1955年結成で歴史が長く、地方議員も多くいる自民党において集権化が緩やかで、1990年代以降の**政界再編**の過程で結成された野党において集権的な組織となっていることからすれば、歴史的な経緯も無視できない要素の１つである。

いずれにしても、政党システムや政党組織のありようを考えるとき、選挙制度の影響は大きいものがあるが、それだけを見れば十分というわけではなく、政党が歩んできた歴史や中央・地方関係など、他の様々な要因にもまた注意を払う必要がある。

▶▶▶ ディスカッションを考える

第５章のディスカッションではこんな質問が出されました。
「日本の社会にとって二大政党制と多党制、どちらの政党システムがよりフィットしやすいのか。」

先生　二大政党制のように白黒はっきりつける政治と、いろいろな人が関わって納得を得ながら進めていく多党制の政治のどちらがいいか。これは、政治の場を離れて、みなさんの日常の意思決定にも関わってきそうですね。

文菜さん　私はうじうじしてはっきりしないのキライだから、二大政党制でわかりやすい方が好みです。

弘斗さん　でも問題にもよりますよね？　二択で選びやすいテーマばかりならそれでもいいですが、どうしても２つには絞れない問題もあると思います。

文菜さん　そこは政党の側でうまくまとめてくれれば。

弘斗さん　他人任せはいけないと思います！

先生　そうですね。考えることを放棄するのはよくないです。でも、多党制だと問題は起きないでしょうか？

文菜さん　起きますね。何を決めるのにも時間がかかります。

弘斗さん　それでも、強引に決めてイヤな気持ちになる人が出るよりはいいのでは？

文菜さん　変化の激しいこの時代に、そんな悠長なことは言っていられません。

弘斗さん　急に難しい話になりましたね。確かにそれはそうですけど……。

先生　そこらへんにしておきましょうか。２人の考え方は、どちらがより優れているというものではありません。それぞれどちらも正しいことをいっています。民主政治では、このように答えを出せない価値観の違いが原因となって、対立が生じることがあります。この対立は、それこそじっくり話し合って、皆が納得する結論を出す必要があります。

文菜さん　民主政治って面倒なんですね。

先生　だから面白いのです。

おすすめの本・ウェブサイト

レイプハルト、アレンド（粕谷祐子・菊池啓一訳）（2014）『民主主義対民主主義――多数決型とコンセンサス型の 36 カ国比較研究』勁草書房

多数決型民主政治に対し、合意型民主政治の有用性を指摘したレイプハルトによる多国間比較の研究書。世界各国には様々な民主政治があることが理解できるとともに、多国間を比較して分析する具体的な手法についても学ぶことができる。

清水真人（2018）『平成デモクラシー史』ちくま新書

政治改革から安倍一強に至る平成日本政治に通底する制度改革の論理と実態について、わかりやすく解説されている。何より、日本史でも政治経済でも十分に取り扱われず、抜け落ちてしまいがちな「最近の」政治の流れを復習できるという利点がある。

待鳥聡史（2015）『政党システムと政党組織』東京大学出版会

日本のみならず、世界の政党システム研究の動向を踏まえつつ、日本の政党システムや政党組織の現状について分析した書籍である。やや発展的な内容も含まれるが、第 5 章でも触れた研究の意義をより深く学ぶことができる。

第 6 章

スタンプ台か、アリーナか ――議会制度

議会制度の本質とは何だろうか。民主主義国家の諸制度の中で、議会はどのような役割を果たしているのだろうか。また、各国の議会は異なる特徴を持つのだろうか。もし異なる特徴を持つとしたら、それはアクター（政治主体）の行動にどのような違いをもたらすのだろうか。

第 6 章では、各国の議会制度とそのルールがアクターの行動にどのような影響を及ぼすかを考えることで、審議引き伸ばしなど、一見不合理に見える行動の意味を考え直す。そして、間接民主制において議会が存在する意味を改めて問い直すことで、民主主義の根幹をなす「説得による意思変更の可能性」について考える。**1** では、議会の分類について触れ、**2** では、議会制度について考える。最後に **3** では、日本の国会とその研究の変化について見ていく。

▶▶▶ディスカッション

あなたは日本の国会の野党第一党の党首だ。あなたの所属する政党は、来年の衆議院議員総選挙で政権交代を狙っているが、日本は一党優位時代が続いたため、単独での政権奪回は難しい。このためあなたは、常に他党との連携も頭に入れながら活動をしている。

あなたの最大のライバルである与党は、長く日本の政権を担ってきた。彼や彼女たちは農村部の選挙に強く、一方で経済団体との強い結びつきにも特徴がある。対するあなたの政党は、一党優位が続いたことに対する不満を持つ人々が主な支持層である。支持者の多くは都市部に住み、団体に所属していない。また近年、政治に対する無関心が強まっており、特に若年層にその傾向が顕著である。これらの浮動票を取り込むことも、あなたにとっては大きな目標だ。

日本は不景気が続き、景気回復は国民全体の願いである。政府はまず日本の基幹産業である輸出業に光を当てるため、特定の産業に対する法人税の見直しを提言した。与党は日本の景気回復のために、輸出産業の保護が必要だと考えているようだ。一方、あなたの見方はまったく異なる。不景気が続く中で社会制度の整備はいまだ不完全であり、経済的に困窮する人々が増えている。このためあなたの政党は、社会制度の見直しにこそ予算を使うべきだと考えている。

政府は、今期の国会で特定業種の企業を優遇する税制法案を提出した。現在衆議院では、与党が３分の２以上の多数を占めており、衆議院に提出されたこの法案はすでに衆議院を通過した。しかし、本会議での議論は激しく紛糾し、可決に至るまで、当初政府が予定していたよりも大幅に時間がかかった。このため既に会期の150日は終わりに近づいており、会期の延長は70日と定められた。今、あなたの政党がこの法案を廃案にするためには、何ができるだろうか。

法案を廃案に追い込む１つの方法は、参議院で法案を否決することだ。日本の議会では、反対派が議会参加人数の過半数を占めれば、法案は否決される。これから法案審議がはじまる参議院での議席比率は、与党が約45%、あなたの政党が約35%、同じく野党であるA党が12%、B党が8%となっている。議席数の割合を考えると、他党との協力によっては多数派が形成できるかもしれない。一方、与党議員には党議拘束がかけられ、この法案に反対するのは難しい。また、仮に参議院で否決できても、もう一度衆議院で可決されると法案は成立してしまう。

あなたが持つパワーを考えるために、日本の議会の特徴やルールを考えてみよう。まず、日本の議会では、法律制定機能と議会での議論のどちらがより重視されているだろうか。もしイギリスのように、議会での議論がもっとも重視されているのなら、法案について議論を尽くし、政権交代に備えることこそが野党第一党党首であるあなたの仕事である。特に来年に国政選挙を控えた今、争点を明確にして国民に判断を迫ることが重要である。そしてこうした姿勢が、社会制度に関する世論を呼び起こすことにつながるかもしれない。

また、あなたが比較優位性を持っている参議院についても考えてみよう。第二院で優位性を持っている意味とは何だろうか。特に日本の国会における参議院の意味、その役割、権限とは何だろうか。参議院での法案否決の可能性は、与野党の交渉であなたにどのような交渉材料をもたらすのだろうか。

最後に、法案が成立するまでの流れについても考えよう。法案は衆議院から参議院議長に提出された後、どのような経過をたどるだろうか。その中で委員会と本会議の関係はどうなっているだろうか。与党や他の野党に働きかける場として、委員会と本会議のどちらがふさわしいだろうか。また、会期も重要なポイントである。日本の国会は会期不継続の原則をとり、審議未了の場合、法案は原則的に破棄される。この原則をあなたはどのように利用できるだろうか。

1　議会とは何か

（1）議会の役割

議会とは、そもそも何なのだろうか。何のために存在しているのだろうか。国レベルの議会で、まず保障されるべき機能は、**国民代表制**である。これによって、議会が国民の意思を代表するものとなり、間接民主制が成り立つ。間接民主制とは、主権者たる国民の代理人として議員が選出され、代理人（議員）が本人（国民）の代わりに政治活動を行う制度である。現代民主主義をとる多くの国は、この間接民主制を利用している。

では議会とは、何がなされ、何を生み出す制度なのだろうか。議会の重要な機能の１つが**立法機能**である。法律の制定とは、ルールの決定である。ルールは政府を縛るものにもなりうるし、国民を制限するものにもなりうる。このルールによって国内統治が行われるため、法律の制定は政治の要であるといえる。

もう１つの機能として挙げられるのが、議会の**争点明示機能**である。これは、議会という公開の場で議論を行うことによって、政治的な争点について広く伝えることを指す。これによって国民は問題の所在がわかり、それに対する自分の選好を決めることができる。そして、選挙で投票する際の指標とすることができるのである。

この機能が重要になるのは、民主主義が単純な多数決とは異なるためである。仮に国民や政治家の選好が何によっても変更しないとしたら、どの段階で多数決をとっても結果は変わりないことになる。しかし、これでは多数派が少数派を数で圧倒するだけとなり、およそ民主主義的であるとはいえない。「多数派による少数派の支配」と「民主主義的多数決」の違いとは、この争点明示機能に代表される、議論による意思変更の可能性である。この意思変更は、国会会期中に支持率という形であらわれることもあれば、次の選挙の結果となってあらわれることもある。いずれにせよ、議会での議論は、民主主義の根幹をなす重要な機能である。

（2）議会のタイプ

間接民主制をとる国の議会は（1）のいずれの機能も満たさなければならないが、その中でもどの機能に重点が置かれるかで、議会のタイプは異なる。まず、立法機能に重点を起き、実質的な法律制定に力を注ぐ議会を**変換型議会**と呼ぶ。これに対して争点明示機能を重視し、与党と野党による激しい論戦が繰り広げられる議会を**アリーナ型議会**と呼ぶ。

変換型議会の典型としてよく名前を挙げられるのが、アメリカ議会である。大統領制をとるアメリカでは、行政府の長である大統領と、立法府である議会は、明確に切り離された存在である。大統領は議会に法案を提出する権限すら持たず、立法機能はもっぱら議会と議会に所属する政治家に託されている。大統領と議会の多数派が違う政党に属する分断政府状態も頻繁に起こり、また、仮に同じ政党に属していても政党の凝集性が低いのがアメリカ政治の特徴である。

ここでいう凝集性とは、政党がどれだけ一丸となって行動するかを指している。たとえば、日本の政党は法案採択の際に党議拘束がかかることが一般的であり、意見が集約される。これに対して、アメリカの政党は党議拘束がなく、多くの場合、各法案への賛成／反対は個々の議員の判断に委ねられる。このため、大統領が目指す法案成立が議会によって阻まれることも多い。たとえば、バイデン大統領は女性の中絶の権利をめぐって法案成立を目指しているが、難航が予想されている。

これに対して、アリーナ型議会の典型ととらえられているのが、イギリス議会である。議院内閣制をとるイギリスでは、首相は常に議会の多数派の支持を受けている。このため議会は、実際の法案を作成する場というよりも、与野党の激しい論戦を通じて法案に関する争点を明確化していく、アリーナ型議会となる。特に二大政党制のイギリスでは、野党第一党が**影の内閣（シャドウ・キャビネット）**を作り、現実の内閣のカウンターパートとして行動することで、議会内での議論を活性化させている。そうして常に次の選挙に備え、与野党が激しく論戦を繰り広げるのがイギリス議会の特徴である。このため、イギリスの政党の凝集性は非常に高いと考えられている。

このように、議会と行政府の関係や政党の特徴を考えると、**三権分立**が厳密には大統領制の議会でのみ機能することもわかる。立法府と行政府が互いに監視し合うということは、たとえばアメリカ議会のように、大統領の立法権が極めて制限される可能性を持つ。逆に議院内閣制のように、必ず行政府の長と議会の多数派が同じ政党に所属し、首相にも立法権が許される議会では、厳密な三権分立は存在しない。行政府と立法府が密接な関係を持つため、双方のチェックアンドバランスは期待されていないのである。それよりも、行政府の長と立法府の多数派が同じ選好を持つことで、効率的に政権運営が行われることが期待されている。

2　議会制度

（1）議会の仕組み

議会は立法府という１つのアクターであると同時に、議会の内部それ自体に政治過程とルールを持つ、アリーナ（政治の場）でもある。ルールが異なれば、その中で動くアクターの選択もまた異なってくる。**2**では、各国の議会を支える具体的な制度やルールを見ることで、議会の中のアクターがどのような戦略を立てるかを考えてみよう。

議会制度の比較をする際の基準として、まずは議院の数の違いが挙げられる。世界には**一院制**、すなわち議院が１つの国と、日本のように二院制をとる国が存在する。そして同じ**二院制**であっても、２つの議会の役割や関係性は国によって異なる。たとえば、日本の第一院（衆議院）と第二院（参議院）の最大の違いは任期である。任期４年、さらに解散によって任期満了となることなく総選挙が行われる可能性のある衆議院は、その時々の国民の意思を反映した議員構成になると考えられている。一方、参議院には解散がなく、任期も６年と長い。このため、より継続的かつ安定した議論が行われると考えられている。

これに対して、日本と同じように二院制をとるドイツ連邦議会は、まったく異なる構成理由を持っている。ドイツ連邦議会の参議院は衆議院と異なり、地方代表（州代表）という意味合いが強い。そして、参議院は衆議院と異なる意味合いを持つ議会として大きな権限を持つ。一方で、同じ二院制でありながら、第二院の権限が極端に弱い議会も存在する。たとえばイギリスの貴族院は、身分制度をその基礎に置いており、今日では形式的な意味合いが強い。このため、議会を分析する際には議院の数だけでなく、第二院がどのような権限を持ち、どのような構成員で成り立っているか、両院間の権力関係がどのようになっているかが問題となる。第一院が提出した法案に第二院が修正権を持つかどうか、法案審議権をどちらが先に持つかといった点で、この関係性を見ることができる。

また、議会は議員が一堂に会する**本会議**と、より専門的なことを話し合う**委員会**という２つの場にわけられる。この２つの関係もそれぞれの国によって大きく異なる。**1**（**2**）の通り、イギリスでは争点明示機能が議会の中心的機能であるため、本会議での与野党の議論が重要視される。一方アメリカのように立法機能が重視される議会では、委員会で具体的な法案を作成することに力が注がれる。イギリスのような議会運営をする国は本会議中心主義と呼ばれ、アメリカのような国は委員会中心主義と呼ばれる。日本の国会は長く委員会中心主義と考えられてきたが、1993年以降の政治改革で、イギリスをモデルにした制度変更が多くなされ、本会議という公の場における与野党の論戦も重視されるようになってきた。

（2）議会のルール

議会制度の大前提として、議会では民主主義が採用されている。では、この「民主主義」とは具体的に何を指すのだろうか。仮にこれが政党の議席数の反映のみを指すのであれば、特に議会の多数派が内閣を支える議院内閣制において、議会の持つ意味はないに等しい。逆に考えれば、議会が意味を持つためには、議会の政治過程を経て、多数派による支配が変更されうる可能性を持たなくてはならない。つまり、議会による民主主義が機能するためには、少数派がどのように議論を展開し、法案を変更する可能性があるかが重要となる。次に、議会制度を支えるルールを参考にしながら、少数派が議会においてどのような「武器」を使用しうるかを見ていこう。

まず、具体的な議論の進行に関わる議会のルールを見てみよう。第1に重要なのが、法案提出権である。法案提出権とは、誰が法律を提案する権限を持つかという問題である。**1（2）**の通り、アメリカの大統領には法案提出権がない一方、議院内閣制をとる日本の首相には法案提出権がある。そして、この内閣によって提出される法案、いわゆる閣法が長らく日本の法案の中心的存在であった。こうして法案が提出され審議にかけられるわけであるが、審議をどのような順番で行うか、そしてその順番を誰が決定できるかといったことも、議会運営を左右する重要な権限である。

次に、重要なのが会期である。日本の国会はいつでも開かれているわけではない。毎年1月に召集される通常国会は、会期が150日と決まっている。この他に臨時に開かれる臨時国会や、衆議院議員総選挙後に衆議院議長や内閣総理大臣を指名する特別国会が存在する。会期の延長はそれぞれ通常国会が1回、臨時国会と特別国会は2回まで認められている。

さらに、審議が未了のまま会期が終了した場合、次の会期に継続審議となるのか、それとも会期を越して法案を持ち込まないのか（**会期不継続の原則**）といった違いは、法案の成否を大きくわける。日本のように、原則として継続審議を認めない議会であった場合、野党は与党の法案を必ずしも否決する必要はなく、審議を長引かせることで結果として廃案に持ち込むことができるのである。このような、いわゆるアジェンダ（議事日程）にまつわるルールは、それをどのように活用するかで法案成立の大きな制約となり、野党にとっては大きな「武器」となりうる。一見無意味に思える審議引き延ばしという行為は、ただ話を長引かせているのではなく、こういった狙いを持つものなのである。

また、採決の方法も重要である。採決が単純過半数で決定されるのか、それとも、より複雑な採決の方法を持つのかなど、定足数（議会で議事を行うために必要な最小限の出席者数）の問題も政党の戦略形成に影響を与える。

このように、議会をアリーナととらえた場合、そこで働くアクターの戦略は、アリーナのルールによって大きく変化する。

（3）国会の立法手続

では、日本の国会の立法手続を具体的に見てみよう。まず、法案の提出は内閣、または議員によって行われる。予算は衆議院の先議が定められているが（衆議院の優越）、法案提出は衆議院と参議院のどちらからでも行える。

法律案が衆議院または参議院に提出されると、その法律案の提出を受けた議院の議長がこれを該当する委員会に付託する。委員会は衆議院、参議院ともに、基本的に所管省庁に対応して置かれている。また、**図表6―1**のように、自民党政務調査会にもこれに合わせて部会が置かれ、自民党政権下で多くの**族議員**を生むきっかけとなった。

委員会における審議は、主として法律案に対する質疑応答の形式で進

▶図表 6－1　衆議院常任委員会、参議院常任委員会、省庁、自民党政務調査会部会の対応状況

衆議院常任委員会	参議院常任委員会	対応省庁	自民党政務調査会部会
内閣委員会	内閣委員会	内閣府	内閣第 1・第 2 部会
総務委員会	総務委員会	総務省	総務部会
法務委員会	法務委員会	法務省	法務部会
外務委員会	外交防衛委員会	外務省	外交部会
財務金融委員会	財政金融委員会	財務省・金融庁	財務金融部会
文部科学委員会	文教科学委員会	文部科学省	文部科学部会
厚生労働委員会	厚生労働委員会	厚生労働省	厚生労働部会
農林水産委員会	農林水産委員会	農林水産省	農林部会、水産部会
経済産業委員会	経済産業委員会	経済産業省	経済産業部会
国土交通委員会	国土交通委員会	国土交通省	国土交通部会
環境委員会	環境委員会	環境省	環境部会
安全保障委員会		防衛省	国防部会
国家基本政策委員会	国家基本政策委員会		
予算委員会	予算委員会		
決算行政監視委員会	決算委員会、行政監視委員会		
議院運営委員会	議院運営委員会		
懲罰委員会	懲罰委員会		

出典：筆者作成。

められ、この質疑・討論が終局すると採決へ移る。こうして委員会での審議が終了すると、次に本会議へ審議が移る。委員長報告の後、本会議でも質疑・討論が行われ、その後採決がとられる。これをどちらか一方の議院で行った後、もう一方の議院でも同じように委員会、本会議での質疑・討論が行われ、採決がとられる。そして最終的に法案が成立すると内閣で公布のための閣議決定がされ、天皇によって公布される、という道筋をたどる。

3　日本の国会

（1）変換型か、アリーナ型か

では、日本の議会は変換型議会なのだろうか、それともアリーナ型議会なのだろうか。まず、日本はイギリス同様、議院内閣制をとるため、行政府と立法府のつながりが強い。しかし他方で、戦後、アメリカ議会をモデルに委員会中心主義がとられてきたため、実質的な議論は委員会で行われていると考えられてきた。このため、日本の国会は変換型とアリーナ型双方の特徴を持っていると考えることができる。

その上で、1993年以降行われてきた政党改革や議会改革では、主にイギリス議会を目標に制度改革がなされてきた。改革の中で導入された党首討論やマニフェストなどが、その典型である。これらの改革は、日本の議会をアリーナ型議会へと転換させ、政権交代を起こさせることを目標として行われた。ではこの目標は達成されたのだろうか。

（2）55年体制下の国会

戦後の日本政治の最大の特徴は、自民党の一党優位体制が38年間続いたことである。安定的な民主主義国でこれほどまでに長く、1つの党が政権についていたことは、世界的に見ても非常に珍しい。この自民党の一党優位体制が、選挙制度や政党組織とどのように関わってきたかは**第3章**、**第5章**で取り上げた通りである。**第6章**では、55年体制が国会運営とどのように関わっているかを中心に見ていこう。

1955年に自由党と日本民主党が保守合同を行って自由民主党を結成して政権につくと、日本の政党政治は安定の時代に入っていく。1960年代後半になると野党が政権につく可能性は限りなく低下し、このため、野党の目標は政権奪回から法案の反対へと向かうようになった。中でも自民党と社会党の対立は、長らく日本政治をわける対立軸であった。保守と革新（→**第5章**）と呼ばれたこの２つの政党の対立は、主に安全保障問題（憲法９条、日米安保条約）をめぐって起こり、社会党はこうした党のアイデンティティに関わる問題に関して、断固として与党に反対する姿勢を見せるようになった。しかしこの対立は、本来アリーナ型議会で期待されているような政権交代を前提とした与野党対立ではなく、単なる法案反対にとどまった。そしてこのような、互いに歩み寄りを見せない徹底的な対立は議会の進行を妨げ、国会は機能しないというイメージを国民に与えてきた。

その一方で、正反対の機能として発展してきたのが**国対政治**である。政党はそれぞれ国会対策委員会を置き、対外折衝の役割を負わせてきた。この委員会は国会法上の正式な委員会ではないが、国会の審議について各党に事前に了解をとるシステムとなり、政党間の意見調整に大きな役割を果たしてきた。こうして、表向きは対立していた与野党が、実は秘密裏に協力関係にあったというのが自民党一党優位体制と国対政治の特徴である。特に、野党第一党である社会党が表向きは原理原則の反対論を掲げながら、裏では自民党と是々非々の関係にあったことは、同党が「野党でも与党でもない、『ゆ党』」であるという皮肉を生むことにもなった。

このように、長らく日本の国会はアリーナとして重視されてこなかった。代わりに国対政治のように密室で行われる協議が重視され、国会自体はただ議論を追認してハンコを押すだけの「スタンプ台」にすぎないという議論、いわゆる国会無能論が多勢を占めていた。こうした潮流に対して反論を加えたのが、アメリカ人研究者のマイク・モチヅキによる**粘着性論**である。彼は、日本の国会では野党の様々な抵抗によって法案の成立が遅らされ、また阻まれていると主張した。ここでいう粘着性とは、法案成立を阻む力のことを指している。

では、この粘着性はどのように生まれるのだろうか。モチヅキによれば、それは、二院制、会期制、委員会中心主義、国会運営の手続における全会一致の慣行、の4つによって生まれるという。第1に、二院制によって、日本の議会法案審議は時間的制約を受ける。つまり、第一院で行われた審議だけで簡単に法律が制定されない。第2に、法案が会期を超えて継続審議がされないことによって、野党は法案を採決で否決しなくても、審議を長引かせて議論を未了にすることができることは**2(2)**の通りである。第3に、委員会中心主義も粘着性を生む。なぜなら、委員会での専門的議論に時間がかかるためである。第4に、法制度やルールではないが、長らく日本の国会で全会一致が慣行とされていたことも、与党が野党の反対を振り切って無理やり法案を通さないことにつながってきた。

このように、日本の議会研究は国会無能論から脱却しはじめている。最近では、福元(2000)がモチヅキの議論をさらに進め、特にどのような政策分野で粘着性が発揮されるかを分析している。また、すべての政策分野の立法過程を見ることで、立法過程は粘着型のみならず、標準型、討議型を加えた3つに分類されることを明らかにした。たとえば、先ほど述べた憲法や安全保障をめぐるイデオロギーにまつわる防衛政策は、討議型の立法過程を経ることが多いことが指摘されている。

(3)55年体制の崩壊

1993年に細川護熙首相率いる連立政権によって、戦後40年以上の歴史の中ではじめて、自民党が政権に加わらない内閣が誕生した。ここで55年体制は終わりを迎え、徐々に日本の政治も変化していく。選挙改革が断行され、国会もイギリス型の議会に近づくべく、党首討論が取り入れられ、マニフェストが導入された。こうして徐々に日本も二大政党制へと近づいていき、アリーナ型議会へと転換していくと思われた。

しかし、2007年の参議院議員選挙で、政権にあった自民党・公明党が大敗し、衆議院と参議院の多数派が異なるいわゆる「ねじれ」状態が発生すると、**図表6−2**の通り、法案の成立率が大幅に低下した。その

▶図表 6−2　衆議院での内閣提出法案成立率（第 143 回〜第 200 回国会）

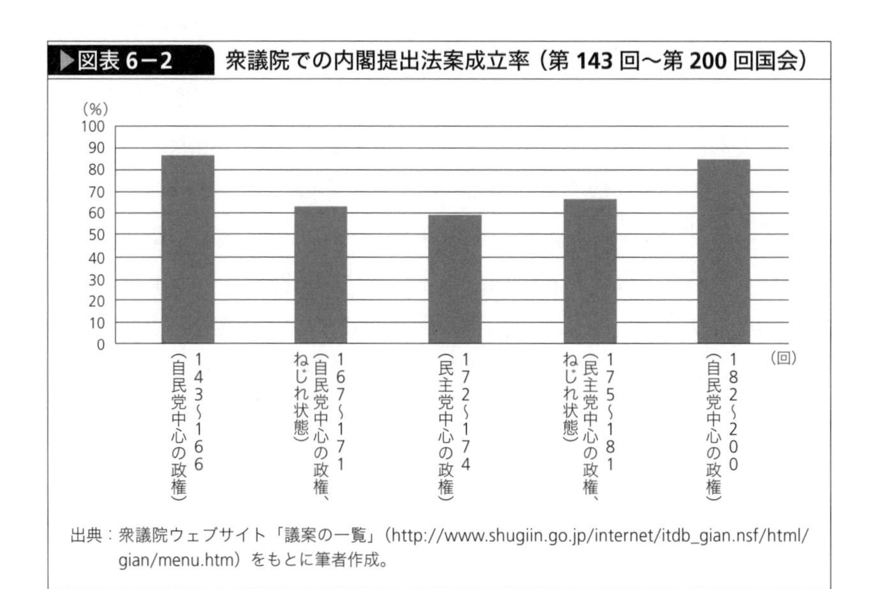

出典：衆議院ウェブサイト「議案の一覧」(http://www.shugiin.go.jp/internet/itdb_gian.nsf/html/gian/menu.htm) をもとに筆者作成。

後、2009 年の衆議院議員総選挙で民主党が政権につくと「ねじれ」が解消されると思われたが、2010 年の参議院議員選挙で再び自民党が過半数を獲得し、「ねじれ」が再発生した。すると再度法案成立率は著しく低下した。こうした経緯から、逆説的に、参議院の重要性に注目が集まるようになった。

ねじれ状態での法案成立率は著しく低下する。これは野党の新たな権力源を示すと同時に、それまで衆議院の「カーボンコピー」と皮肉をいわれてきた参議院の新たな可能性を示すものであった。竹中（2010）が主張したように、それまでまったく力がないと思われてきた参議院には、実は非常に強い力があったのである。これまでそれが明らかにならなかったのは、長きにわたる自民党の一党優位体制により、ねじれ状態が発生しなかったからに他ならない。衆議院と参議院の多数派が同じ政党であったため、両者の関係はあくまで党内調整という形をとり、自民党内部の特殊な党内調整システムとして処理されてきた。こうして参議院の再評価が進み、日本の参議院は強い権限を持つという理解が高まった。一方で、必ずしもいつも野党が反対にまわるわけではないことにも注意が必要である。また、一度参議院で否決された法案も、再度衆議院で可決することで法案を成立させることも可能である。

いずれにせよ、参議院が実質的に法案成立の可否を決定する力や制度を持つとするならば、日本の国会はアリーナ型であるというより、より実質的な立法権限に焦点が当たる変換型議会としての機能を強く持つと考えることもできる。日本の国会が変換型とアリーナ型のどちらの特徴を強く持つか、あなたはどう考えるだろうか。

▶▶▶ ディスカッションを考える

第6章のディスカッションではこんな質問が出されました。
「政府は、今期の国会で特定業種の企業を優遇する税制法案を提出した。今、あなたの政党がこの法案を廃案にするためには、何ができるだろうか。」

先生　考えるに当たって、いくつかのヒントが出ていますね。

弘斗さん　まずは、議会で法案を否決することができます。議席数を考えても、他党と協力すれば廃案に追い込めると思います。

文菜さん　しかし102ページにも書かれている通り、仮に参議院で否決できても、再び衆議院で可決されれば、法案は成立してしまいます。

先生　では他に、どんな方法があると書いてありますか？

文菜さん　議会の特徴やルールに注目してみようと書いてあります。たとえば、議会がイギリスのようなアリーナ型議会であれば、議論を尽くし、世論を味方につけることができるかもしれません。

先生　そうですね。無党派層の割合が増加している今、そうした議論が「票の掘り起こし」につながり、次の選挙で政権を奪回できるかもしれません。他にはどうでしょう？

弘斗さん　日本の議会は本当にアリーナ型になったのでしょうか？　それよりも、参議院の重要性に注目すべきだと思います。他党と協力し、参議院で多数派になったとします。参議院で否決しても衆議院で再度可決されれば法案は成立しますが、現実はそうした法案は国民に受け入れられないのではないでしょうか？　選挙を翌年に控えているからこそ、与党も強硬な態度をとりにくいと思います。

先生　いい論点ですね。111 ページでも挙げたモチヅキの粘着性の議論を考えても、日本の国会は「強行採決」に否定的だといえると思います。では、それをどのように利用できるでしょうか？

弘斗さん　野党が協力して単純に法案を否決するんじゃなく、その協力を武器に、与党と直接交渉することはできないんでしょうか？

文菜さん　そういう、いわゆる国対政治こそが、1990 年代以降批判されてきたものですよね。それより、すでに会期の残りが少ない今、このまま議論を続けてみてはどうでしょうか？　会期不継続の原則からすれば、審議未了になれば法案は廃案になるんですよね？

先生　原則としてはそうですが、例外的に委員会と本会議で閉会中も継続して審査することが議決されると、次の国会以降も審議が継続されます。

弘斗さん　税金に絡む、国民の関心度の高い法案の場合、審議未了というやり方が野党にとって効果的なのか少し考えてしまいます。ただ時間を長引かせるような議論は、国民の反発を招くかもしれません。

文菜さん　確かにそうですね。与党側も、こういった大型法案の場合、うやむやになって廃案というのは避けたいでしょうね。そう考えると、法案の内容によっても、議論のされ方は違うのかもしれません。

先生　とてもいい視点です。113ページにねじれ国会での法案成立率についての**図表6－2**がありますが、数だけではなく、法案の中身についても考えてみるとおもしろいかもしれませんね。

弘斗さん　そもそも、議決が政党の議席数だけで決まるなら、それは多数決と何が違うのでしょうか？　民主主義の特徴って、何なんでしょうか？

先生　民主主義と一口にいっても、いろんな形がありそうですね。

おすすめの本・ウェブサイト

福元健太郎（2000）『日本の国会政治』東京大学出版会

モチヅキによって主張されてきた粘着性論や、保革対立によるイデオロギー対立論を批判し、政党行動を詳しく分析した1冊。全法案を分析対象とし、定量的に分析することで、国会審議のあり方の変化や分野ごとの違いを数値で明確化している。

竹中治堅（2010）『参議院とは何か 1947〜2010』中央公論新社

衆議院のカーボンコピーであると長くいわれてきた参議院に光を当て直した1冊。参議院が長らく無能視されてきたのは、自民党の一党優位体制により衆議院の多数派と参議院の多数派が一致してきたからだと説明し、両院の間にはこれまでにも緊迫した交渉が存在したことを明らかにした。ねじれ国会や二大政党制の理解にも役立つ。

濱本真輔（2022）『日本の国会議員――政治改革後の限界と可能性』中公新書

「議員」の観点から国会を見直す1冊。政党との関係、政治改革がどのように議員の行動に変化をもたらしたかを網羅的に理解できる。議員が普段どのような活動をしているかも理解できる。

国会会議録検索システム（https://kokkai.ndl.go.jp）

国会の審議はすべてこの検索システムで閲覧することができる。時期の限定やキーワードを設定することで、あらゆる議会内の発言から興味のある情報だけをピックアップすることもできる。

第７章

官僚たちのジレンマ　専門性か、民主的コントロールか
——官僚制と行政組織

　第７章では、あなたが公務員になろうと思った場合、その瞬間から何があなたを待ち受けるのかを考える。まず採用されるためには何をしなくてはいけないのか。採用された場合、どういう部署に配属されるのか。そして、どういうジレンマを抱えるのか。そういったことを、歴史や理論を通じて考えたい。

　まずは採用の形態である。どういう歴史的な経緯があって今の姿になったのか。あなたが配属される部署にはどういう特徴や機能があるのか。組織のメンバーとなったときに、社会心理学の実験から、あなたは自分が正しいと信じることを貫き通せると胸を張って言えるのか。

　そして最後に、日本の官僚制の特徴についてみていきたい。

▶▶▶ ディスカッション

2014 年 4 月、内閣官房に内閣人事局が設置された。官邸による幹部職員人事の一元的管理を目指したこの組織は、本省の部長相当職以上の人事を担う。ここでは、このことの望ましさを考えよう。日本国憲法において、官僚は、「全体の奉仕者」であることが求められる。

一方で、政党（party）とは、“部分”を意味する part と語源を同じくすると言われているように、有権者の全体ではなく「一部の奉仕者」、つまり、特定の意見を持つ者の声を反映させ、特定の利益の実現を目指す政治集団である。だからといって、政党を無視し、官僚たちが独断で決定を行えば、それは民主主義の破壊である。

ここに官僚制のジレンマが生じる。

1955 年の結党以降、自民党はごく数年の例外を除き、政権の座にあった。

そして日本の官僚制は、「稟議制」と呼ばれる、部下が起案して上司の決裁を仰ぐ意思決定システムを根幹に据えている。こうした行政では、官僚は上司の意向をうかがいながら仕事を進める。民主化された戦後日本では、最終的な意思決定者は与党の政治家である。金井利之は、日本の官僚たちは自民党的な価値を内面化していき、「訓練された無能力」に陥って政権交代に柔軟に対応できなかったと指摘する（金井、2018）。

その一方で、各省の大臣が意思決定の最終責任者として国の行政を分担して管理する原則のもと、官僚たちの人事もまた採用から退職後に至るまで、基本的に省庁ごとに完結して行われていた。同じ中央政府の内部でも、財源や権限をめぐって、省庁がそれぞれの族議員や業界団体を応援団として対立することも珍しくなかった。しかし、見方を変えれば、中央政府の持つ権力が分割されていたともいえるのである。
　中央政府は、巨大な統治権力を持つ。官邸を頂点とした一元的な行政は、権力が暴走するおそれを高める。内閣人事局による人事管理が強化されれば、官僚たちは今まで以上に官邸の意向を意識して仕事をするだろう。もちろん「省あって国なし」と言われた官僚制は、国全体を見渡す視点が欠如していたという指摘もある。セクショナリズムによって、不要な労力が投入され、貴重な行政資源が浪費されているという批判もある。
　官邸による人事管理の強化について、あなたはどう考えるだろうか。

1　公務員になるには

（1）テストを受けるのは当たり前？

　あなたが公務員になりたいと思ったとき、一般的には公務員採用試験を受けることになる。国家公務員になるにせよ、地方公務員になるにせよだ。みなさんはこれを当たり前のことだと思っているかもしれない。しかし、昔からそうだったわけではない。
　明治時代の国の官公庁に勤める者は、手厚い身分保障と特権を持つ官吏と、雇員や傭人などの非官吏に分かれていた。官吏の中でも現在の**キャリア官僚**に相当する高等官は、当初は帝国大学出身者が無試験で任用されることが主であったのである。その後、明治中期からは高等官の任用にあたっては文官高等試験制度が整備され（1894 年)、大正以降は、下級官吏に相当する判任官にも文官普通試験制度が整った。非官吏は無試験の契約雇用であった。
　一方、都道府県は国の機関とされていたため、幹部は文官高等試験に合格した官吏、特に内務官僚が就任することが通例となった。このほか、

▶図表 7−1　現在の主な行政機構

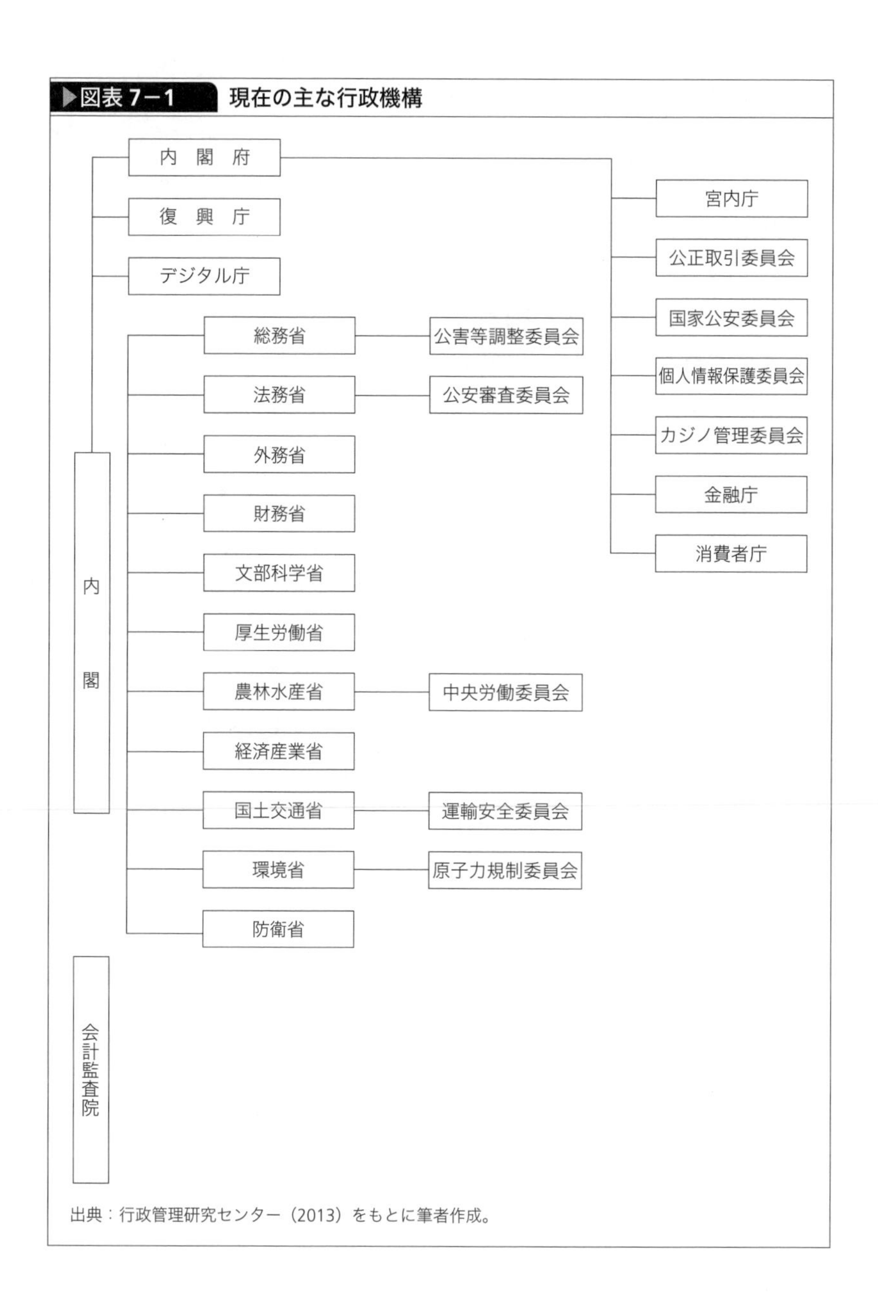

出典：行政管理研究センター（2013）をもとに筆者作成。

府県固有の職員として、府県吏員や雇人や傭人が置かれていた。市町村には、官吏はおらず、市町村長等によって任用される市町村吏員や、雇人や傭人が置かれていた。吏員や雇人・傭人は原則的に公開競争試験による採用ではなかった。

（2）アメリカやイギリスでは

アメリカやイギリスといった国々の公務員制度も、最初から公開競争試験で採用が行われていたわけではない。アメリカでは、ジャクソン大統領が、官僚が独自の論理で暴走しないように、自分の選挙に協力してくれた者を中心に官僚に任命した（猟官制）。イギリスでも、議会制民主主義の発展に伴って、それまで国王に忠誠を誓っていた官僚制を民主化するために、与党が官僚の任免権を握った。しかし、そうした任用の仕組みは、行政の腐敗と非効率を生み、批判に晒されるようになった。そこで、アメリカではペンドルトン法（1883年）、イギリスではノースコート・トレヴェリアン報告（1853年）によって「**資格任用制**」が導入された。現在のイギリスでは、政治的中立性が重んじられ、政権交代があっても入れ替わらない。ただ、アメリカでは幹部職員には政治任用の慣習が残り、政権交代があると入れ替わる傾向がある。

2　官僚が働く組織のかたち

（1）ラインとスタッフ

もし公務員試験に合格し、行政組織の中で働くことになったら、なにかしらの部署に配属されるだろう。手渡される辞令には、おおむねこう書いてあるはずだ。「○○部○○課勤務を命ずる」。そこがあなたの配属先である。

行政組織の部門の類型として代表的なものに、**ライン部門**と**スタッフ**

部門の分類がある。ライン組織とは、階層化され一元化された命令系統を持ち、主要な仕事を直接的に担当する傾向を持つ。しかし、ライン部門の取り扱う業務が膨大、複雑になると、命令系統の上部にいる人は適切に情報を処理し的確に意思決定することが困難になる。そこで、意思決定者に助言をしたり、ライン部門の業務がうまく回るような側面支援を行ったりする組織が求められる。それがスタッフ部門である。スタッフ部門は、参謀制度を持つプロシア軍が起源であると言われている。つまり、スタッフは参謀である。

行政組織に照らし合わせて考えてみよう。ライン部門の職員とは、日々、教育、福祉などの住民サービスの提供に従事するなど、行政組織の組織目標を実現するための業務を遂行する。その業務遂行の基本単位として、ライン部門には部や課、係が設置されていることが多い。河川部、地域産業振興課などである。類似した職務に従事する職員によって組織を構成すると、安定的かつ標準的な成果を生むことができるので（同質性の原理）、似たような業務をまとめて部や課が作られる。たとえば、生涯学習に関する業務や文化財に関する業務をまとめて地域教育支援部を設置する、などである。もちろんどの業務とどの業務が近いのか、あるいは似ているのかには様々な判断基準があり、組織改編を通じて変わることもある。また、なかには、社会福祉第１課・第２課など、似たような業務を分割して複数の課を設けている役所もある。１つにまとめればいいじゃないか、と思うかもしれない。しかし、１人の管理者が統制できる部下の数には限界がある（統制範囲の原理）。業務量が多く、たくさんの職員がその職務に従事する必要がある場合は、複数の部署に分割した方がよい。また、それ以外の、たとえば大臣や首長に助言を行う審議会の委員や、職員たちの労働管理や給与計算をする経理課や人事課の職員は、スタッフ部門のメンバーとなる。

ライン部門は割り振られた業務を遂行するのに対し、スタッフ部門はすでにある業務の改廃を含む提案や助言を意思決定者に対して行うことがある。また、スタッフ部門が人事や予算を通じて、ライン部門の活動に制約を加えることがある。このため、ライン部門とスタッフ部門はしばしば対立する。また、ライン部門の内部においても、ライン部門の長（部長や課長など）を補佐する役割としてスタッフ職やスタッフ機能を持つ部署を設ける組織もある。

さらに、こうしたラインやスタッフ部門では対応しきれない特定の課題に対し、時限的なプロジェクト部門を設けることがある。専任の職員をそこに配属することもあれば、ラインやスタッフの各部門から兼務という形でプロジェクト部門に貼り付けることがある。一元化された命令系統を持つライン部門がいくつも並存していると、部門間での適切な情報の流通や部門をまたいだ専門性の有効な活用が実現できないおそれがでてくる。そこで、こうしたプロジェクト部門は、横の情報流通を重視する傾向となる。このようなプロジェクト部門は、既存の機構では対応しきれなかった課題に対し、的確かつ柔軟に対応しやすくなるという利点もある一方、特に他部門と兼務の形で配属される構成員が、複数の命令系統に組み込まれ、混乱が生じるおそれがあるなどの課題もある。

また、外勤の警察官や現場の徴税職員など、日常的に多様で複雑な問題に対峙し、対象者と直接的な接触を日々の業務としている行政職員（ストリートレベルの官僚）は、かならずしも階層化された命令系統のなかで常に上位者の判断を仰ぐというわけではない。ストリートレベルの官僚たちは、法令の解釈や運用に裁量が与えられるとともに、複数の業務の中でどれにエネルギーを振り分けるのかについても一定の裁量が与えられ、上位者から半自律的に行動する。このことは迅速で柔軟な対応を可能にする一方で、担当する行政官によって異なる対応がなされることがあることを意味する。

（2）能率が上がる組織とは

もっとも、このような公式の組織形態のあり方だけが、職員の作業能率を規定するものではない。メイヨーらはシカゴ郊外におけるホーソン工場で生産性に関する実験を行ったところ、職場の人間関係などが大きな影響を与えていることを明らかにした（メイヨー、1967）。飲み仲間、趣味のサークル、友達グループ。ホーソン工場に限らず、日本の行政組織の中にもこうした非公式な組織は存在する。あなたが公務員になったならば、職場のこうした団体に加入するのも悪くはないのかもしれない。市民も、業務に支障がないようであれば地元の市役所の草野球チームを温かい目で見つめてもよいのかもしれない。

そして、公式の組織形態であっても、階層的な命令構造だからといって、上位者が下位者に一方的に懲罰を課し、管理を厳格化していけばうまくいくというものでもない。ゴールドナーは、石膏工場の事業者の調査を行い、工場長の交代を契機に新しい厳しい規則が一方的に押し付けられたことで労働者のやる気が削がれ、その結果、さらに厳格な規則が労働者に押し付けられるという悪循環を見出した（ゴールドナー、1963）。このような一方的な規則の押し付けに基づく官僚制を懲罰的官僚制と呼ぶ。このような悪循環を生み出さないためには、上位者と下位者の相互理解に基づいた規則に基づく官僚制、すなわち代表的官僚制が求められるのである（ここでいう代表とは選挙で選ぶという意味ではない）。偉くなったからといって地位にあぐらをかき、部下に対し高圧的な態度に出るばかりではいけない。

結局のところ、行政組織は人間の集まりである。組織はきちんとメンバーに対して満足度を高めるような誘因を提供し、メンバーはしっかりと組織に貢献しなければ、その組織は続かない。バーナードは、両者の均衡があってはじめて組織が維持されるのであると主張した（組織均衡論）（バーナード、1968）。

3　官僚制を理論的に考える

(1) 責任とは何か

官僚は、高度複雑化した現代社会における課題を前にどのように行動すべきか。フリードリヒは、アメリカにおける政策過程の観察を通じ、政治家からの指示や命令を待ってから動くのでは、官僚は課題に適切に対応できないと考えた (Friedrich, 1940)。そしてすでに、政策形成の局面でも、議会は専門性を有する官僚をコントロールできていなかったのである。このように、議会による統制が有効に機能しない状況においてフリードリヒは、全体への奉仕を目標とし、専門知識を用いるプロフェッショナリズムを備えている官僚は、民衆感情への応答（政治的責任）と"科学の仲間"と呼ぶ専門家集団の間で共有された科学的・技術的知識を考慮する責任（機能的責任）のふたつの責任を自律的に果たすことの重要性を提唱した。

ファイナーはフリードリヒの主張を批判し、議会による他律的な行政の統制を強調した (Finer, 1941)。ファイナーによれば、フリードリヒの主張は官僚の道徳心に過度に期待しすぎており、自律的な責任を認めてしまえば官僚による専制主義を強めてしまうおそれがある。そこで、ファイナーは「X が Y について Z に説明できること」を責任の本質と考えた。あくまで官僚 (X) が任務 (Y) について議会 (Z) に説明できることを重視し、民主的な政府では議会による統制こそが中心であると主張したのである。

この論争は、フリードリヒ・ファイナー論争と呼ばれ、1930 年代から 40 年代にかけて展開された。一方で、行政が直面する課題の高度複雑化は進展する一方であり、どの程度の自律性を官僚に認めるか、他律的なコントロールの仕組みをどう整えるかは、今日も色あせない問題である。

さて、「責任」とは何であろうか。フリードリヒやファイナーの他に、足立忠男は行政活動の様々な局面において、4つの責任を整理した（足立、1976）。ひとつは、任務的責任である。これは官僚が任務を引き受ける責任である。2つ目は、応答的責任である。これは命令や指示に対し十分に応答する責任である。3つ目は、弁明的責任である。これは命令や指示に対する応答が十分でないと指摘されたときに、十分に応答していると説明する責任である。近年ではアカウンタビリティ（説明責任）とも呼ばれる。最後に、受難的責任である。弁明が受け入れられなかったとき、官僚は制裁を受け入れなくてはいけない。

それではこういった行政の責任は、どのような方法で確保されているのであろうか。そこで登場するのが、行政統制という考え方である。ギルバートは、行政統制の手段を分類するために、「内在的─外在的」「公式的（制度的）─非公式的（非制度的）」からなる4象限で類型化した（Gilbert, 1959）。

内在的か外在的かは、行政内部での統制か行政の外部からの統制か、という違いである。つまり内在的統制は、同じ部局や他の部局の上司や同僚からの統制のほか、会計検査院や人事院など他の行政機関からの統制も含まれる。外在的統制は、立法府や司法府、マスコミや住民など行政機関外からの統制である。公式的（制度的）か非公式的（非制度的）かは、統制の方法が制度的に保障されたものであるか、非制度的なものであるかの違いである。**図表7－2**にはこの軸に則って、さまざまな統制の手段を分類した。官僚はこうした統制を受けるのである。

（2）官僚制の特徴

官僚制を本格的に始めて研究したのは、**ウェーバー**であるといわれている。

官僚制は近代の専売特許ではない。古代エジプトから中国まで官僚制というものは存在した。しかし、ウェーバーによれば、こうした官僚制

▶図表 7-2　行政統制の種類

	制度的統制	非制度的統制
外在的統制	議会による統制 執政機関による統制 裁判所による統制	諮問機関における要望・期待・批判 聴聞手続における要望・期待・批判 情報開示請求における統制 その他対象集団・利害関係人の事実上の圧力・抵抗行動 専門家集団の評価・批判 職員組合との交渉 マス・メディアによる報道
内在的統制	会計検査院・人事院その他の官房系統組織による管理統制 各省大臣による執行管理 上司による職務命令	職員組合の要望・期待・批判 同僚職員の評価・批判

出典：西尾（2004）384 頁。

のあり方は、近代以降とそれ以前とで大きく異なる傾向にある。

近代以前の官僚制は、身分制度に立脚し、権力を持つ国王や皇帝への忠誠を誓う幹部が、君主に代わって人民や土地を支配する。国王や皇帝の主観的な判断で、規則やルールは恣意的に変わる。

これに対し、近代以降の官僚制はもっぱら合理的で、「計算可能な規則」に従って物事を処理することが官僚の行動の最高指標として重視される。ウェーバーによれば、人々を命令に服従させる機会である「支配」の中でも、成文化された秩序によって実行される「**合法的支配**」の最も純粋な型が、近代官僚制による支配である。近代官僚制の特徴は、①没主観的（非人格的）に職務に服従し、②確固としたヒエラルキーがあり、③権限が明確である。そして④自由な選抜によって得られた、⑤専門資格に基づいて職務に就く。彼ら彼女らは⑦官職が主要な職業（フルタイムで勤務）であり、⑧厳格で画一的な職務規律と統制に服する。また、⑨貨幣による固定給を受け、⑩「昇進」が期待され、⑪官位を占有することはない。こうした官僚制の合理的支配は、人間の恣意による支配を排除し、非合理的な世界、呪術的支配から人間を解放してきた。ウェーバーは言う。官僚制は、他のあらゆる組織と比較して技術的にみて優秀であり、支配の行使の形式は最も合理的な（formal rationalst）形態である。そして、近代的なあらゆる組織は、合理化、効率化を目指すことにより、官僚制的な組織へと発展していく、と説く（ウェーバー、2012）。

とはいえ、いいことばかりではない。ウェーバーは官僚制を「隷従の檻」と呼ぶなど、否定的な側面も指摘した。つまり、官僚制は、職務上知り得た知識を秘密化して外部からのチェックを免れ、本来統治を行うべき政治家から主導権を奪い、そしてひとたびできてしまえば解体しづらく永続化する傾向があるのである。

こうした負の側面の指摘で有名なのは、マートンである。マートンは、官僚が守るべきとされる規則の強調が、むしろ臨機応変な対応を妨げることを助長するなど問題点を指摘した。こうした問題は官僚の能力が乏しいから起こるのではない。むしろ、ウェーバーが指摘したような近代官僚制の規範に過剰に同調した結果、市民の要求や期待に応じられなくなっていくのである。つまり、「訓練された無能力」のためなのである。この結果、市民からの官僚に対する信頼も低下してしまう。これをマートンは「**官僚制の逆機能**」と呼んだ（マートン、1961）。

また、官僚たちが専門性を高め、自分の所属する組織への忠誠心が強化された結果、政府全体の目的達成が阻害されることがある。セルズニックは、アメリカのテネシー渓谷開発公社（TVA）の調査を行い、TVAの官僚たちが新しい組織目的を作り出し、そしてTVAに対する忠誠を強めていった結果、TVAが政府全体の目的から逸脱していった様子を明らかにした（Selznick, 1949）。このように、官僚制には長所と短所が両方存在する。

（3）正しさを貫けるか

社会心理学の実験で有名なものにミルグラム実験というものがある（紫嵜、2007）。心理学者ミルグラムが行った実験であるが、ナチス政権下のドイツの国家保安本部のユダヤ人課長であったアイヒマンの名前から「アイヒマン実験」とも呼ばれる。この実験は、まず公募で集められた被験者が先生役となり、生徒に単語の組み合わせを暗記させてテストする。生徒役が間違えると、先生役は罰として電気ショックを与える。最初は15ボルトだが、生徒役が1問間違えることに、電圧が15ボルトずつ上がっていく。実は、生徒役はサクラであり、実験の協力者でわざと間違え、電気ショックに苦しむ演技をするのだが、先生役の被験者はそのことを知らない。最高電圧は450ボルトである。生徒役は苦痛を訴えて、実験の中止を懇願する。しかし、その場には白衣を着た権威のありそうな博士役の人物がおり、「実験を続けてください」と被験者に継続を命じる。その結果、苦痛に苦しむ姿を目の当たりにしても半数近くが、苦痛に苦しみ叫び声だけが聞こえる段階に至っても65％の被験者が、最高電圧まで罰を与え続けたのであった。

ユダヤ人の末路を知っていながら、ホロコーストに加担したアイヒマン。彼を知る者は、アイヒマンは決して極悪非道な人間ではなく、平凡で典型的な小役人タイプであったという。そんな彼がなぜユダヤ人の大量虐殺に関わる職務を粛々とこなせたのか。この実験は、そんなアイヒマンのように、権威者の指示に従ってしまう人間の心理を明らかにした実験であった。

実はミルグラムは、この実験の内容を教え、あなたならどこまで電圧を上げるのか、という調査も行っている。この場合、最高電圧まで上げると答えたのは0％、誰もいなかった。何が正しいのか。そんな信念は権威によって簡単に歪められ、放棄されうることが示唆されている。

同じように、集団の中で自らの正しさを押し通すことの難しさが示される他の社会心理学の実験もある。アッシュの同調実験などがそれである。アッシュの同調実験とは、集められた8人の被験者に対し、正答率が100％に近いような単純な質問を出す。たとえば、「このカードに描かれた線と同じ長さのものが描かれているカードを、次の3つから選べ」というようなものである。示された3つのカードに描かれた線の長短はわかりやすく、被験者はすぐに正答がわかる……はずである。しかし、順番に答えを言うように求められた最初の7人の被験者は明らかな誤答を答える。実は最初の7人はサクラであり、わざと誤った選択肢を答えている。さて、最後の8人目の被験者は自分が正しいと思う正答を貫くか。こうしたことを18回繰り返したアッシュの実験では、なんと74％もの真の被験者が、一度はサクラに同調し、誤った回答を行った。正しい回答を貫き続けたのは、3割にも満たなかったのである。

つまり、人は権威や多数派に弱い存在なのである。行政組織の中で、上司や同僚の多数派に抗うことは容易だろうか。あなたはアイヒマンにならないと言い切れるだろうか。

とはいえ、ミルグラムの実験には続きがある。先生役が3人いて、他の2人の先生役が権威ある博士風の男に楯突いて、実験を中止したらどうなるだろうか。実はこの場合、最大電圧まで上げる被験者の割合は10％にまで低下する。これも一種の同調行動ではあるが、声をあげることの大切さを示す実験結果でもある。

4　日本の官僚制

日本には、約59万人の国家公務員（一部を除き、令和4年度末予算定員）と、約276万人（令和2年地方公務員給与実態調査）の地方公務員がいる。「公務員」という用語は、戦後制定された日本国憲法から使用されるようになり、日本国憲法によって「全体の奉仕者」として国民の生活、公共の利益のために働くことが求められている（15条）。

中央政府の官僚像は、3つのタイプで変化してきたと言われている(真渕、2004)。第1は、古典的官僚である。古典的官僚は、社会を指導し、政治の上に立とうとする官僚像である。第2は政治的官僚である。政治的官僚は、政治と行政を対等に捉え、様々な社会集団によって表出される利益を調整することこそ、官僚の使命だという視点に立っている官僚である。第3は吏官型官僚である。行政は政治の下にあると考え、定められた政策を厳格に実施するのが官僚の使命と考える官僚である。戦前から戦後間もなくまでは古典的官僚、55年体制の安定とともに政治が力をつけてくると政治的官僚、やがて90年代以降特に官僚バッシングが激しくなると吏官型官僚へと、官僚たちの意識も変化していったことが指摘されている。

さらに村松によれば、日本の行政組織にはそもそも目標を達成するために必要なリソース（人員、予算、権限）が乏しいが、外部の資源、たとえば外郭団体、業界団体、町内会などのリソースも動員し、組織としての目標を達成する。内部の資源も総動員する。日本の官僚制は、アメリカやイギリスの官僚制と異なり、一人ひとりに明確な権限や責任が割り振られているわけではない(村松、1981)。このことは責任の所在が不明確になり、個人の専門性が発揮できないという非能率を生み出すが、一方で、臨機応変な業務の振り分け、柔軟な協力体制の構築を可能にし、全体として高い能率を生み出す。これを「最大動員型システム」と呼ぶ。

この最大動員型システムを可能とするのは、「大部屋主義」である。明確な権限や責任が割り振られているアメリカやイギリスの官僚は、個室あるいはパーティションで区切られた空間で職務に従事するが、日本では課や係単位で権限や責任が割り振られ、ときに管理職も含めたひとつの部屋、空間で課員や係員が協力しながら業務を遂行する。

日本では、日常的な業務における行政組織としての決定に関して、命令系統における下位の職員が案件に対して起案した文書(稟議書)が、上位の職員に順次回覧、承認され、関連部署でも回覧、承認されたあと、意思決定者の最終的な決済に至るという仕組みを採用している。これを稟議制という。このプロセスからもわかる通り、ボトムアップの意思決定方式のため、職員の士気は高まり、関係部署でも合意がされたのちに決定されているので、事後に異論がでにくいなどの利点がある。一方で、決済までに時間がかかるとともに、失敗した場合の責任の所在が不明確になりやすく、命令系統における上位者のリーダーシップが発揮されにくいなどの課題もある。

重要な事案はどうであろうか。この場合はあらかじめ幹部が会議等で合意し、その後、文書の起案と回覧を形式的に行うことが多い。通常の稟議制では、起案者に近いものから逐次、その稟議書を回覧、押印の上で回送する「順次回覧決裁型」が採用されるが、この場合は、起案者が関係者に直接持参し、内容、経過等を説明の上、押印を求める形式が採用される傾向にある。これを「持ち回り決済型」と呼び、迅速に決済が進む。

もちろんすべての事項に稟議制が採用されるわけではない。行政組織としての決定ではない、たとえば職員の会議への出欠など軽微なものは、口頭などで済まされる。逆に重要度の高い事案であっても、予算の概算要求や国会答弁資料などは、関係者間で内容を調整し、上位の意思決定者によるとりまとめが行われるなど、非稟議書型の意思決定となっている。

また、このような稟議制の仕組みが、日本の行政組織にスタッフ部門の導入の遅れをもたらしたとの指摘もある。稟議制は、下位の職員が上位の職員の意思決定を支援するプロセスである。つまり、稟議制はライン部門の下位者がスタッフ的役割を果たす機能を内在しているとも考えられるのである。

▶▶▶ ディスカッションを考える

> **第７章のディスカッションではこんな質問が出されました。**
> 「官邸による人事管理の強化について、あなたはどう考えますか？」

先生　みなさんはどう考えましたか？

弘斗さん　私は官邸の関与の強化にはあまり賛成できません。

先生　どうしてですか？

弘斗さん　社会には色々な価値があるからです。各府省が多元的にそれぞれの価値や利益を吸いあげ、代弁すべきだと思うからです。

文菜さん　私の意見とは違います。

先生　どういうところが違うのですか。

文菜さん　日本の行政には内部に利用できる資源が少なく、リソースを最大限活用するという総動員モデルから考えれば、一元化した方が効率的だからです。

弘斗さん　「全体の奉仕者」としての役割が求められるならば、官僚制は、効率性を重視しすぎるあまり、多様な意見や利益の存在を軽く見るようなことがあってはいけないと思います。

文菜さん　「全体の奉仕者」という観点からすれば、特定の業界や特定の利益に固執する方法はふさわしくないのではないですか。

弘斗さん　それは逆です。官邸にいるごく一握りの政治家や官僚の意向が強く反映されれば偏りは強化され、彼らの意向を忖度する官僚たちはますます「一部のための奉仕者」になってしまうのではないでしょうか。

文菜さん　官邸の主人である内閣総理大臣は、少なくとも民意によって選ばれた国会議員の多数派によって支持されているのだから、視野が狭いということはないのでは？

弘斗さん　しかし、いまの衆議院の選挙制度は小選挙区制がメインで、参議院の地方区も1人区が増えています。こうした選挙制度は死票を多く生むといわれています。

先生　選挙制度の話が出てきましたね。統治構造のデザインは、様々な視点から見ていくことが必要です。適宜、ほかの章で習ったことを振り返りながら考えていきましょう。

おすすめの本・ウェブサイト

金井利之（2018）『行政学講義』ちくま新書

行政に携わる為政者ではなく、為政者の支配や権力にさらされる被治者を読者として想定している。行政官にとっての行政ではなく、私たちが、行政をどう理解すべきか。そのヒントに溢れた良書である。

村松岐夫（2010）『政官スクラム型リーダーシップの崩壊』東洋経済新報社

本書は、1970 年代半ばから 30 年近くにわたって著者が行った政策アクターへの調査データの分析を軸に、戦後日本の政治を規定した政官関係が変容したことを示す。戦後日本政治では、政治家の影響力が官僚のそれに対して徐々に強くなっていったことがしばしば指摘されるが、本書は官僚自身の影響力に関する自己認識が低下しているなど、データに基づいて日本政治の変容を描く。この後続となる研究が進むことも期待したい。

任文桓（2011）『日本帝国と大韓民国に仕えた官僚の回想』草思社

著者は、日本が韓国を併合する前の朝鮮半島に生まれた。ものすごく貧しい小作農の、しかも次男であった。その後たいへんな努力と様々な人の支えによって、東京帝国大学を卒業し、高等文官試験（今でいえば国家総合職）に通り、戦前の日本や戦後の韓国で官僚を勤め、李承晩政権下では農林部長官（大臣）にまで上り詰めた。彼の半世記は、当時の朝鮮半島や日本の社会の雰囲気、空気感を見事に表現している。日本と韓国の間には、いまだに深い溝がある。その溝がなぜ生じたのか。それを知る 1 つの大きな手がかりになるだろう。

第8章

選挙で選ばれない人がなぜ権限を持つのか——独立機関

代議制民主主義を採用する政治体制では、選挙で選ばれた政治家が立法府に議席を置き、選挙で多数を獲得した政治家や政党が行政府の長の座を射止めることが一般的である。

しかし、政府を構成する様々な機関の中には、必ずしも選挙の洗礼を浴びていない人たちが強い権限を持ち、政治的な影響力を発揮することがある。具体的には、金融政策に大きな影響を与える中央銀行、実質的な許認可権限を持つ独立行政法人、警察行政を監督指導する公安委員会、地方自治体の教育行政を担う教育委員会、そして司法権を担う裁判所などである。意外にも多くの、私たちの生活にとって重要な政策領域が、これらの機関によって担われている。こうした機関を、「独立機関」と呼ぼう。

第8章では、3つの視点から独立機関を分析する。1つ目は、選挙で選ばれない人がなぜ権限を持つのか。2つ目は、選挙で選ばれないならば誰が選ぶのか。3つ目は、政権からの独立性が高いと政策にどのように影響するのか。これらの視点をもとに、「独立機関」についての理解を深めよう。

▶▶▶ディスカッション

政府というものは、実に様々な政策を立案し、実行する。しかし、どの政策も市民に喜ばれるものとは限らない。

代議制民主主義を採用する政府で、政権の座に座り続けるには、有権者の支持が欠かせない。たとえば、あなたが大統領、首相、知事、与党党首、何でもいい、政権を率いるリーダーだとしよう。政権の座にあり続けるために、あなたは極力、有権者の高い支持を得ようとするはずだ。

ところが、実現したい政策があるとして、その実現に向けて積極的に動き出すと、その政策に反対する人があらわれる。反対する団体や有権者たちは、それまで自分を支持してくれた人たちの場合もある。反対する人たちへの説得に時間がかかると、他の政策にかけるべき時間や労力も奪われる。そして、明確な意思決定を行うことで責任が明確になり、次の選挙時に不利益が発生することがある。これを、「立法コスト」という。政策が実現できたとしても、その政策が何か大きな失敗を引き起こした場合、批判の矢面に立つのは自分だ。でも、諦めたくない。

このとき、しばしば政権のリーダーは、中立性を掲げる独立機関を作って、そこにやらせる、という手法をとる。行政においては、審議会や行政委員会というような、政権の意思決定のラインから独立した形で組織を整えて、有識者や市民代表などをそこに入れ、彼や彼女たちに政策の立案を委ねる。場合によって反対者の説得、合意の調達を行わせることもある。その政策が失敗しても、その責任は第三者機関が負ってくれる。この形式を採用すれば、自分たちが矢面に立たされることはなくなる。第三者機関のメンバーを任期制にして、容易に辞めさせられなくすれば、仮に政権交代が起きて、自分が政権の座から降りたとしても、彼や彼女たちがその政策を実現してくれるかもしれない。

しかし、第三者機関に委ねた場合、そのメンバーたちが本当に自分の望む通りに動いてくれるのかどうかはわからない。自分がメンバーを選定し、任命することができたとしてもそれは同じだ。自分たちと考えが近いはずだと思って任命したメンバーが、実は違う考えを持っていたり、あるいは途中で考えを変えたりすることはいくらでもある。これを、「エージェンシー・コスト」という。

さて、こんなとき、政権のリーダーであるあなたならどうするか。あなたは、新しい薬を承認する行政組織のあり方について検討している。いかに製薬会社が新しい医薬品を開発したとしても、国内で流通させるためには政府の承認が必要だ。

たとえば、新しい感染症が流行したとする。医薬品を承認するに際しては、きちんと審査をする必要があるので、その分、時間がかかる。一方で、新しい感染症に怯え、苦しむ有権者たちは一刻も早い予防ワクチンや治療薬を手に入れたいと望む。製薬会社により見込みのある新薬開発が行われているとの報道に触れれば、有権者たちは政府に一刻も早い医薬品の承認に向けて圧力をかけてくるだろう。あなたがいち早く新薬承認を命じ、市場に流通させることに成功すれば、あなたやあなたの政権に対する支持は強まるだろう。しかし、万が一副反応などで深刻な薬害が発生した場合、その非難はあなたに向かってしまう。一方で独立機関を設置してそこに医薬品の承認を任せる方法もあるだろう。その場合、あなたが負う直接的な責任は緩和されるかもしれないが、対応に時間を要することで経済やそのほかの分野であなたが行いたい政策の実施に支障が生じてしまうかもしれない。

サリドマイド事件、HIV 訴訟など、薬事行政はしばしば世間を騒がせる。新薬の承認は、関係者の利害から社会の生命倫理や道徳規範まで揺さぶる、重要な政策である。

そこで、中央政府の政権のリーダーであるあなたに考えてもらいたい。新薬の承認をどの機関に任せるか。「立法コスト」を引き受けて、自らの意思が及びやすい政権内部の行政機関に実施させるのか。あるいは、「エージェンシー・コスト」を引き受けて、独立機関を設置し、そこに任せるのか。あなたなら、どうするか。

1　取引費用

（1）4つの取引コスト

独立機関を設置するか否かを判断する、あるいは、なぜ独立機関が設置されているのかを理解するために、参考になるのが「取引費用」という概念である。

ホーンはいかなる行政制度が設計され、選択されているのかの分析を「取引費用」の概念を用いて分析した。ホーンによれば、与党など「法案制定連合」は、自分たちの再選を目標とする一方で、立法を行う際に4種類の取引コストに直面し、その総計を最小化するように行動するという（Horn, 1995）。

第1の取引コストは、「立法コスト」である。これは、法案制定連合側が法律を制定する過程で生じるコストである。ある法律を制定しようと積極的に行動すると、その法案に反対する勢力との軋轢を生む。また、法案制定連合は、制定に主導的に関わった法律によって何かしらの問題が生じた場合に、責任を追及されることになる。

第2の取引コストは、「エージェンシー・コスト」である。これは立法コストとは異なり、法案制定連合側が積極的に行動するのではなく、別の機関に問題の解決を委ねることで生じるコストである。権限を委ねた機関が、法案制定連合の意図通りに動くとは限らない。法案制定連合と権限を委ねた機関の関係を、本人と代理人、すなわちプリンシパル＝

エージェント関係と見た場合、エージェントが、プリンシパルの利益に反して、エージェント自身の利益を優先した行動をとってしまうというギャップが発生する可能性があるのである。これもまた、法案制定連合にとってコストである。

第3に、政策への関わり方の度合いの問題、すなわち「コミットメント・コスト」が挙げられる。政権交代が頻繁に生じない場合は考慮する必要性は少ないが、そうでない場合、政策の持続性が疑われる。つまり、政権交代が起こる場合、政策の修正や廃止の危険性が高くなる。こうしたコストが生じないよう、法案制定連合は政策が容易に変更されないような仕組みを検討する。

第4に、法案制定連合にとって法律に関する利益やコストがわからないという「不確実性コスト」である。ただし、この不確実性コストはあらゆる局面で生じるため、ホーンは分析の主たる要素としていない（村上、2003）。

このような「取引費用」に関するコストを頭に入れておくと、なぜ一定の権限を持つ独立機関が設置されるのか、理解しやすくなるだろう。

（2）教育委員会とは

そこで、戦後日本の教育行政の体制を、この「取引費用」という考え方で分析してみよう。戦前、教育に関する事務はもっぱら国の事務とされていた。しかし、戦後は、教育行政の安定性・中立性の確保という考え方が重視され、1948年に「教育委員会法」が制定された。これは地方自治体の首長から独立した合議制の**行政委員会**が、教育に関する事務を主体的に執行するという制度である。

当初、都道府県7人、市町村5人の委員のうち、1人の議会選出議員を除いて、有権者による委員の公選制が採用された。また、教育委員会は、教育行政に関する予算や条例案、財務権限など、広範な権限を持っていた。加えて、彼や彼女たちが教育行政の専門家である教育長を任命し、**素人統制（レイマン・コントロール）**のメカニズムで、教育行政を統制しようとした。しかし、選挙が実質的に政党を基盤として行われ、大きな組織力を持つ団体が組織力を利用して教育委員を送り込み、教育行政をコントロールしようとする傾向が指摘された。また、予算などで首長と教育委員会が対立し、教育行政の運営に支障が生じることもしばしばあった(中央教育審議会教育制度分科会第3回地方教育行政部会、2004)。

このような問題点を踏まえ、1956年に制定された「地方教育行政法(地方教育行政の組織及び運営に関する法律)」では、5人（町村は3人でも可）の委員は、首長が議会の同意を得て任命することとし、また委員の過半数が同一政党に属することはできないという制限を設けた。加えて、予算や条例案、財務に関する権限も原則的に首長の権限とするなど、教育委員会制度の形は大きく変遷し、その後長らく安定するのである。

（3）なぜ教育委員会制度は安定してきたのか

近年、首長を中心にこの教育委員会制度の改革が訴えられてきた。しかし、地方教育行政法制定後、長らく首長は自分の影響力が行使しづらくなるはずのこの教育委員会制度を暗黙のうちに支持してきた。それは、なぜか。村上（2003）は、取引費用の概念を用いて説明する。教育行政分野は、長らく自民党と社会党・共産党の対立が極めて激しい政策領域であった。深く関与すると立法コストが大きくなってしまいかねない。また、首長が強い権限を持ってしまえば、対立陣営が政権の座についたとき、自らの好む政策から大きく変わってしまう可能性が出てくる。そこで、立法コストとコミットメント・コストの最少化を望み、第三者機関である教育委員会制度に委ねるのである。このとき、委員の任命権を持つことで、委員会の方向性を一定程度コントロールし、エージェンシー・コストを低くすることができる。

一方で、近年の首長らの意向を受けて、2014年、地方教育行政法は改正された。首長は、教育委員会の代表と教育行政の事務方のトップであった教育長を統合した新しい教育長を、議会の同意を得て任免できることとなった。これまでの教育長は教育委員会が任命していたので、新しい制度によって首長の影響力は強化されたといえよう。また、教育行政の基本方針を首長主導で協議する総合教育会議も、すべての自治体で設置されることとなった。

この背景には、以前ほど政党間の対立が目立たず、むしろ地域独自の教育政策を打ち出すことが首長に期待されるようになったことがある、と村上（2003）は指摘する。立法コストとコミットメント・コストの観点から、現在の首長は教育政策に関わった方がよいのだ。取引コストの概念は、どの制度が選択されたかを理解する重要な手がかりとなる。

2　レイマン・コントロールと専門家による統制

一定の権限を持つ独立機関が成立する理由を理解したところで、次の問題は、誰に委ねるのか、ということである。先ほどの教育行政では、素人統制ということで、必ずしも特定の資格や専門知識が教育委員に求められるものではない。一方で、高度に専門的な政策領域は、必ずしも民意をもとに判断することが望ましいとは限らない。その場合、高度な専門性を持った人々に権限を委ねることがある。警察行政と裁判所について見てみよう。

（1）公安委員会とは

日本の警察行政は、公安委員会という行政委員会が管轄している。この公安委員会制度は、第２次世界大戦後に創設された制度である。戦前はどうであったか。

戦前の警察は、府県知事の指揮監督下にあった。戦前の知事は、現在のように選挙によって選ばれるのではなく、内務大臣が内務官僚などを任命していた。つまり、内務大臣が全国的に統制を行っていたのである。

戦前の日本では、政友会や民政党を中心とした政権交代がしばしば行われていた。そのため、内務大臣ポストを押さえた政党によって、警察を通じた他党に対する選挙干渉がしばしば行われたのである。

このように、戦前の政党政治が警察行政に深く関与することにより、健全な民主制を阻害したのではないか、という点が、戦後問題視された。そこで、GHQの指示のもと、1948年に「公安委員会制度」が設置された。この制度の導入により、知事ではなく、複数の公安委員による合議体（公安委員会）が警察を管理するようになったのである。

都道府県警察を管理するのは、都道府県公安委員会である。運転免許を持っている人ならば、手元で見てほしい。顔写真の下に、「○○都道府県公安委員会」と書いてあるはずだ。

この都道府県公安委員会は、都・道・府と政令指定都市（指定市）を持つ県（指定県）が5人、その他の県は3人で構成される。公安委員は、その都道府県議会の被選挙権を持つ人で、過去5年間に警察または検察の職務を行う職業的公務員の前歴を持たない人の中から、議会の同意を得て知事が任命する（指定県の場合、指定市の市長が市議会の同意を経て2人を推薦する）。また、過半数が同一の政党に所属することとなってはならない。任期は3年で、毎年1人ずつ交代する（**図表8－1**）。

▶図表8−1　指定県以外の公安委員会

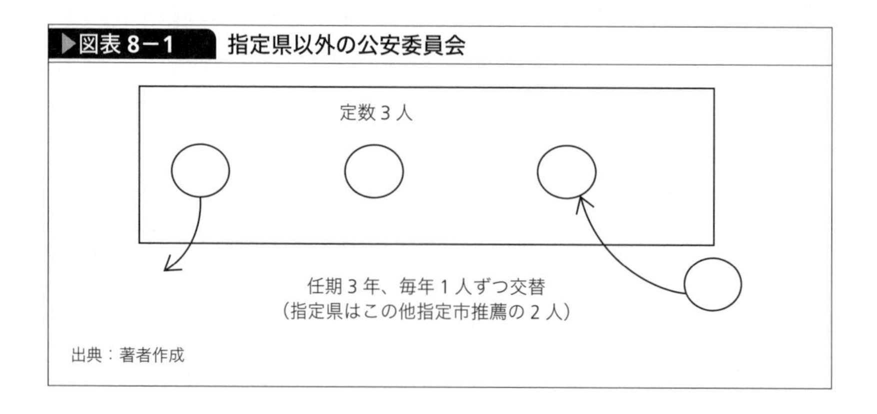

出典：著者作成

ポイントは２つある。１つは、政治的中立性を重視しているということである。過半数が同一の政党に所属してはならず、この原則が破られた場合、該当する委員は罷免される。また、毎年１人ずつ交代させることで、知事や議会の構成の変化によって一度に委員が変わってしまう状態になることを避けている。もう１つは、素人統制（レイマン・コントロール）を重視し、現職の警察官または検察官が直ちに公安委員に就任しないような仕組みが採用されている。

ちなみに、都道府県警察の警察官であっても警視正以上の階級の警察官は、国家公務員である。この警視正以上の警察官の任免は、都道府県公安委員会の同意を得て、**国家公安委員会**が行う。道府県の警察官のトップである道府県警察本部長の任免も同様に、道府県公安委員会の同意を得て国家公安委員会が行う。このように、警察行政は、中央集権的な仕組みが採用されており、その中心もまた国家公安委員会という行政委員会となっている（高橋、2013）。

（２）公安委員会制度の論点

政治的中立性と素人統制を重んじるあまり、警察は外部からのコントロールの利きづらい組織になっているとの批判もある。

たとえば、警察行政に対し厳格な態度で臨むことを訴えた候補者が、首長に当選したとする。ところが、自分と同じ考えの持ち主を公安委員に任命しようとしても、そのチャンスは現在の公安委員の誰かの任期が終わるまで待たなくてはいけない。しかも、年に１人ずつしか交代させられない。また、仮に任命できたとしても、素人統制によって選ばれ、必ずしも警察行政に通じていない委員が、警察に対して適切な指揮監督ができるのだろうか、という指摘もある。

このことから、公安委員は公選であるべきとの主張もある。しかし、公選制を導入し、警察組織への民主的統制を強化した結果、戦前のように民主制の基盤が崩されるというパラドックスに直面する懸念もある。

また、警察行政に詳しい人として、警察のOBやOGを委員に任命すると、今度は現職の警察官との馴れ合いの関係ができてしまう恐れがある。望ましい警察組織の管理のあり方を、あなたならどう考えるだろうか。

（3）裁判所

近代国家の基本的な原理として、権力分立がある。これは、特定の機関に権力が集中して、市民の基本的人権が損なわれてしまうことを防ぐために、相互間の抑制均衡をもって、権力の濫用を制限するものである。

いわゆる自由主義陣営の近代国家では、**三権分立**を国是としている国が多い。三権とは、立法・行政・司法である。

ここで司法を担う裁判所が登場することを、奇妙に思う人がいるかもしれない。しかし、司法も立法や行政と同じように、政府の政策に対して大きな影響を与えてきた。まずは、アメリカで判決が政策に対して大きな影響を与えた代表的な事例として、「ロウ対ウェイド事件」を見てみよう。

1970年、テキサス州在住のジェーン・ロウ（仮名）は妊娠をし、中絶を望んだ。しかし、当時のテキサス州の法律では、母体の生命を保護するため以外の妊娠中絶は禁止されていた。彼女は、「母体の生命が危険である状態」ではなく、合法的に中絶ができる状態になかった。そこで、弁護士の協力のもと、ロウは、テキサス州ダラスの地区検事ヘンリー・ウェイドを被告として、憲法修正14条「デュー・プロセス条項」を根拠としてプライバシーの侵害を訴え、テキサス州の中絶禁止法の違法性を主張する訴訟を起こした。その結果、アメリカの連邦最高裁判所は1973年、7対2の大差でテキサス州法を個人の権利を侵害するという理由で違憲判決を下したのである。

この判決は非常に重大な意味を持った。中絶を禁止するキリスト教徒の多いアメリカの多くの州では、テキサス州のように限定的にしか堕胎を認めない州法を定めていたからである。しかしこの判決は、妊娠中絶を事実上禁止する国内法やこれら州法を無効とするものであった（一方で、2022 年にはこの判決を覆す判断も連邦最高裁判所によってなされている）。

「ブラウン対教育委員会判決」も、政治に対して影響を与えた重要な判決である。1950 年代、カンザス州では、州法に基づいて人種によって小学校を分離して設置していた。アフリカン・アメリカンの小学生のリンダ・ブラウンは、家から近い白人用の小学校に通うことができず、長い時間をかけて黒人用の小学校に通わざるをえなかったのである。そこで、ブラウンの保護者らは、最寄りの学校に通学する許可を求め、教育委員会を相手に集団訴訟に踏み切った。そして 1954 年 5 月、アメリカ連邦最高裁判所は、この人種による公立小学校の分離は違憲であるという判決を下したのである。この判決は、その後の公民権運動の広がりに大きな影響を与えたといわれている。

このように、司法の判断は、政治的に大変重要な意味を持つことがある。ときにそれは、民意に基づいて選出された執政長官や立法府の判断をも覆す。

（4）裁判官の選ばれ方

立法府のメンバー、つまり議会の議員は、原則的に選挙で選ばれる。行政府の長・執政長官を国民が直接選ぶのか、議員が選ぶのかは、各国で違いがある。これは、**第 2 章**を見てほしい。

アメリカでは、最上級の連邦裁判所である連邦最高裁判所の裁判官（9 名）は、大統領が指名し、議会の上院の承認によって就任する。任期は終身制で、裁判官本人が死亡または引退しないかぎりその地位にある。そのため、最高裁判所の裁判官の死亡や引退のタイミングでその任にあった大統領は、最高裁判所の裁判官を指名する機会が得られることになり、大統領の任期が終了した後も自分の指名した裁判官を最高裁判所に残すことで自らの考えや党派性を司法の判断に反映させることができると言われている。

また、日本の民法や刑法に当たる法律は、アメリカでは各州で制定されているので、州ごとに法域が存在し、州ごとに異なる裁判制度が存在している。そして、裁判官の選任制度も州によって異なっている。

現在、アメリカの各州では、主として、公選制、立法府による選任、執政長官による選任、メリット・プラン、という4つの手法がとられている。公選制は、有権者による直接選挙である。アメリカでは建国以来、立法府による選任が主流だったが、ジャクソニアン・デモクラシーの時代に有権者が直接選ぶ公選制が広まった。南北戦争後には、38州中21州が公選制を採用した。しかし、20世紀に入り、選挙による過度の政治化の弊害が懸念され、法律家としての専門性も重視されるようになった。このことから、1940年にミズーリ州で、「メリット・プラン」が導入された。この制度は、法律家・裁判官・市民からなる裁判官任命諮問委員会が法律家としての資質をもとに、裁判官候補者名簿を作成し、州知事が当該名簿から裁判官を任命し、任命された裁判官が有権者から定期的な信任投票を受ける、という3段階からなる裁判官選任方式である。このメリット・プランは、過度の政治化を避けつつ、信任投票形式で裁判官選挙の要素を残すことができる制度として、一時は半数を超える州に浸透した。しかし現在では、委員会で法律家としての資質を評価する際に法律家の影響力が過度に反映されすぎているとして、他の方式に転換する州もあらわれている。

このように、裁判官の任命には、専門性と民主制のせめぎ合いの中で多様な選任方法が存在する。

日本の司法では、最上級の裁判所である最高裁判所の裁判官は、長官を含めて15名とされている。識見が高く法律の素養がある40歳以上の者から、内閣が指名し、天皇が任命することとされ、定年は70歳である。下級審の裁判官は、最高裁判所の作成した名簿をもとに内閣が任命する。一方、最高裁判所の裁判官については、**国民審査**がある。日本の最高裁判所も、婚外子相続差別や1票の格差など、基本的人権や民主制の基盤に関わる重要な判決を下し、ときに行政府や立法府に新たな対応を迫ることがある。他方、国民審査は、日本国憲法の公布とともに導入されたが、現在に至るまで実際に罷免された裁判官は1人もいない。日本でも「一票の格差」や同性婚・夫婦別姓など、司法の判断が政治のあり方や私たちの生活・生き方に大きな影響を及ぼしうる中で、裁判官に対する民主的コントロールのあり方を議論してみるのも興味深いだろう。

3　独立性と政策効果

さて、政策に大きな影響を与えるということで裁判所を独立機関として取り上げたが、はたして独立性というものは、どれだけ政策に対して影響を与えるのか。中央銀行を例に、さらに掘り下げて見てみよう。

(1) 中央銀行の役割

中央銀行とは、日本でいえば日本銀行に相当する金融機関である。紙幣を見てみると、「日本銀行券」と書いてあるはずだ。このように、お札を発行する銀行である(**発券銀行**)。また、私たちは銀行からお金を借りることができるが、その銀行や政府はどこからお金を借りるだろうか。その答えが、中央銀行である。中央銀行は、「**政府の銀行**」や「**銀行の銀行**」といった役割も持っている。

こういった役割を通じて、中央銀行は、市場に出回るお金の量を調整する。たくさん紙幣を発行したり、政府や他の銀行にたくさんお金を貸したりすれば、市中に流通するお金の量は増える。これを、金融緩和という。逆に、紙幣の発行量を抑えたり、政府や他の銀行に貸すお金の量を減らしたりすれば、市中に流通するお金の量は減る。これを、金融引き締めという。このように、市中に出回るお金の量を調節して、経済に影響を与える政策を金融政策という。金融政策を担うことは、中央銀行の重要な役割である。

流通するお金の量が増えるとどうなるか。ものの売買や消費が落ち込んでいた場合、企業や消費者に行きわたるお金が増えると、落ち込んでいた景気が一時的に刺激されるかもしれない。しかし、それはいいことばかりではない。景気が過熱しすぎると、物価が上昇する（インフレーション）。消費者にとって見れば、行きわたったお金が増える分よりも物価が上がってしまえば、生活はむしろ苦しくなる。そこで、流通するお金の量を減らすと、物価が下がる（デフレーション）。ところが、これもやりすぎると、行きわたるお金が減るので、購買意欲が低下し、景気が落ち込んでしまう。このバランスが難しい。

（2）中央銀行と政権

この中央銀行と政権の関係は、いつも大きな議論の的となる。

政権は、どれだけの税金をどこから集めるか、そして集めた税金をどこに使うか、歳入や歳出を通じて経済に影響を与える政策を司る。この政策を、財政政策と呼ぶ。

中央銀行が政権のいうなりに動くなら、どうなるだろうか。一般に、その場合はインフレが起こりやすくなるといわれている。なぜなら、一般に政治家たちは、公共事業の拡大などの積極的な財政支出を通じて、市中にお金が出回ることを好む。給料が上がりました、株価が上がりました、ということは、選挙の際に、自分たちの業績として、訴えやすい。しかし、だからといって税金を上げると有権者の評判が悪くなる恐れがある。そのため、自分たちの財政政策に必要なお金をどんどん中央銀行に刷らせて、政府にわたしてもらえばよい。

しかし、根拠もなくお金が出回れば、ものの値段は上がるばかりだ。つまりインフレである。給料や株価が見た目では上がっても、ものの値段も上がってしまえば生活は楽にならない。むしろ、ものの値段の上昇幅が大きかった場合、買えるものが少なくなる。こつこつ貯めていたお金の価値も下がる。生活はむしろ苦しくなるのだ。

たとえば、1980年代後半から1990年代初頭にかけてラテンアメリカのいくつかの国では、政権が積極的な財政政策を展開したが、必要な税収を確保することができず、中央銀行の協力を仰いだ結果、年率で1万3,000%を超えるハイパーインフレを引き起こした(Bernanke, 2005)。実際に、A. アレシナらの研究がある。この研究では、1955年から88年までの先進国の中央銀行の独立性とインフレ率の関係を分析したアレシナらは、中央銀行の独立性が高いほどインフレ率が低くなるという相関関係を見出している(Alesina and Summers, 1993)。

とはいえ、民主制国家において、政権は有権者の支持によって成り立っている。こうした民意から超越したところで、経済に大きな影響を与える政策を決定し、実行してよいのだろうか、という疑問は湧く。

たとえば、不況となって街に失業者が溢れる。市民は、生活をよくしてもらおうと、景気刺激策を訴える政党・政治家に1票を託し、その民意を受けた政党・政治家が政府として公共事業の拡大を決断したとする。ところが、中央銀行が、政府の意図に反して金融を引き締めた場合、政府の景気刺激策の効果は相殺されてしまう。このように、政府の財政政策と中央銀行の金融政策のとる方向性が一致していないと、経済は混乱する。

また、金融の引き締めと緩和のバランスは、専門家でも間違う。その判断が間違っていて、景気が過熱しすぎたり、落ち込みすぎたりした場合の責任を、誰がとるのか。財政政策が誤りであった場合、有権者はその誤った財政政策を担当した政権与党に対し、その後の選挙で審判を下すことができる。しかし、金融政策が誤りであった場合、私たちはどういう方法で誰に責任をとらせればよいのか。

中央銀行の独立性が高ければインフレが起こらない、というわけでもない。たとえば、1920年代初頭のドイツの中央銀行であるドイツ帝国銀行の総裁は、就任時は宰相による任命制であったが、辞めさせる規定がなく、終身制であった。このことが、誰も中央銀行の金融政策を糾すことができず、1923 年に 1 年間で物価が 1 兆倍にもなったハイパーインフレーションの元凶の一端となったという指摘がある。

また、日本では 1990 年代にバブル経済が崩壊し、長期不況への対策として日本銀行はマイナス金利などの量的緩和政策を採用した。2013 年からは、資金供給量の拡大だけでなく、リスクの高い金融資産の買い入れなど、量と質の両面から「異次元」とも呼ばれる大胆な金融緩和政策が採用されている。欧米各国でも、2008 年からの世界金融危機以降、デフレに陥るとの懸念が強まったため、アメリカでは連邦準備制度理事会（FRB）が、大規模な量的金融緩和を実施した。

このように中央銀行の役割が、かつてのようなインフレ抑止からデフレ対策に移っていったと言われる中で、2020 年以降の新型コロナウイルス感染症のパンデミックは、世界的な供給不足を生んだとされ、各国は急激な物価高に苦しむことになる。各国の中央銀行は、これまで採用してきた量的な金融緩和政策の見直しを迫られている。このように金融政策は私たちの生活と密接に関係する政策領域である。

民意か、そこから一定程度離れた独立性か。再度聞こう。あなたなら、どう考えるだろうか。

▶▶▶ ディスカッションを考える

第 8 章のディスカッションでは、医薬品を承認する機関を政権内部の行政機関に実施させるのか、あるいは独立機関を設置するのか、どちらがよいと考えるかが問われました。

先生　みなさんはどう考えましたか？

弘斗さん　医薬品として承認すべきかどうかということについて、民意による判断が必要な問題なのかは疑問です。

文菜さん　どうしてですか？

弘斗さん　有権者のほとんどが薬についての専門的な知識を持っていません。政治家もそうだと思います。なので、専門家の判断が重視される話だと思います。

先生　なるほど。そう考えると、独立機関を設けた方がよい、ということですね。

文菜さん　私は行政機関にとどめた方がいいです。

先生　どうしてですか？

文菜さん　原子力発電も日本では長い間、「原子力ムラ」と呼ばれる専門家集団が、電力会社と密接な関係を築いて、必要な情報を私たち市民に提供してこなかったんじゃないでしょうか？

弘斗さん　それがどういう関係があるんですか？

文菜さん　専門家の権限を大きくしかねない独立機関よりも、行政内部にとどめて、きちんとした民意によるコントロールが強く効く仕組みの中に置いておいた方がいいように思います。

先生　それでは、みなさんが政権与党の立場にあるならどちらがよいですか？

文菜さん　政治のコントロールの強い影響下にある場合、政権与党は製薬会社から人やお金の面でバックアップを受けやすいかもしれません。

弘斗さん　一方で、行政機関の場合、薬害が生じた場合に政権与党の責任を追及される可能性も高まります。生死に関わる薬害については有権者の関心も高いです。

先生　日本では、長らく厚生省（現厚生労働省）が医薬品の承認業務を担ってきましたが、1990 年代に薬害エイズ問題などで厚生省の責任が問われるようになりました。政府は、医薬品医療機器審査センターを国立医薬品食品衛生研究所の中に作り、医薬品の承認業務の大部分を移しました。このセンターは、2004 年からは他の機関と一緒になって、独立行政法人医薬品医療機器総合機構（PMDA）となっています。

文菜さん　独立性の高い機関を創設したということですね。

先生　立法や行政からの独立性といえば、司法もそうですね。私たちの生活に大きな影響を与える機関について、どのような制度配置が行われているのか。それはなぜなのか。取引費用の面から分析するのも興味深いでしょう。

おすすめの本・ウェブサイト

上川龍之進（2014）『日本銀行と政治』中公新書

経済政策の一端を担う金融政策。それを司る中央銀行。日本では、中央銀行と政権はどのような関係にあり、実際どのような金融政策を決定してきたか、ということがまとめられている。日本の中央銀行の独立性を議論するために欠かせない好著。

デイヴィッド・S・ロー（西川伸一訳）（2013）『日本の最高裁を解剖する』現代人文社

アメリカの司法研究者から見た日本の司法制度。日本の最高裁判所の判決は、ほぼ自民党政権の決定を追認し、独立機関でありながら保守的だった、とする。膨大な量のデータと当事者に対するインタビューをもとに、保守性を解明する１冊。

村上祐介（2011）『教育行政の政治学』木鐸社

取引費用の概念を用いて、日本の地方自治体における教育行政制度の成立、安定、そして改革を分析した１冊。日本における教育行政の独立性を議論するために重要な研究書であるとともに、取引費用についても学びを深められる１冊。

第９章

国と自治体の役割分担はどのようなものか——国自治体間関係

　私たちの日々の生活において、国よりも身近に存在するのが自治体である。私たちは、自治体の助けがなければ、水を使うこともできないし、引っ越して運転免許証の住所を書き換えることもできない。あるいは、本来外務省の仕事である旅券（パスポート）の発行は、法律上は都道府県が担当する仕事になっている。第９章では、国と自治体が、行政サービスを提供する際に、どのように役割分担を行っているのか、そして行政サービスに用いられるお金を自治体がどのようにして調達しているのか、について考える。さらに、地方分権改革や三位一体改革が自治体にとって大きな影響をもたらし、住民にとっても住むべき自治体の選択が非常に重要になってきたことを見ていく。

▶▶▶ ディスカッション

国と自治体の関係を分析するモデルとして、行政学者の天川晃が考案した天川モデルがある（天川、1983）。

図表9－1を見てみよう。縦軸であらわしている「集権」―「分権」とは、自治体が国の考えから離れて、どの程度自律的に意思決定できるかを示すものである。自治体が住民の意思に基づいて自らの判断で意思決定を行えるほど「分権」的であり、逆に自治体の政策内容を国が決定する程度が高いほど「集権」的である。他方、横軸であらわしている「融合」―「分離」とは、国と自治体とが担当する事務の範囲をどの程度共有しているかを示すものである。自治体が国の政策実施に関わる程度が高いほど「融合」的であり、逆に国が行うべき事務を自治体に実施させるのではなく、国が役所（いわゆる出先機関）を設置して行い、自治体は自治体自身の事務として設定されたもののみを行う場合には「分離」的である。

▶図表9－1 天川モデル

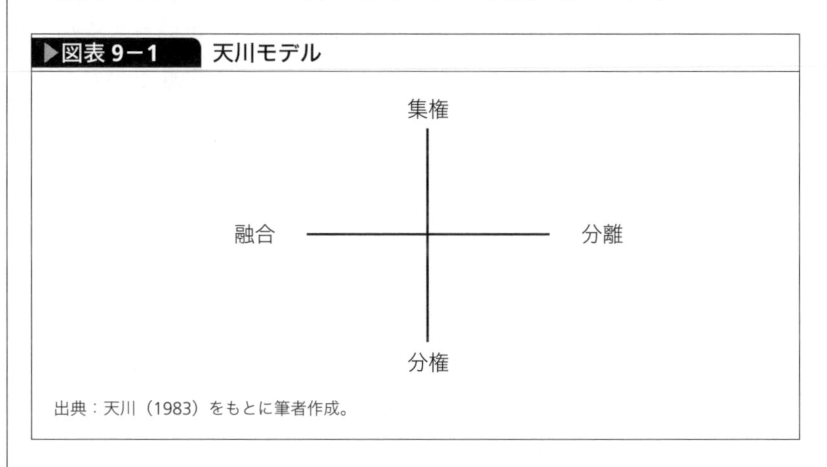

出典：天川（1983）をもとに筆者作成。

日本では、戦後の地方制度改革が行われるまでは間違いなく「集権」的であった。知事などの地方長官は官選であったし、市長についても市会による選挙で選ばれたのは一時的なものにとどまった。

他方、「融合」―「分離」の軸でいえば、明治憲法体制期においても日本国憲法制定後においても、基本的には「融合」的である。**1**で見るように、かつては機関委任事務を通じて、現在でも法定受託事務や国によって実施を義務づけられている自治事務を通じて、国と自治体は互いへの関与を行っている。また、地方交付税や国庫支出金を通じて、国は自治体への財政移転を続けている。

とはいえ、2000年代以降に実施された地方分権改革や三位一体の改革によって、自治体にとっては、自ら財源を調達して独自に実施したい事務を展開できる余地が大きく拡大した。つまり、「分権」化と「分離」化が進んだのである。それでは、この天川モデルを念頭に置いた上で、次の問いを考えてみよう。

あなたは自治体職員である。住民から熱望されているが多額のお金が必要な、道路建設などの「①インフラ整備」、国民の生存権保障のために国によって実施が義務づけられている「②生活保護」、そして自治体独自の判断で実行に移せる「③子ども医療費補助」のそれぞれについて、どのようにして財源を確保すればよいだろうか。あなたが働く自治体が、大企業が集まりたくさんの働き手が多く住んでいる大都市である場合（(1)〜(3)）と、そうではなく高齢化が進んで働く場が農林業に限られている小規模な農山村（(4)〜(6)）である場合にわけて、考えてみよう。

▶図表9−2　どのように財源を手当てするか

	① インフラ整備	② 生活保護	③ 子ども医療費補助
大都市	(1)	(2)	(3)
小規模な村	(4)	(5)	(6)

出典：筆者作成。

あなたは、あなた自身が住む自治体に入ってくる税収だけでその財源を集めることができると考えるだろうか。それとも、国からのお金に頼らざるをえないのか。また、その場合、そのお金は特定目的にしか使えない国庫支出金となるのだろうか、あるいは使途が限定されない地方交付税になるのだろうか。

1　自治体の「仕事」

（1）自治事務と法定受託事務

日本には、広域自治体としての都道府県と、基礎自治体としての市区町村がある。たとえば、私たちは、引越しのために転出届や転入届を出しに、市区町村の役所・役場に行く。それは住民基本台帳の管理を市区町村が行っているからである。旅券の発行を受けるのは一般的に都道府県のパスポートセンターであるが、それは、都道府県が旅券の発行手続を行うことになっているからである（近年では、都道府県が市町村にパスポートの発給権限を移譲しているため、一部の市町村においては、都道府県のパスポートセンターに行かずとも市町村の窓口でパスポートの申請と受取が可能になっている）。

このように、私たちは日々、自治体からの行政サービスを受けて暮らしている。ただ、どのサービスを国から受けて、どのサービスを自治体から受けているかを、気にすることはあまりないだろう。ここではまず、自治体が行う仕事について説明しよう。

自治体が行う事務には、次ページの**図表９－３**の通り、自治事務と法定受託事務の２種類がある。**法定受託事務**から先に説明しよう。国民に旅券を発行する仕事は、本来外務省が行うべきものである。しかし、全国の国民が外務省のある東京の霞ヶ関まで出向いて旅券の発行を受けるのは不便すぎるし、かといって旅券発行の申請受付と交付を行うためだけに外務省が各都道府県に役所（出先機関）を設けて職員を配置するのも非効率的である。そこで、旅券の発行は、本来国が行うべき仕事だけれども、都道府県が国に代わって行う仕事、つまり法定受託事務となっている。これに対して、一部の自治体がコンサートホールや体育館を所有し管理していることがあるが、これらの仕事は国から任されている仕事でもなければ、すべての自治体がしなければならない仕事でもない。このような、法定受託事務には含まれない仕事を、**自治事務**という。自

▶図表 9－3　地方自治体の主な事務

都道府県

・旅券の発行（法。一部の市町村が行うこともある）
・一部一級河川、二級河川の管理（法）
・警察（自）
・乳幼児医療費補助金の交付（自）※
・県民会館や体育館の設置・管理（自）※
・国政選挙の管理（法）
など

政令指定都市

・小中学校の学級編制、教職員の定数決定、県費負担教職員の任免、給与負担（自）
・児童相談所の設置（自）
・区域区分に関する都市計画決定（自）
・一部国道や県道の管理（法）
など

中核市

・保育所の設置の認可・監督（自）
・地域保健・健康増進事業や飲食店営業の許可等、保健所設置市が行う事務（自）
・屋外広告物の条例による設置制限（自）
など

市区町村

・生活保護（市および一部町村の場合、法）
・住民票や戸籍の管理（法）
・介護保険事業（自）
・国民健康保険事業（自）
・上下水道の設置管理・運営（特別区を除く、自）
・消防・救急活動（特別区を除く、自）
・小中学校の設置管理（自）
・乳幼児医療費補助金の交付（自）※
・市民会館や体育館の管理（自）※
・国政選挙の管理（法）
など

注：図表中「自」とあるのは自治事務を、「法」とあるのは法定受託事務を、それぞれ指す。
また、「※」は法律や政令に基づかず、自治体が任意で行う事務を指す。
出典：総務省ウェブサイト「指定都市・中核市・施行時特例市の主な事務」（http://www.soumu.go.jp/main_content/000799385.pdf）をもとに筆者作成。

治事務には、法令で事務の執行が義務づけられているものと、各自治体が任意で行うものとがある。

（2）政令指定都市、中核市、（一般）市、特別区、町村

（1）で述べたように、都道府県と市区町村では、行う仕事がそれぞれ異なる。たとえば、**図表9－3**にあるように、戸籍の管理や国民健康保険事業は市区町村の仕事だが、旅券の発行や警察業務は都道府県の仕事である。しかし、市によっては、都道府県に代わって一部の仕事を担当することもできる。たとえば、人口が20万人以上いることが条件とされる中核市では、もともと都道府県が行うこととされている仕事のうち、保健衛生に関する事務を行うことができる。また、横浜・大阪・名古屋など現在20市が指定されている**政令指定都市**では、中核市が都道府県に代わって行うことのできる事務のほか、児童相談所の設置や、都市計画決定に関する業務のほぼすべてを担当することになる。新型コロナウイルス感染症の罹患者数について、都道府県だけでなく政令指定都市や中核市が報告していたのも、この文脈から理解できる。

他方で、人口が5万人に達しない町村の場合、福祉事務所を設置しなければ、生活保護の認定・支給や被保護者の自立支援は、都道府県が行う。また、**特別区**である東京23区は、他の市とほぼ同等の仕事を担当するが、消防や上下水道の管理については、東京都が担当する。

このように、どの自治体に住むかによって、行政サービスの担い手が異なることに、注意が必要である。

（3）地方分権改革

（1）で自治事務と法定受託事務の区分について説明したが、このような事務区分ができたのは、地方分権一括法が2000年4月1日に施行されてからである。それまでは、自治体が担当する事務の多く（市町村の事務の3～4割、都道府県の事務の7～8割といわれた（「地方分権委員会第

1次勧告」))が機関委任事務とされており、知事や市町村長は国の下部機関としてその実施を求められただけでなく、この事務への地方議会の関与も極めて限定され、条例を制定することもできなかった。

しかし、この地方分権一括法の施行（第1次地方分権改革）によって、機関委任事務が廃止され，その多くが自治事務に振り分けられた。また、法定受託事務も含めて条例制定権が自治体に認められるようになったから、自治体が自らの判断で行える事務が大幅に拡充したといえる。さらに、**図表9－3**で※印をつけた自治事務のように、国によって実施が義務づけられていない事務については、各自治体が率先して取り組むことも可能である。

実は、機関委任事務の目的の1つに、どの自治体に住んでいても、国民は少なくとも必要最小限の行政サービスを受けることができるとする、「ナショナル・ミニマム」の達成と維持があった（青木、2006、122頁）。もちろん、地方分権改革以前にも、自治体が「ナショナル・ミニマム」で定められた水準以上の行政サービスを提供することはできた。しかし、地方分権改革後、この「ナショナル・ミニマム」の観点は後景に退き、自治体同士がどのような行政サービスを提供するかで競争をする時代となった。

さらに、2010年代に入ってから現在に至るまで、第2次地方分権改革が進行中である。これは、それまで都道府県が行っていた仕事の担当を市区町村に移したり、行政サービス実施に当たっての様々な基準を、国の法律ではなく自治体の条例で決定できるようにしたり、あるいは、国の法令によって自治体に課していた様々な業務の義務付けを見直したりするものであった。これらの改革もまた、全国一律で設定されていた行政サービスの実施基準を、自治体が個別に設定できる機会を増やすものであった。第2次地方分権改革では、町村よりも政令指定都市や特別区への権限移譲が進んでおり、どの自治体に住むかで、受けられる行政サービスの質も基準も、大きく異なる時代になってきたのである。

2　自治体とお金

（1）自治体の歳出

市役所で住民票を1通発行するためには、住民票の印刷代だけでなく、窓口の職員の人件費や住民基本台帳システムの維持管理費が必要である。つまり、行政サービスを提供するにはお金が必要である。ここではまず、国と自治体がどのような分野にどれだけのお金を使っているかを見ることとしたい。

次ページの**図表9－4**は、2020年度の国と自治体がどの分野にお金をどの程度用いたかを見たものである。この図表の一番上を見てみよう。実は、全政府歳出のうち、自治体によるものが半分以上を占めていることがわかる。国よりも、都道府県と市区町村が使うお金の額の方が大きいのである。もちろん、防衛費や年金関係についてはすべて国の支出となっているが、学校教育や一般行政経費の9割近くを自治体が支出している。また、都市計画や建設事業、商工業や農林水産業の振興、さらには社会保障分野など、様々な方面に、自治体はお金を出しているのである。

このように、自治体は、多様な行政サービスの提供のために、非常に多額の支出を行っている。国内総生産（GDP）に占める地方政府の歳出の比率を他国と比較すると、実は日本の地方自治の活動量が大きいことがわかる（北村・青木・平野、2017、136～137頁）。

（2）自治体の歳入

それでは、お金を使って非常に多彩なサービスを提供する自治体は、どこからそのお金を調達してくるのであろうか。

165ページの**図表9－5**は、すべての都道府県と市区町村がどこから収入を得たか、その割合を見たものである。一番大きな割合を占めるの

▶図表 9−4　国・地方を通じた純計歳出規模（2022 年度）

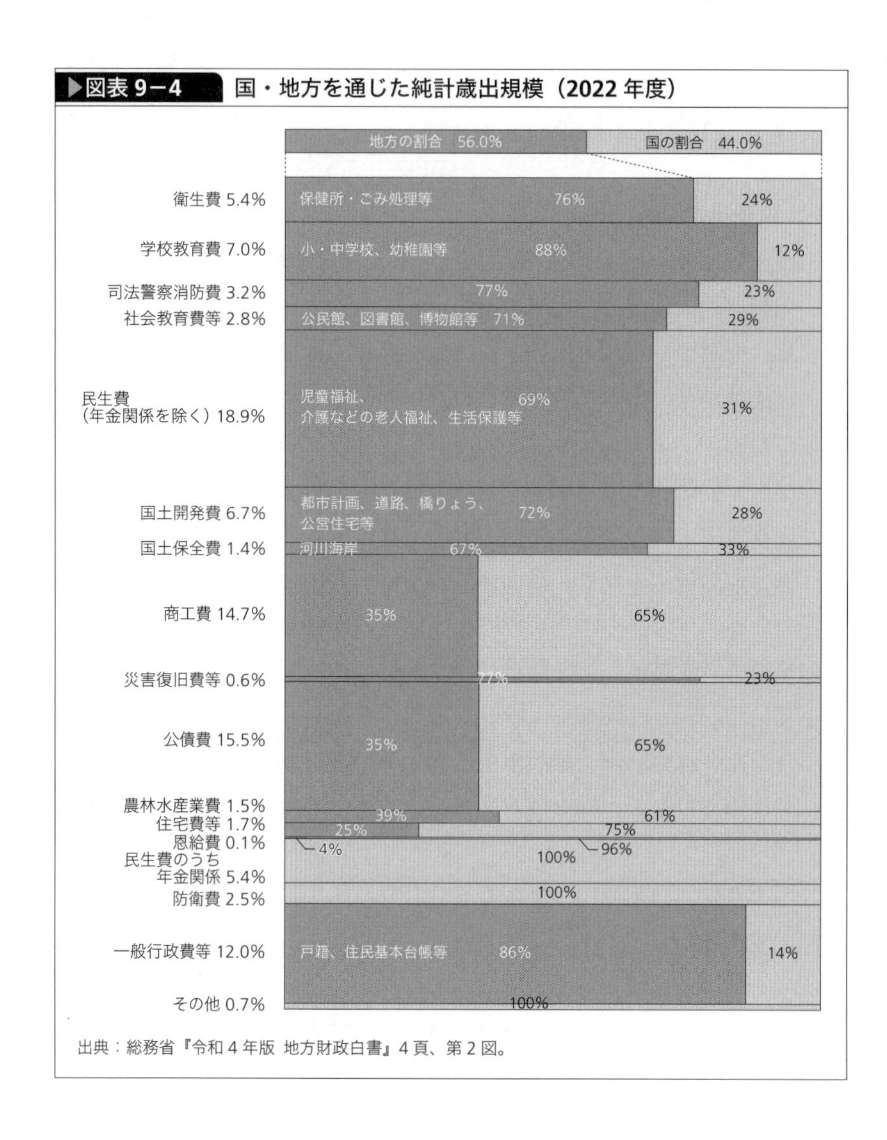

出典：総務省『令和 4 年版 地方財政白書』4 頁、第 2 図。

が、地方税である。つまり、それぞれの自治体が自前で集めてくる個人住民税や、企業など法人に対して税率をかけている法人関係二税（法人住民税と法人事業税）、土地や家屋などにかかる固定資産税、そして地方消費税などがこれに含まれる。地方交付税が歳入総額に占める割合は 3

▶図表 9－5　歳入決算額の構成比（2020 年度）

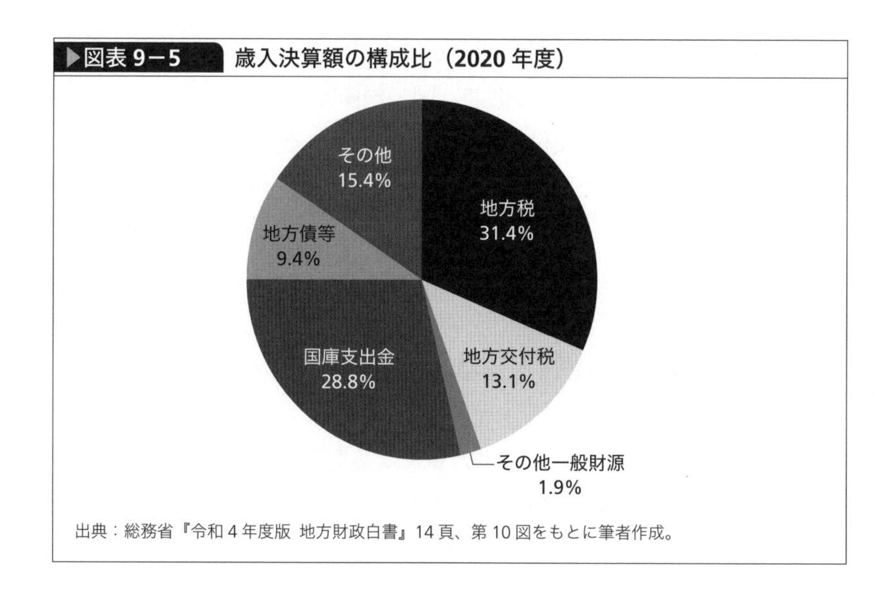

出典：総務省『令和 4 年度版 地方財政白書』14 頁、第 10 図をもとに筆者作成。

番目に大きい。**地方交付税**とは、国庫に納付される国税を元手にして、十分な税収が得られない自治体に対してその自治体でかかるであろう経費のうち税収で補えない分を、国が補うものである。この地方税と地方交付税は、いずれの歳出項目にも使えるため、一般財源と呼ばれる。

自治体歳入のうち 2 番目に多いのは、**国庫支出金**である。これは、「融合」型中央地方関係をとる日本において、義務教育や生活保護の実施、インフラ整備やコロナ感染症対策などの事業を行うために、国が都道府県もしくは市町村に対して支出する補助金や負担金などのことを指す。そして、地方税や地方交付税、国庫支出金でも足りない分については、地方債を発行してお金を借り入れることで、自治体は歳入確保に努めるのである。なお、これら国庫支出金や地方債は、その使途が限定されている特定財源である。

（3）三位一体改革

先述の第 1 次地方分権改革の後、財政面での分権化と個別補助金や地方交付税の削減を目指す方針が明らかにされた。これが実行に移された2004年度から2006年度にかけて、国の国庫補助負担金（国庫支出金の一部）が4.7兆円、地方交付税が5.1兆円、それぞれ削減され、それまで国税として集めていた3兆円分の税源が自治体に移譲された。3つの措置を一度に行ったことから、これを三位一体改革と呼ぶ。

三位一体改革は、自力で税を集めることの難しい自治体にとってはより厳しい立場に追い込むものであったといえる。次ページの**図表9－6**は、市町村の規模によって、どのような項目による収入が多いかを見たものである。ここからわかるように、人口10万人以上である中都市から上にある区分の市において、地方税による収入割合が高いことが見てとれる。しかし、自治体規模が小さくなるほど地方税の割合は減り、特に人口が1万人を切る町村では、国からの移転財源である地方交付税や国庫支出金が歳入の半分以上を占める状況となっている。つまり、多額の税収を確保できる大都市や、自治体内で必要な経費を税収で補える地方交付税不交付団体にとっては、国から自治体への税源移譲は好ましいものであった。だが、地方交付税に頼らざるをえない農山村にとって三位一体の改革は、酷い仕打ちとなった。また、そうだからこそ、平成の大合併が進められたこの時期に、多くの小規模自治体において合併の機運が高まったのである。

3　自治体間競争

（1）足による投票

さて、あなたは将来、どの自治体に家を構えたいと考えるだろうか。あなたは、住む自治体に税金を支払う替わりに、その自治体から行政サービスの提供を受ける。もしあなたが、税が多少高くとも、品質の優れた行政サービスを受けたいならば、そのような自治体に家を建てれば

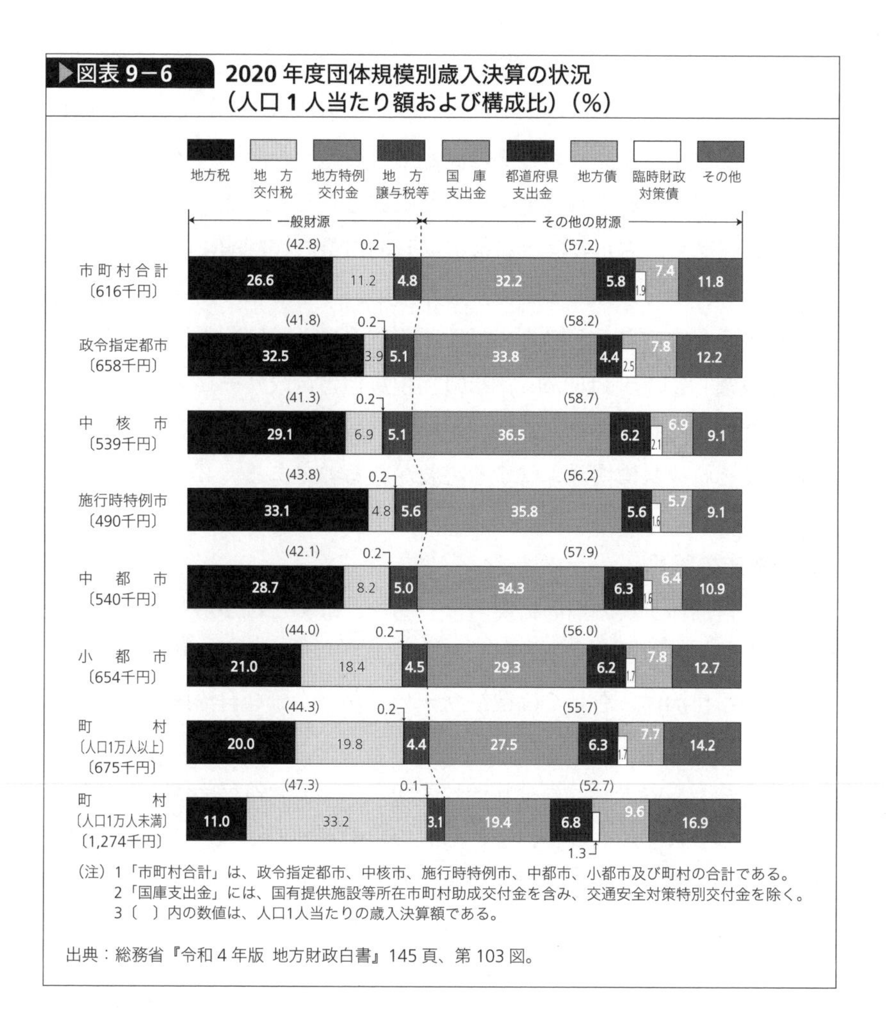

▶図表9－6　2020年度団体規模別歳入決算の状況（人口1人当たり額および構成比）（%）

（注）1「市町村合計」は、政令指定都市、中核市、施行時特例市、中都市、小都市及び町村の合計である。
2「国庫支出金」には、国有提供施設等所在市町村助成交付金を含み、交通安全対策特別交付金を除く。
3〔　〕内の数値は、人口1人当たりの歳入決算額である。

出典：総務省『令和4年版 地方財政白書』145頁、第103図。

よい。逆に、質の高い行政サービスを特に必要と感じないならば、税負担がより軽い自治体に移動すればよい。

実際には移動するにも引越しのコストがかかるものの、それでも1人ひとりの住民には自治体を選ぶ権利がある。逆に、自治体は住民を選ぶことができない。おそらく、税は高いけれども行政サービスの質が悪かったり、不十分な行政サービスしか提供されなかったりするような自治体を、選択する人はいないだろう。そうすると、住民は、同じ行政サービスのレベルであっても税負担のより軽い自治体へ、もしくは同じ税負担であってもより高品質もしくは満足できる量の行政サービスが提供される自治体へ、それぞれ移動することになるだろう。他方で、自治体は、住民に税を納めてもらわなければ、財政的に厳しい状態に置かれることになるから、多くの住民を確保するために、できるだけ効率的な行政運営をしようとする考えが働く。この一連のメカニズムが働くことを、「**足による投票**」という（Tiebout, 1956）。税負担と行政サービスとが見合っていると住民に判断され、この「足による投票」をしてもらうべく、各自治体はそれぞれに切磋琢磨する必要があるのである。

（2）都市の限界

再び、自治体選択の場面に戻ろう。あなたは、これからどこかの自治体を選んで一軒家を建てようとしている。このとき、福祉サービスが充実している自治体、もしくは福祉サービスが不十分な自治体の、どちらを選ぶであろうか。

おそらく多くの人は、福祉サービスが充実している自治体を選ぶだろう。将来の子育てに向けて、子ども医療費の補助額が大きい自治体や、いざ自分が失業しても再就職支援を手厚く行っている自治体の方が、安心して暮らすことができると考えるのではないだろうか。

しかしここで、あなたが置かれた状況に１つの条件を加えよう。あなたは大金持ちである。普段から民間の医療保険会社に保険料を支払っているため、病気にかかればその保険会社から入院費用や治療代が出る。自治体にお世話になる必要がない。他方で、高所得であるために、高額な税収を払わされることになっていて、その税収の多くが、自分以外の住民の福祉サービスのために使われている。さて、あなたは、福祉サービスが充実している自治体と福祉サービスが不十分な自治体、どちらの自治体に家を建てることを選ぶだろうか。

今度の選択では、福祉サービスが不十分な自治体でかまわないと考える人もいるのではないだろうか。せっせと働いて高い給料をせっかく稼ぎ出しているのに、そのうちの大部分を税金として自治体に徴収されて、さらにその税金は自分以外の、中・低所得者層の人たちのために使われるのは気に入らない、と考える人が出てくるのも当然であろう。

他方で、低所得の人たちは、福祉サービスが充実している自治体で、その恩恵を受けたいと考えるから、より多額の税を福祉サービスに用いる自治体の方へ、まさに「足による投票」のメカニズムによって、どっと移動することになる（これを、「福祉の磁石」という）。そうなると、高所得者たちはそのような自治体から逃げ出して、福祉サービスが不十分な自治体へと移り住むことになるのである。

高所得者がいなくなり、低所得者が多く集まるようになった、福祉サービスが充実している自治体に待ち受けるのは何であろうか。当然のことながら、税収は大きく落ち込む一方で、福祉関係の支出が大きく膨らむことになるから、財政が厳しくなり、場合によっては破綻しかねない。そこで、財政破綻を避けるために、自治体は、最初から高品質の福祉サービスを提供せず、高所得者層に好まれるような行政運営を目指すことになる。もちろん、このように高品質の福祉サービスを提供しないのはその自治体だけではない。他の自治体も、低所得者層に移住されては困るから、福祉サービスの切り詰めを図ろうとする。結果として、福祉給付の切り下げ競争（「底辺への競争」）が生じるため、どの自治体も福祉政策を担おうとしない状況があらわれる。このことをピーターソンは、「都市の限界」と呼んだ（Peterson, 1981）。

この「都市の限界」を乗り越える解決方法としては、国が各自治体の提供すべき福祉サービスの水準を集権的に決定するか、あるいは福祉サービスにかかる費用を国が肩代わりするか、そのいずれかしかない。

以上は、アメリカを中心とした議論であるが、日本でこの「都市の限界」のような状況はあらわれているだろうか、もしくはあらわれうるだろうか。

（3）自治体間競争の時代

最初の**ディスカッション**に戻ろう。**図表9－2**にあるように、それぞれの施策についてどのように財源を手当てするかは、それぞれの自治体が置かれている状況によって大きく異なる時代になった。「①インフラ整備」については、一定金額が補助金として国から支出されるが、そもそもどのような都市計画にするかについては、政令指定都市のような大都市では自らの判断で決定できるものの、そうではない市区町村では都道府県が権限を握ることになる。「②生活保護」については、全国一律の水準でお金を支給することが生活保護法という国の法律で決まっており、国がその4分の3に当たる費用を負担することとなっている。それに対して、「③子ども医療費補助」については、自治体の財政力に応じて展開されているといえそうである。裕福な自治体では補助率や対象年齢を上げたり、保護者の所得制限を撤廃したりすることで、若い住民を呼び寄せることができるだろうが、財政余力に乏しい自治体ではそうもいっていられない。結果として、より厳しい状態に置かれている可能性がある。

村松岐夫は、地方分権改革が行われる前に、次のように述べている。少し長いが引用しよう。

> 自治の拡大と分離型分権化の改革は、リソースの不公平を生む可能性がある。このことは覚悟しなければならない。自然条件に差があるのは当然だが、財源にも地域差がある。リソースを使う能力にも地域差がある。責任を追及するシステムの有効性にも地域差がある。そうした差があっても、それを含めて自治である。日本中同じサービスが供給されないこともやむを得ない。地域の個性は優位と不利の組合せなのである。地方議会での質問で、A市では情報公開だが、B市ではそうでないといわれても、自治省（引用者註：現在の総務省）

は「当然でございます。それが自治です」と言わなければならない（村松、1994、188〜189頁）。

地方分権改革は自治体間格差を広げた可能性をもつ。そして、地方分権改革が進んだことで、国（中央政府）としては、一元的・一律に決定できる範囲が狭められ、国レベルの視点からすると、効率的な意思決定や政策実施が難しくなった側面があるだろう。他方で、地方政府にとっては、政策決定の対象範囲が拡大したり、国の関与が軽減されたりした結果、実情に合った、より効率的な行政運営が可能になったともいえそうである。ただそれが、国内のどの地域に住む国民にとっても、福利厚生の向上につながったといえるかどうか、読者の皆さんに考えていただきたい。

▶▶▶ ディスカッションを考える

第９章のディスカッションでは、あなたが自治体職員であったとして、多額のお金が必要な政策についてどのようにして財源を確保するかという質問が出されました。この質問については、すでに170ページで議論していますので、ここではその前段階について考えてみましょう。

先生　第９章では、「あなたが自治体職員であったならば」という条件をつけていろいろと考えてもらいましたが、ここでは、そもそも、あなたはどのようにしてその自治体の職員になろうとするのかを考えてみましょう。

文菜さん　私、将来自治体職員を目指しているので、是非ともこの話の内容を参考にしたいです。

先生　でしょう。法学部を第１志望にする受験生の就職希望先でもっとも多いのが「公務員」だと先生も聞いたことがありますよ。法学部に限らず、政治学を勉強したいと思う学生さんには、公務員志望の人が多いかもしれませんね。

弘斗さん　それで、どの自治体の職員になるか、どうやって決めるんですか。

先生　これまでの卒業生を見ていると、動機は人それぞれですよね。同じ下宿生でありながらも、地元に戻りたいから実家のある自治体の職員採用試験を受けるという学生さんもいましたが、他方で、大学近くの環境に住み慣れたからと、実家を離れたまま大学の近くの自治体の職員になった学生さんもいますよ。

文菜さん　私は自宅から大学に通っているし、自宅のある市の職員採用試験に応募しようかなあとも思うんですけど、でも近くに他にもたくさんの自治体があるし、公務員になるのが今の一番の目標だから、倍率の低そうなところがいいかな……。

弘斗さん　え、文菜さん、どこの自治体の職員採用試験の倍率が低いかとかわかるんですか。いや、もちろん、過去の倍率を調べたら、傾向と対策は見えてきそうですけど。

先生　じゃあ、たとえば、A 市、B 市という 2 つの自治体があったとしましょう。もし、A 市と B 市の職員採用試験の倍率について、ある年は A 市の方が B 市よりも倍率が高いけれども次の年は B 市の方が A 市より高くて、その次の年はまた A 市の方が B 市より高いといった形で、交互に繰り返しているならば、両自治体の間にそんなに差はないかもしれませんよね。でも、いつも A 市では採用試験の倍率が高いけれども、B 市では倍率が低いという傾向があったとしたならば、何が影響していると思いますか。

文菜さん　うーんと……何だろう……。

弘斗さん　A 市の方がいつも倍率が高いということは、A 市の方が B 市よりもその「まち」の職員として働くことに魅力を感じる人が多いってことですよね……。

先生　第 9 章の「おすすめの本・ウェブサイト」には、総務省ホームページ「財政状況資料集」が掲載されていますよね。このサイトのリンクをたどっていくと、たとえばA市やB市の財政状況が確認できます。もちろん、そこまではしなくても、A市の方がB市よりは豊かそうだとか、そんなことは、近くで暮らしていると薄々感じられますよね。

文菜さん あ、そっか。確かに、交通の便とかも大事だけど、給料がより高い方の自治体で働きたいな、とか、その自治体が豊かな方がいろんな政策を実施できるなあ、とか、考えますもんね。

先生 自治体職員の給与水準は「財政状況資料集」の中の「ラスパイレス指数」という項目で、その自治体が裕福かどうかは「財政力指数」などの項目で、調べることができますよ。

弘斗さん でも、田舎出身の僕からしたら、何か納得できないなあ……。やっぱり自分を育ててくれた地元のためにがんばりたいと思うしなあ……。

先生 そうですよね。だから、話は最初に戻りますが、最終的にどこの自治体の職員採用試験に応募するかは、その人の価値観によりますよね。安定した給与もほしいし、お金を使っていろんな政策を実施してみたいと思う人もいるでしょうし、お金じゃなくて「まち」への愛着もあるし、「まち」のために尽くしたいんだという人もいるでしょう。いずれにしても、どこの自治体で働くかという問いを1つをとっても、いろんなことを考えることができるんですよね。

文菜さん 参考になりました！ 先生、ありがとうございます。

おすすめの本・ウェブサイト

北山俊哉・稲継裕昭編著（2021）『テキストブック地方自治〔第3版〕』東洋経済新報社

今、国・自治体ともに考えなければならないデジタル化や災害対策についても解説しながら、日本の地方自治制度の歴史やその運用について、様々な側面から検討した、地方自治に関心のある人なら必携の教科書である。

入江容子・京俊介編著（2020）『地方自治入門』ミネルヴァ書房

上記北山・稲継編著がやや中・上級者向きであるのに対して、本書は、自治体が取り組む様々な政策について具体的な事例を織り交ぜながら、地方自治について解説した、初学者向けの入門書になっている。

総務省ホームページ「財政状況資料集」(https://www.soumu.go.jp/iken/zaisei/jyoukyou_shiryou/index.html)

このサイトからリンク先をたどれば、あなたが住んでいる自治体の財政状況が他の類似自治体と比較してどうなのかを知ることができる。将来どこに家を構えるかを考えるときに、参考になるだろう。

第10章

「政府」のいない世界で
――国際政治

国際政治と国内政治。同じ「政治」でありながら、分類して考えられる２つの「政治」の相違点は何だろうか。国内政治には存在しない、国際政治特有の問題があるとしたら、それにはどのような原因があるのだろうか。また、その問題に解決策はあるのだろうか。そしてまた、２つの相違点を明らかにしてなお残る、「政治」に共通する本質とは何だろうか。

第10章では、こうした点に気を配りながら、国際政治について見ていく。**1**では、国際政治が国内政治とどのように異なるのかに重点を置き、特に国際政治のアナーキーという構造に注目して話を進める。**2**では、国際政治の分析方法に目を向ける。アナーキーという特殊な構造の中で、私たちは国際政治の現象をどのように分析できるのだろうか。最後に**3**では、日本のこれまでの外交政策とその変化について触れ、現代日本が置かれている環境の変化を見ていく。

▶▶▶ディスカッション

経済的相互依存という考え方がある。国家が経済的に、とりわけ貿易関係でお互いに相互依存状態にある時、紛争が発生しにくいという考え方である。第2次世界大戦が終焉してから20年経つと、戦後国際経済体制を支えてきたアメリカの経済力に翳りが見えるようになった。1971年には金ドル兌換性が崩れ、さらには73年と79年にオイルショックが起こったことで、経済問題が国際政治上の重要課題と考えられるようになった。

こうした背景のもとで生まれたのが経済的相互依存論である。経済的な相互依存が高まるほど、各国は他国の経済政策を考慮に入れざるを得なくなり、現状を打破するインセンティブが下がる。これまで軍事的に勝つか負けるかのゼロサムゲームと捉えられていた国際政治がポジティブサムゲームとして捉えられることを発見したのが経済的相互依存論であった。

コヘインとナイ（Keohane and Nye, 1977）はこの相互依存を貿易以外の側面にも広げ、人や情報の交流にも注目した。彼らが提唱した「複合的相互依存」の世界では、国家が多チャンネルで結ばれていることを想定し、また、話し合われる争点も多岐にわたる。このような世界では、軍事的手段が課題解決手段として選ばれることはない。こうして、経済的な相互依存、さらには国際的な関与が紛争を減少させると考えられてきた。

2022年2月24日のロシアによるウクライナ侵攻は世界に衝撃を与えた。ロシアが明白に国連憲章に違反した衝撃もさることながら、経済的相互依存が機能しなかったことに対する衝撃も大きかった。過去数十年にわたり、ロシアの主力輸出品は天然ガスと石油であり続けてきた。そして欧州はこのロシア産エネルギーへの依存を深めてきた。とりわけドイツはロシア産の安いエネルギーに依存し、天然ガスでは輸入総量の実に50%以上がロシアからであった。

ドイツによるロシア産エネルギーに対する依存は他国からの批判を招くことも多かった。特に2014年にロシアがクリミア併合した後にも、ドイツがロシアへのエネルギー依存を弱めるどころか強めたことには道徳的な側面からも批判が集中した。一方で、ドイツ政府としては経済的相互依存の観点からこの依存を正当化し、関与することでロシアを変化させようとしているのだと説明してきた。このことにより、ロシアによるウクライナ侵攻はドイツ外交の失敗・経済的相互依存論の誤りを示すものではないかと、活発に議論されている。

一方で、上記の議論はあまりにも経済的相互依存論を単純化し過ぎている側面もある。たとえば、経済的相互依存と一口にいっても、その依存が「どのような」依存であるかは明確でない。すなわち、互いに対称的に依存しているのか、それともどちらかの国がより強く他国に依存しているのかで互いに与えうる影響は異なる。

コヘインとナイは脆弱性（vulnerability）と敏感性（sensitivity）という概念を導入し、経済的相互依存がパワーの源泉になりうることも指摘していた。脆弱性とは相互依存の切断によって互いに被る被害の大きさであり、敏感性とは相互依存がもたらす影響の量と速度を指す。経済的相互依存が対称であれば両国はともに敏感性が高くなるが、非対称であれば依存度が高い国の方が敏感性は低くなる。このため、依存度が低い国は依存度が高い国に対してパワーを有すると理解できる。現実的には、依存度が対称の相互依存は存在しないと考えられている。

また、敏感性の高さと脆弱性の高さは必ずしも一致しない。脆弱性の高さとは究極的には調整コストの高さを意味するため、たとえばエネルギーを輸出する側からすると（輸入先との関係断絶は短期的には経済的ダメージがあるとはいえ）、他地域への輸出を調整できるため脆弱性は低いと解釈できる。さらには、脆弱性のコストをどのように評価するかには、政権の種類（民主主義・権威主義体制・独裁体制）が影響していると分析する研究も存在する。にわかに注目が集まる経済的相互依存論であるが、その妥当性をあなたはどう評価するか。

1　国際政治と国内政治

（1）原初状態

「国際政治」と「国内政治」という２つの呼び方が区別されているように、同じ「政治」の枠組みにありながら、両者は異なるものと考えられている。では、２つの違いはどこにあるのだろうか。

１つの大きな違いは、アリーナ（政治の場）の違いである。名前が示す通り、国内政治とは一国内の政治現象や政治過程を対象としている。このため、国内政治のアリーナは国内に限定される。一方、国際政治とは特定の国家内の政治ではなく、国家の外で行われる政治を指す。このため、国際政治のアリーナは、国内政治よりもはるかに大きいものと考えることができる。

アリーナが異なる２つの「政治」では、当然ながらアクター（政治主体）も異なる。国内政治には、まず政府が存在する。その政府を構成する政治家や政党が存在し、また、日々の業務を行う官僚組織がある。経営者団体や労働組合が政治に関わることもあるだろう。国内政治ではこれらの組織や個人がアクターとして考えられる。一方で、国際政治の主要なアクターは国家である。

国家といって現在私たちが想像するのは、いわゆる**主権国家**である。主権とは、国家の領域が定まり、その領域内で自治が行われる状態を指す。今日では国家が主権を持つことを当たり前のように感じるかもしれないが、主権国家が国際政治の主役になったのは、1648年のウェストファリア条約締結時が最初であるとされる。

これに先立つ中世ヨーロッパに、主権国家は存在しなかった。代わりに、10世紀半ばから中央ヨーロッパに長らく存在していたのが神聖ローマ帝国である。しかしこの国家は、私たちが考える国家の形とは大きくかけ離れている。神聖ローマ帝国内には350を超える領邦国家が存在し、王侯貴族がそれを統治していた。そして同時に、神聖ローマ帝国にはキリスト教会の権力が大きく働いていた。領邦国家を統治する領主ですら、ローマ教皇を中心とする教会権力に従わなければならず、当然主権もなかった。

しかし、徐々に諸国の領主がこうした状況に不満を抱くようになり、ルターの「95か条の論題」をきっかけに、宗教戦争が勃発する。ローマ教皇庁の横暴に不満を抱いていた領主たちがこの戦争に参加することで戦争の規模は拡大し、徐々に宗教のみならず領土を争う戦争となっていく。これが30年戦争と呼ばれる、中世ヨーロッパ最大規模の戦争である。これによって諸国の国内は荒廃し、ドイツでは人口の3分の1が失われたともいわれている。この荒廃から立ち直るために締結されたのが、ウェストファリア条約であり、この中ではじめて主権国家という概念が認められた。すなわち、主権を最上位の権力と見なし、さらに主権国家の平等性を担保することで、無用な争いを避けたのである。このため、主権国家体制をウェストファリア体制と呼ぶこともある。

主権という概念が生まれ、国家は主権を持った政府が統治するものとなった。そしてさらに、領域が確定されることで、国民意識が生まれる。こうして国家は、国民によって選ばれた政府によって統治される、より高次の権力に縛られることのない存在になった。この主権国家から構成される国際政治には、中央政府のような裁定者は存在しない。また他の国家内の統治に強制的に介入することはできない。この状態を指して、国際政治の**アナーキー（無政府状態）**と表現する。

国内政治と国際政治の最大の違いは、このアナーキーである。そしてこのアナーキーをどのように理解するかによって、世界の見方はまったく異なってくる。まずは、国際政治を分析する上で代表的な理論の流れである、リアリズムとリベラリズムの２つを例に、彼らがどのようにアナーキーを理解しているかを見ていく。

（2）リアリズム

リアリズムは古くはホッブズにまでさかのぼる考え方である。ホッブズは、政府の存在しない原初状態の個人と個人の関係を、「万人の万人による闘争」と表現した。リアリストはこれを国際政治にも応用し、中央政府の存在しないアナーキーな世界における主権国家同士の関係を、闘争状態であると仮定する。闘争状態の世界にあって、一番大事なのは自己保存、すなわち自国の防衛である。このため、リアリズムにとっては、パワー（国力）がもっとも重要な要素として認識される。

リアリズムの抱く世界観では、国家はパワーによって自己防衛を図り、そしてこれが秩序を作り出す。リアリズムが考える秩序の代表的なものは、国家間のパワーバランスによる安定である。彼らによれば、「力の真空は侵略をうむ」。たとえば、圧倒的なパワーを持つ国が存在するとする。中央政府が存在しない国際政治で、彼らの行動を制約するものは存在しない。このため、その国は弱小隣国にたやすく侵略できる。一方、パワーが均衡していれば、その国は自国が受ける被害を考慮して侵略を踏みとどまると考えられる。こうして、特定の国が一国だけ優位な状況を作り出さないことで秩序を保つことを**勢力均衡**と呼ぶ。

勢力均衡は国家間、特に大国間のパワーバランスがとれていることを重視する。たとえば、ある国が圧倒的優位な軍事力を持っているとして、これに対抗しうる軍事力を別の国が獲得すると、両者の間の緊張感が互いを侵略する動機を抑える。また、この２つ以外の国と同盟を組み、相手の国に対抗しようとする可能性も考えられる。

18〜19 世紀のヨーロッパでは、この勢力均衡が秩序維持の原則として機能した。たとえば、19 世紀後半にドイツ帝国宰相であったビスマルクは、この原則を徹底的に重視した。普仏戦争によってフランスに勝利し、プロイセンを中心としたドイツ帝国建国に成功したビスマルクであったが、彼の関心はフランスからの攻撃をいかに避けるかにあった。そこで、まずはオーストリア、ロシアと同盟を組んで（三帝同盟)、フランスに対抗する。その後、オーストリアとロシアの関係悪化によりこの同盟が崩壊すると、オーストリア、イタリアと同盟を組み直した（三国同盟)。彼はドイツ一国のみの興隆よりも、フランスを孤立化させること、そのために他国との協調を重視して同盟を組んでいたことがわかる。このようにして勢力均衡は秩序維持の機能を持つ。

一方で、パワーの均衡を目指すことが安定につながらないこともある。たとえば、ある国の防衛力増強に不安を抱く別の国が、自国を守るために防衛力を増強し、それを見て不安を抱いた相手の国がさらに防衛力を増強するというように、互いの不信感から軍拡競争が加速していくことを、**安全保障のジレンマ**と表現する。たとえある国が防衛目的で軍事力の増強を図ったとしても、それが結果として両国の緊張状態を高め、軍拡競争へと飲み込まれていく。これは、中央政府が存在せず、互いの軍備増強の意図がわからない国際政治だからこそ起こる状況である。

冷戦期のアメリカとソ連（現在のロシア）の関係は、このジレンマに陥っていたと考えることができるだろう。両国は互いの軍事力をときに過度に高く見積もり、競争の場は宇宙空間にまで発展した。結果的にソ連は自国の経済力に見合わない軍事開発をせざるをえない状況が続き、国内の経済状態の悪化から国家破綻に至ったと考えることすらできる。

パワーの均衡を安定の条件と考えた勢力均衡に対して、強大なパワーを持つ国が存在することで安定が生まれると考えたのが**覇権安定論**である。これは、強大なパワーを持つ覇権国が存在することで、他の小国間で戦争が起こることが防がれる様子を指す。覇権国は、たとえば制度を作ることで公共財を提供し、秩序を創造する。ある2つの国が戦闘状態に陥っても、覇権国である別の国の仲裁によって、秩序が保たれると考えるのがこの覇権安定論である。

リアリズムはこのように、国際政治のアナーキーを闘争状態であると解釈し、その中で各国が自国を防衛するためにパワーを用いると考える。その結果生まれる秩序は、基本的に「図らずも」生まれたものであり、各国が自発的に協力・協調することは想定されていない。勢力均衡の中で同盟が組まれることは想定されるが、それは一時的なものにすぎない。勢力関係が変われば、同盟もまた変化しうるのである。

（3）リベラリズム

「万人の万人に対する闘争状態」がリアリズムの考える国際政治のアナーキーであった。これに対して、アナーキーと闘争状態を必ずしも結びつけないのがリベラリズムである。リベラリズムは、リアリズムが国際政治におけるパワーを強調しすぎていると主張する。また、リアリズムがパワーの中でも軍事力を重視することで主権国家のみをアクターとしている点に関しても、批判を行う。

中央政府のいない世界は、はたして本当に「無秩序状態」なのだろうか。確かに中央政府が存在しない国際社会では、権力構造はより複雑なものになり、問題が起きてもそれに介入する政府や議会、裁判所のような機関は存在しない。しかしその一方で、国連決議のように、一定程度国家を拘束するルールが存在しているのも事実である。このように、アナーキーにおける国家間の関係は、決して「無秩序」ではないと解釈し、また国家が秩序を協調的に作っていけると考えるのがリベラリズムである。

リベラリズムが考える代表的な秩序は、**相互依存論**である。コヘインとナイ（1977）は軍事力にばかり注目してきたリアリズムを批判し、経済的側面に着目した。彼らは各国が互いに経済的に依存しながら存在している現状を指摘し、これによって安定を志向することが双方にとって利益になると考える。彼らによれば、依存の度合いが高いほど、互いに安定を選ぶ可能性が高くなる。ある国が別の国に経済的に依存していればいるほど、戦争状態に陥ることで受ける被害が増えるためである。こうして、双方が経済的に依存しているほど、安定が生まれやすいと主張する。

また、国際制度に秩序形成の可能性を見い出す制度論も存在する。EUのような地域機構や、国連のような国際組織は、一定程度国家を制約することができる。特に、EUのように統合が進んだ組織は、国家の主権を限定するような権限まで持っていて、秩序形成に大きな役割を担っている。

（4）アナーキーの特異性

リアリズムもリベラリズムも、思考の出発点は国際政治の特異性、アナーキーにある。繰り返しになるが、これは国際政治に中央政府が存在していないことを強調する考え方である。逆に考えれば、中央政府が存在する国内政治を比較対象として考えているからこそ、国際政治のアナーキーの特異性が問題となるのである。このように、国際政治を国内政治との対比から考える見方を国内類推論と呼ぶ。国内類推論は、複雑な国際政治をよりわかりやすくすることのできる見方であるが、同時に、国際政治の特有性をわかりにくくする見方であるともいえる。国内政治と異なる「アナーキー」を重視しすぎるあまり、国際社会に存在する規範や法、社会性に目を向けづらくなるからである。

最後に、リアリズムとリベラリズムは、アクターに関しても考え方が異なる。（2）の通りパワー、とりわけ軍事力を重視するリアリズムにとって、軍事力を独占的に持つ主権国家こそが、もっとも重要なアクターである。そして、これが伝統的な国際政治の見方であることは、（2）で述べた通りである。

これに対して、リベラリズムは主権国家の重要性を否定するわけではないが、その他のアクターにも目を向ける。リベラリズムは、たとえば国際組織の勃興や拡充を強調する。第２次世界大戦後、国際連盟が機能しなかった反省から国際連合が作られ、そして今日に至るまで、国連は一定程度の影響力を持っている。国連で採択された議決は、国家を強制的に縛るものではないが、国連を通じて作られた多くの枠組みを考えると、その影響力をまったく否定することも不可能だろう。また、NGOの影響力の増大も、近年目覚ましいものがある。複数の国際NGOは、国境を超えて多くの支部や人材を持ち、国際的な影響力を行使している。こうした国際NGOの活躍は、特に人道問題や環境問題で顕著である。さらに、国家に匹敵する資産価値を持つグローバル企業も存在する現在、こうした企業の動向は国際政治でも無視できるものではない。

2　国際政治の分析

（1）分析の３つのレベル

このように、国際政治は広いアリーナを持ち、多様なアクターを抱えている。ではこの複雑な世界を、私たちはどのように分析できるのだろうか。これに対するヒントとなるのが、分析レベルという考え方である。アメリカの国際政治学者のケネス・ウォルツ（Waltz, 1959）は、国際政治の分析レベルを個人、国内政治、システム、の３つのレベルにわけた。

１つ目の個人レベルというのは、個人の影響力を分析する考え方である。たとえば、2012年に成立した第２次安倍晋三政権を考えてみよう。安倍首相が靖国神社に参拝するなど、保守的価値観を持っていたことはすでに知られている。このため、アジア諸国や欧米諸国からは「右派」として認定され、政権発足後、日本と近隣アジア諸国との緊張関係がとりざたされることが増えた。こうした見方は、日本の外交政策の保守化を、首相個人のイデオロギーと結びつけて考えるものである。

一方、2つ目の国内政治のレベルで考えると、もしかすると、日本社会そのものの保守化が外交政策の保守化につながっているのかもしれない。その原因は、高度に進んだ高齢化社会にあるのかもしれないし、あるいは若年層の保守化にあるのかもしれない。または、保守層そのものの割合は増えていないが、代表性に鍵があるのかもしれない。近年、新しい保守団体が活躍の場を広げており、与党である自民党とのつながりを強めていることを指摘する意見もある。さらには、議会での自民党の圧倒的多数が安倍政権の政策選好に影響を与えていた可能性もある。このように、国内政治の立場からは、国内の政治制度や政治文化などが注目される。

3つ目のシステムレベルは、一番大きな分析レベルを持つ。そこでは特定国内の問題は無視され、国際政治自体を1つのシステムとして扱う。たとえば、アメリカの覇権が相対的に低下し、中国が経済的・政治的に大きな力を持つようになったことを考えてみよう。覇権国のアメリカと同盟関係にあり、アジアで一番の経済的繁栄を誇ってきた日本にとっての力関係の変化は、日本の外交戦略そのものに変更を迫る。こうした力関係の変化が、日本の外交戦略の保守化を招いているのかもしれない。こうした国際政治の力学の変化に注目した分析が、システムレベルでの分析である。

(2) 外交

このように見てくると、国際政治とは、国家をはじめとするアクターが行う外交の束によって構成されていることがわかる。外交の定義としては、日本にも滞在していた外交官であるアーネスト・サトウによる「独立国の政府間の公的関係を営むに当たって知性と技術を適用すること」というものが有名だが、その本質は意図の伝達である。主権国家より上位の権力が存在しない国際政治において、このことは大きな意味を持つ。（1）の分析レベルの話でもわかるように、外交政策の解釈は決して1つとは限らない。1つの発言、行為をあらゆる視点、意味で解釈することが可能である。言い換えれば、外交を行う行為者の意図と別に、それを受け取る相手国の認識も問題になるということである。

分析レベルで取り上げた例を、さらに掘り下げて考えてみよう。安倍政権下で成立した安全保障法制の整備について、国内的にも国際的にも、様々な報道がなされた。政府の説明としては、変化する現実に適応できていない従来の法律を整備し、切れ目のない安全保障体制を確保することが狙いであった。この文言からは、「環境への適応」、「防衛目的」という意図が読み取れる。しかし、こうした法整備を、「攻撃的」なものだと理解する国や新聞報道も多く存在した。もし日本側の狙いが真に防衛的なものであったなら、この理解は意図の伝達の失敗、あるいは意図の誤認、ということになる。

外交の失敗とは、すなわち意図の伝達の失敗である。この失敗は、意図の伝達をする側の伝達の仕方に問題がある可能性もあるが、受け手側の誤認によって失敗することもありうる。こうした誤認の構造自体は、「政治」と名のつく場のどこでも起こりうることであるが、国際政治というアナーキーな場ではより一層、その可能性が増す。

（3）合理的選択論とコンストラクティビズム

外交の本質が意図の伝達である以上、すべての外交的行動は、その意図が問題となる。各国はどのような意図を持って特定の行動をとったのか、そしてそれはどのように決定されたのかを互いに分析する。また、国際政治を勉強する私たちも、この意図を考察することとなる。では、行動の解釈に様々なものがありうるとき、どのように意図は考察されうるのだろうか。

1つの方法が、合理的選択論である。この考え方は経済学から政治学に導入されたもので、アクターが「合理的に」政策を選択すると考える。

このため、選択をわけるのは様々な条件と制約である。アクターは自らの利益の最大化を考え、この選好は環境によって決定される。そのため、どのアクターであっても、同じ条件で同じ立場に置かれれば、同じ選択をするということになる。こうした考え方は長く国際政治学で主流とされており、リアリズム・リベラリズムとも、基本的にアクターの合理性を前提に分析されてきた。

これに対して、1990年代以降、社会学から導入されたのが**コンストラクティビズム**である。代表的論者であるA・ウェント（Wendt, 1992）は、「アナーキーは国家が作り出すもの」と考えた。彼の考えでは、すべての概念はあらかじめ存在しているものではなく、国家間の間主観性によって構築されるものである。ここでいう間主観性とは、二者以上の行為者の共通認識のことを指す。

たとえば、ある国が地域の脅威であると認定されるのは、その国の実際の軍事力の増大ではなく、周囲の国々がその国を「脅威である」と認識することで脅威となるからと考える。このため、コンストラクティビズムに従うと、アイディアやアイデンティティが重要となり、必ずしも、アクターが常に合理的に選好を決定するわけではなくなる。彼らによれば、勢力均衡が秩序を維持すると考えるから勢力均衡が機能するのであり、相互依存が平和をもたらすという共通認識が生まれれば、相互依存が機能するようになる。

3　日本の外交政策

（1）経済中心主義と日米同盟

日本の戦後政治は、アメリカによる占領政策とともにはじまる。その後サンフランシスコ講和条約調印で日本は主権を回復し、再軍備へと至るわけであるが、以降も日本政治の中心的課題は戦後復興であり続けた。

この路線を明確にしたのが、吉田茂による外交政策であるといわれる。**吉田ドクトリン**と呼ばれるこの外交路線は、安全保障をもっぱら日米安全保障同盟に委ね、日本は経済発展に努めるという考え方である。戦後初期の、物資や人員が不足していた日本にとっては、戦後復興こそが最大の課題であり、吉田ドクトリンは合理的な選択だったともいえる。

これに対して、自由党出身の鳩山一郎や岸信介は再軍備や憲法改正を唱え、岸政権時には日米安保改定によって日本とアメリカの関係をより対等なものにすることが目標とされた。しかし、これに対する世論の反発は強く、いわゆる60年安保闘争が起こることとなる。岸政権は結果として退陣に追い込まれ、これ以降、「所得倍増」を掲げる池田勇人政権や佐藤栄作政権では、再び吉田ドクトリンの路線をとることとなった。高度経済成長を経て経済大国となった後も、日本は経済中心主義を貫いた。

このような外交政策が通用したもう1つの大きな要因は、冷戦という特殊な環境である。戦後すぐに、アメリカとソ連の対立から生まれた冷戦構造は、東西ドイツの分断などを経て、1950年には確固たる構造を持つに至っていた。ソ連と中国という共産主義国家と地理的に隣接している日本は、アメリカの外交政策にとって戦略的に重要な位置にあり、アメリカにとっても日本による基地提供は価値ある対価だったといえよう。こうして日本の外交政策・安全保障政策は、アメリカによって守られてきた。

（2）日本を取り巻く環境の変化

しかし、日本を取り巻く環境は冷戦崩壊とともに大きく変化する。日本の戦略的価値は相対的に低下し、また、1980年代から続く先進諸国との経済摩擦もあり、日本にもより積極的な国際貢献が諸外国から期待されるようになった。こうした変化の最大のきっかけが、湾岸戦争である。1990年にサダム・フセイン率いるイラク軍が突然隣国クウェートに侵攻し（いわゆる湾岸危機）、国際的に激しい非難を浴びた。事態は外交的努力だけでは収拾がつかず、翌 1991 年 1 月にはアメリカを中心とする多国籍軍がイラクに対する攻撃を開始した。これが、湾岸戦争勃発の経緯である。

こうした状況の中、それまで経済中心主義を貫き、安全保障政策をアメリカに頼ってきた日本は、外交政策を変化させることができなかった。日本政府は多国籍軍への出兵要請を「憲法違反」であるとして拒否し、あくまで経済的支援をするにとどまった。この決定は、アメリカをはじめとする諸外国から批判を受け、湾岸戦争終結後、クウェート政府が新聞に載せた「感謝状」に日本の名前がなかったことは、その後長らく日本の外交政策を語る上での重要な事件となる。

これ以降、掃海艇派遣や PKO 協力法の成立、イラク戦争の後方支援など、あらゆる場面で日本の外交政策は変更を迫られ、その度に国内世論が分断され、議会は騒然となってきた。安倍晋三政権が着手した安全保障法制の整備も、こうした国際的環境の変化に対応すべく、外交政策を転換させようとする努力だったと見ることができよう。

また、冷戦崩壊後の世界の力関係の変化にも注意すべきである。冷戦崩壊直後はアメリカのみが超大国であり、覇権国による秩序が予測されていた。しかし、2001 年のアメリカ同時多発テロ、すなわちテロリズムという新しい脅威によってアメリカの威信は傷つけられ、またその後に続くアフガン戦争やイラク戦争が泥沼化すると、アメリカの覇権はさらに疑問視されるようになった。そして 2008 年以降には、サブプライムローン問題で経済的にもパワーを低下させた。

一方で、台頭著しいのが中国である。中国は圧倒的な人員をもとに、世界の工場として労働力を提供し、目覚ましい経済成長を遂げた。国際関係をめぐるこうした力関係の変化は米国と中国の間に緊張をもたらし、2018 年以降は貿易摩擦の形で両国の対立が表面化した。また、2022 年に発生したウクライナ戦争は、アメリカを中心とする西側諸国と、ロシアに友好的な中国との関係性を一層悪化させた。「アメリカの同盟国」であり「中国の隣国」である日本は再び安全保障上も重要な地域になりつつある。こうした危機感の高まりが2022年末の「安保三文書」にも反映されている。

新しい安全保障問題も国際政治に起きた大きな変化である。先ほど述べたアメリカ同時多発テロのような実効的暴力のみならず、インターネットが普及した現在は、サイバーテロ攻撃も国家の威信を揺るがしかねない攻撃力を持つ。また、近年は、インターネットを利用した**偽情報（ディスインフォメーション）**の流布も問題になっている。さらに、移民や難民の問題も、安全保障の問題として捉え直すことができるだろう。移民や難民の移住後の社会への包摂は常に問題となる課題である。宗教や文化などのアイデンティティの重要性は、今後も更に増していくと考えられる。主権国家の枠組みを基礎として発展してきた国際政治だが、その主権を超えた問題が日々生じているのが現状である。

日本の経済力が相対的に低下し、世界の力関係も刻々と変化する今、日本に求められている役割も変化している。戦後80年の間に日本が積み上げてきた民主主義や人権といった価値観を守るために、私たちはどのように現実と向き合うべきか。アナーキーな世界での模索は続く。

▶▶▶ ディスカッションを考える

第10章のディスカッションではこんな質問が出されました。
「経済的相互依存論の妥当性について、あなたはどう評価するか。」

先生　経済的相互依存論の妥当性について、どう考えますか？

弘斗さん　やはり、実際にウクライナ侵攻が起こってしまった以上、経済的相互依存論は間違っていたと言うしかないと思います。

文菜さん　そう単純な話でしょうか。相互依存が多くの場合対称的でない以上、具体的にそれぞれの相互依存の「中身」をきちんと分析することが必要だと思います。

先生　よい論点ですね。では話題に上がっているロシア・ドイツ関係はどうでしょうか。

弘斗さん　OECD の 2020 年のデータを見ると、ロシアにとっての最大の輸出相手は中国、イギリス、オランダと続き、ドイツは 5 位です。一方、輸入相手としてはこちらも 1 位は中国ですが、2 位がドイツです。

文菜さん　ドイツにとっては輸出相手として 1 位がアメリカ、次に中国、フランスと続き、ロシアは 14 位に過ぎません。輸入相手としては中国、オランダ、フランスと続き、ロシアは 20 位です。

弘斗さん　明らかにドイツの方が経済的依存度が低いので、経済的相互依存論が正しいのであればドイツの方がロシアに対してパワーを持っているはずです。でも実際にはロシアはドイツの意図に反してウクライナを侵攻したのですから、やはり経済的相互依存論は間違っています。

文菜さん　そうでしょうか。先ほどのデータはすべての品目を見ているデータですが、天然ガスや石油に限って互いの輸出・輸入依存度を見ると、ロシアの輸出相手としては 1 位が中国であり、次がオランダ、ドイツはイタリアと同率の 3 位です。一方、ドイツにとって天然ガス・石油の輸入先はロシアが 1 位です。当然、よりロシアからのエネルギーに頼っているドイツが敏感性が高いわけで、ロシアにとってはパワーの源泉になりうると考えられます。

先生　品目ごとに考えるのは大事ですね。とりわけエネルギーという、すべての産業にとって必要な物品がロシアの主要輸出品であることは注目に値します。

弘斗さん　いずれにせよ、経済的相互依存が戦争の発生を「止めない」という事実は変わらないと思います。

文菜さん　そもそもその理解が正しいのでしょうか。経済的相互依存が戦争の発生を「抑制する」ということが経済的相互依存論の主張であって、必ず戦争を起こさせないとは言っていないのではないでしょうか。

先生　とても良い指摘ですね。経済的相互依存論の研究は大変長い歴史がありますから、関心がある人はぜひ原典に当たってみましょう。また、同じくリベラリズムから生まれた民主的平和論との関連についても分析してみると面白いかもしれません。

おすすめの本・ウェブサイト

カー、E・H（原彬久訳）（2011）『危機の二十年』岩波文庫

国際政治の古典と呼ぶべき１冊。リアリズムとユートピアニズムを対比させながら、徹底したリアリズムに基づく政治こそが重要であると主張する。カーはリアリズムの祖ともいわれるが、カーが批判するユートピアニズムが単純にリベラリズムと重複するわけではないことには注意が必要である。また、「意見を支配する力」、すなわち世論の力に目を向けていたことなど、古典でありながら現代にもなお多くの示唆を与えている。

ブル、ヘドリー（臼杵英一訳）（2000）『国際社会論』岩波書店

国際政治のアナーキーに着目しながらも、そこに一定の「社会性」があることを見い出した１冊。ブルを含めた英国学派と呼ばれる学者たちは、経済や人道主義ではなく、パワーに着目しながら、「国際社会」の存在を炙り出した。

多湖淳（2020）『戦争とは何か――国際政治学の挑戦』中公新書

最近の国際政治学はより定量的なアプローチをとるものが増えている。これまでの研究史を概観しながら、「科学的に」戦争を分析するとはどういうことかを初学者向けに解説した１冊。

国際連合ウェブサイト
（https://www.un.org/en/）

国際連合で採択された決議などを実際に見ることができる。これらの公文書は、すべて国連公用語である英語、アラビア語、中国語、フランス語、ロシア語、スペイン語で書かれている。また、国連にまつわるニュースなども随時更新されている。ウェブサイトを見ることで、現在世界で何が起きているのかがわかるようになるだろう。

第11章

ニュースから「政治」を読みとく——メディアと政治

一般の人々にとって日本の国会や首相官邸、ましてアメリカのホワイトハウスで生じる出来事は多くの場合、直接体験することができない「遠く」のことである。しかし、それにもかかわらず、新聞やテレビ、ネットのニュースを通じて、そうした出来事を日々知ることができる。ニュースはいわば、日常的に「政治」の世界へ近づく手段である。

ニュースは人々にとって価値があると見なされた出来事が選択され、特定の側面を強調する形で編集されて作成される。一連の取材・記事作成・編集の方法はパターン化され、制度化されている。こうした特性の結果、ニュースメディアは固有の政治的機能を担うことになる。

たとえば、ニュースは、人物、組織、出来事などに特定のイメージを与える。さらには、政治的、社会的な「現実」を作り上げる。そして社会に広く浸透し、共有されたイメージや「現実」が、社会の価値観を形成していく。こうしたニュースメディアの持つ政治的機能は、一種の権力として政治過程や秩序形成に目に見えない形で作用する。

したがって、ニュースの分析は、政治過程や世論、さらには社会の価値観や政治文化、構造の解明につながるのである。

▶▶▶ ディスカッション

メディアと政治について考える際にしばしば提起される問いは、メディアが政治や社会に影響を与える力と、政治や社会によるメディアへの影響力とはたしてどちらが強いのか、というものである。この問題を、COVID-19（以下、新型コロナウイルス）のパンデミックを事例に考えてみたい。

よく知られるように、日本はパンデミックの第1波を比較的低く抑えることに成功した。その後、政府はパンデミックによって落ち込んだ経済の回復と感染対策の両立を模索し、「Go To トラベル」と呼ばれる国内需要喚起を目的とした経済政策を実施した。安倍晋三政権によって策定されたこの政策は安倍首相の辞任後、菅義偉政権によって継承された。ところが感染が再拡大する中で強引に進められたこの事業はメディアと世論の批判を浴び、中止に追い込まれる。そして菅政権の支持率を大きく低下させ、菅首相辞任の要因の1つとなった。

この政策に当初から批判的だったのは、朝日新聞である。朝日新聞は社説で政府が「Go To トラベル」がなぜ必要なのか、感染がどのような状況になれば中止するのか、といった説明や議論が不十分であると訴えた。

> 「政府のコロナ対策の混迷が続く。相手は未知のウイルスであり、感染防止と経済活動の両立という難題を前に、試行錯誤があるのはやむを得ない。人々の不信を広げているのは、いかなる根拠に基づき、どんな議論を経て、その政策をとったのかの説明が十分でないことだ。強行された観光支援策『Go To トラベル』はその顕著な例だ。」（2020年8月7日）

朝日新聞による政権批判のトーンは次第に強くなり、安倍政権や菅政権が官邸ですべてを決定し、国会での議論や国民への説明を軽視してきたことの典型的な事例、つまりその強権性のシンボルとして「Go To トラベル」を扱うようになっていった。この点から考えてみると、政府を批判する世論が高まり、首相が辞任に追い込まれていく上で、メディアは一定の影響力を行使しているように見える。

一方、読売新聞の社説の論調を読み解くと、それとは異なる側面が見えてくる。読売新聞の場合、当初は政府の「Go To トラベル」に肯定的な立場であった。ところが 2020 年の 12 月から 2021 年の 1 月にかけて、批判的な立場へと転換した。また、それと連動して菅政権に対する批判も前景化した。

読売新聞の論調の変化は何によって生じたのであろうか。この点で手がかりになるのが 12 月 4 日から 6 日にかけて読売新聞が実施した世論調査である。ここでは「Go To トラベル」に対して否定的な世論が 8 割に達していることが明らかになった。また、NHK による世論調査でも、この時期に新型コロナウイルスをめぐる政府のこれまでの対応について「評価しない」割合が「評価する」割合を逆転している。つまり、読売新聞は世論の声を代弁する形で、言い換えると「空気を読んで」論調を変えたと考えることができる。いわばそれは、社会がメディアに影響を与えた結果である。

したがって、メディアが政治や社会に影響を与えることも、逆に政治や社会がメディアに影響を与えることも可能性としては存在しうる。むしろ、メディアと政治社会は相互に作用しあっていると考える方が適切である。こうした発想は本章でも扱う「ニュース・バリュー」と呼ばれる概念にも見て取れる。ジャーナリストは専門的な文化としてのニュース・バリューを通じて特定の出来事をニュースとして大きく報じ、世論に影響を与える。しかしそうしたニュース・バリューは社会の価値観やイデオロギーの影響を受けながら形成されるのである。そしてこのようなメディアと社会との関係性を踏まえることで、ニュースを通じた政治や民主主義の分析が可能になるのである。

1 「政治制度」としてのニュースメディア

(1) ニュースとは何か

「政治」を伝えるニュースとして何を思い浮かべるだろうか。選挙戦の報道、そして政治家や政党間の交渉や駆け引きを伝える政局報道はもちろん、政策や社会問題を伝える報道も政治ニュースである。それでは、そうした政治的な出来事を伝える「ニュース」とは、何であろうか。

ニュースは、たとえば、「社会の多数の人々にとって価値のある新鮮な情報」と定義することができる(大石・岩田・藤田、2000、4頁)。この定義は、社会の中で生じる出来事がすべてニュースになるわけではないことを示している。複数の出来事の中から選択され、編集された結果、生産されるのが、ニュースである。

ニュースが出来事の選択・編集であることを説明する概念の1つは、**ニュース・バリュー**である。これは、何がニュースとなるのかを決定する判断基準のことである。ジャーナリストは、日々生じる様々な出来事の中から、取材すべき対象を選択している。また、選択した出来事のどこに注目すべきかを判断している。ただし、何か文章化されたルールがあるわけではない。ジャーナリストたちは取材や編集活動を続ける中で、それを感覚的に身につけていく。ニュース・バリューを身につけているがゆえに、ジャーナリストは「プロ」と見なされるのである。

重要な点は、こうしたニュース・バリューは、「社会の多数の人々の価値や利害」と連動していることである。ニュース・バリューに基づくニュース生産は、社会にとって重要な出来事(つまり、多数の人々の利害に関わる出来事)が、継続的にニュースとなることを意味している。日々、新聞やテレビニュースに接していれば世の中の重要な出来事の多くを知ることができるということであり、また、そうした出来事に関する情報が社会の中で共有されているということでもある。ニュースの生産・流通・消費を通じて、今日の政治社会は秩序づけられているともいうことができる。ニュース・バリューは、政治学を学ぶ人にとっては、ある政治的な出来事や社会問題が、なぜ、そのような形で、報道されるのか、あるいはされないのかを知る手がかりとなる。

しかし忘れてはいけないことは、何がニュースになるのか、あるいは何が重要と見なされるのかは、社会の多数の人々が抱く価値観や利害の状況に応じて変化するということである。たとえば、高度経済成長期の日本では、公害問題に対する人々の意識が低かったといわれているが、実際に「公害の原点」とされる水俣病は、全国紙のみならず地方紙でも、当初ほとんど報じられなかった。その後、公害の深刻化と人々の関心の高まりと連動しながら、公害問題に関する報道は増大した。何がどのように報じられるのか、というニュース・バリューの問題は、ニュースを政治学の視点から考える第一歩である。

（2）ニュースの生産過程の制度化

ニュースを政治学からとらえるもう 1 つの視点は、ニュースメディアを「政治制度」と理解することである（Cook, 1998）。制度という言葉が意味しているのは、ニュースの生産に関わる様々な活動が、ルールによって決められ、かつパターン化されているということである（Cook, 1998, p.70；McQuail, 2013, p.16）。

たとえば、政治報道の生産過程を考えてみよう（蒲島・竹下・芹川、2010、171～175 頁）。政治報道は、直接取材を行う記者が個人で行うものではない。現場で取りまとめを行う「キャップ」や、会社で記事のチェックや追加取材を指示する「デスク」が、様々な形で関与する。また、その後、たとえば新聞の場合、記事をどのように扱うか（掲載するページ、分量、見出し）が、「編集」や「整理（編成）」といった部門で決定される。新聞社や通信社、放送局にとって、ニュースを作ることは組織的な仕事である。

日々のニュースの生産は、暗黙のルールのもとで持続され、継承される。また、それは個々の組織を横断して、「業界」の中で共有されている。新聞社や放送局など、ニュースメディアは、それぞれ競合しながらニュースを生産する。他社が報じていない「特ダネ」をつかむことは称賛され、逆に自社だけが報じない「特オチ」を避けようとする。その結果、効率的な取材の仕方、あるいは記事作成の仕方はパターン化する。

このようにパターン化、ルーティン化したニュースの生産過程は、取材体制を制度化する。ニュースメディアは限られた人的資源を有効に活用するために、ニュースの素材（情報）が多く集まる場所に記者を配置する。しばしば取材体制は、「ニュースの網」と形容される（タックマン、1991、31 頁)。たとえばニュースメディアは、首相官邸や官公庁、警察機関などに記者クラブと呼ばれる取材拠点を形成する。また、海外の主要な国や都市に特派員を派遣する。こうした取材体制が網の目状に広がり、日々ニュースの素材を収集している。日本の場合、海外特派員は欧米やアジアに重点的に配置され、南米やアフリカに派遣される特派員は極めて少ない。このようにニュースの網は均質ではなく、ニュース・バリュー、そして社会の利害関心を反映しつつ形成されるのである。

近年は、インターネット上でニュースが入手できる。しかし、それらの多くは、新聞社、通信社、放送局が生産したニュースが、配信・転載されたものである。ネットメディアでも独自のニュースの生産が試みられているが、多様なテーマを継続的・網羅的に取材し、ニュースとして生産する役割は、依然として伝統的なメディアによって担われている。

(3) ニュースメディアと政治システム

なぜ、ニュース生産の制度が「政治的」なのか。それは、ニュースメディアが、政治システムにおいて特定の役割を果たす、と見なされているためである。ニュースメディアは政治的な出来事を報じ、**世論**を喚起する。また、ニュースメディアには報道を通じて、政治エリートを監視する「番犬」機能が期待される。確かに、アメリカのウォーターゲート事件や日本のリクルート事件に見られるように、ニュースメディアは政治リーダーの不正を暴く役割を果たしてきた。しかし、政治的アクターとニュースメディアは、対立関係だけではなく、「共生」関係も見られる(Louw, 2010)。たとえば、55年体制のもとで、政治部記者は自民党の派閥に食い込むことで特ダネを入手することができたが、同時に派閥もまた、そうした記者を活用した情報戦略を展開した(蒲島・竹下・芹川、2010)。さらに近年は、より洗練されたPR手法の発達により、政治エリートによるイメージ戦略にニュースメディアが活用される側面が指摘されるようになった(Louw, 2010)。ニュース生産の特徴を熟知した専門家たちが、「どのように報じられるか」を予測しながら政治家のイメージ戦略に助言をし、あるいは政治的なイベントを企画・実施するのである。

政治ニュースの生産過程は、政治的アクター(政治家、官僚、政党、利益集団、社会運動など)とジャーナリストとの日常的な「せめぎ合い」ととらえることができる。それを通じて、ニュースメディアは政治システムの中で制度化し、日々の政治報道やニュース・バリューが再生産される。だが、政治制度としてニュースの生産過程をとらえる場合に忘れてはならないのは、それが「画一化」と「排除」をもたらす点である。政治の取材の仕方、記事の書き方、取材体制がルーティン化するということは、確かにニュースの質を一定水準に保つ。だが他方で、多くの新聞やテレビニュースの間で取り上げられる政治的アクターや争点が、一定範囲で固定化することにもつながる。それは同時に、政治ニュース生産のルーティンに収まらないアクターや出来事(たとえば、社会運動組織によって行われるデモ)は政治ニュースになりにくい、ということを意味している。

2　政治ニュースの効果・影響

（1）ニュースメディアの影響力をめぐる議論

ニュースは社会の中で流通し、共有される。つまり、ニュースは政治的アクターとニュースメディアとの間で完結するものではない。民主主義社会において、ニュースメディアが世論形成あるいは市民社会にいかなる影響をもたらすかは、メディアの政治学にとって重要なテーマである。

新聞やテレビといったマス・メディアの影響力は強大である、というイメージは常につきまとう。従来、マス・メディアの影響力はマス・コミュニケーション論という領域で分析され、論じられてきた。マス・コミュニケーション論は20世紀の大衆社会状況、特に戦間期から第2次世界大戦に至る全体主義や総力戦体制においてマス・メディアが果たす政治的機能に注目が集まる中で発展してきたこともあり、当初は世論を意のままに操作し扇動する極めて強力な影響力を持つと理解されていた。

したがって、初期の研究では、メッセージが受け手に伝達されるとすぐに効果が発生し、態度や行動の変化が生じる、と論じられた。これは情報の受け手が「**大衆**」であると見なされていたことと関連している。大衆は、マス・メディアの受け手となる不特定多数の存在である。そしてその同調的かつ受動的な性格によって、マス・メディアによって容易に操作される大衆が社会の不安定要因になると考えられていた。

たとえば、ナチス・ドイツの時代にラジオや映画を通じて展開されたプロパガンダ（政治宣伝）は、「メディアによって操作された大衆の間で価値観が画一化し、それが全体主義を生み出す結果となった」という説明を裏づけるものとして理解されたのである。

しかし、社会科学的な実験や調査が行われる中、マス・メディアが人々の考えや態度を直接的に変えるという主張は、批判されるようになった。これらの実験や調査は、人々がもともと持っている規範や価値観、そして人々が所属する集団内でのコミュニケーションといった様々な要因が、マス・メディアの効果を限定的なものにしていると指摘した（ラザースフェルド・ベレルソン・ゴーデット、1987）。この場合、選挙キャンペーンの報道は、特定の候補者や政党を支持する人々の態度を変化させるようには機能せず、自らの信念を補強する形で機能する、ということになる。

効果研究の展開は、人々を意のままに操作する道具と見なす最初期のニュースメディア観への反対意見を示してきた。とはいえ、それはニュースメディアが世論形成、あるいは民主主義政治に何の影響も持たないことを意味しているわけではない。政治的な出来事の多くは、依然として、大半の人々にとってはニュースを通じてしか知ることができず、また、戦後のテレビやインターネットの発達と普及というメディア環境の変化の結果、人々はより一層メディアに依存することになっている。

（2）政治的争点の認知

特にテレビの発達と普及によって、受け手の「認知」に対するメディアの影響力に関心が寄せられるようになった。マス・メディアは人々の態度や行動を直接変化させるような効果を必ずしも持たないが、人々の認知のレベルに様々な影響を及ぼす、と主張する研究が登場した。その代表的なモデルが、人々の政治的争点の認知に対するニュースメディアの影響をめぐる**アジェンダ設定モデル**である。

この場合、アジェンダとは、政治的・社会的な問題や争点を指す。そして、人々が何を重要な争点と認知するかは、ニュースメディアの報道によって影響されるというのがアジェンダ設定モデルの基本的な考え方である。研究者たちは、ある特定の争点がニュースで大きく取り上げられ、強調されると、ニュースの受け手もその争点を重要であると認知するようになることを発見した（マコームズ・ショー、2002、116頁）。

ニュースメディアは人々が「何を」考えるのか、という思考内容ではなく、「何について」考えるのか、という争点の認知に対して影響を及ぼす（マコームズ・ショー、2002、112頁）。言い換えると、人々は今、解決すべき問題は何かを判断する上で、メディアの報道に大きく依存しているのである。

1のニュース生産過程の特徴と重ね合わせると、ニュースメディアによるアジェンダ設定は、重要な政治的機能であることがわかる。つまり、ニュース生産のルーティン化、制度化の中で常に大きく取り上げられる争点がある一方で、ニュースメディアのアジェンダから排除される争点が存在しうることを、このモデルは示しているのである。そうした争点は、社会の多数の人々にとって重視されず、関心を持たれないことになる。

（3）世論と「空気」

受け手の「認知」に対する影響からニュースメディアの政治的機能を考える上で重要なものが、「沈黙の螺旋（らせん）」理論である。この理論は、支配的な世論が形成される過程で作用する、人々の心理的メカニズムとそこで果たすメディアの機能を説明している。

この理論に基づくと、支配的な世論の形成過程は次のように説明される（ノエル＝ノイマン、2013、68頁を特に参照）。第1に、人々は、「世論のムード（風向き）」を敏感に認知する。第2に、同時に人々は、社会的な孤立を回避しようとする傾向がある。つまり、多数派意見に同調する傾向がある。その結果、第3に、自らが多数派に属すると認知すると、公の場で積極的に自らの意見を公表するようになる。逆に、少数派に属すると認知すると、次第に沈黙するようになる。こうして「雄弁は沈黙を生み、沈黙は雄弁を生むという螺旋状の自己増幅プロセスの中で、ついには一方の意見だけが公的場面で支配的となり、他方の支持者は沈黙して公の場から見えなく」なり、支配的世論が形成される（ノエル＝ノイマン、2013、6頁)。つまり、社会の中には多様な意見が分布しているにもかかわらず、公の場で公表されるのは特定の意見や考え方のみで、他の意見や考えは隠れてしまう状況が見られるのである。

人々は本来、多様な意見や価値観を持っているにもかかわらず、「空気」を読んだ結果、支配的な世論が形成される状況があり、ニュースメディアはこうした「空気」を作り出す機能を果たすのである(佐藤、2008)。

(4) ニュースメディアの政治的機能

ニュースメディアの政治的機能は、多くの場合、「情報操作を通じて人々を動員する」というわかりやすいものではない。むしろ、プロフェッショナリズムに基づくニュース生産と、日常的なニュースの消費のルーティンの中で、通常は非意図的にもたらされるものである。だが、それが政治過程の中で特定のイメージや争点を浮き彫りにし、別の問題や意見を見えなくさせる。そうしたニュースメディアの政治的機能が、社会の多数派の価値観を支え、結果的に政治社会秩序を維持している。特に留意すべきは、複数のメディアの間で報道のされ方が画一化する場合である。その結果、支配的な世論が形成され、社会の中で意見や価値観の多様性が失われる可能性があるからである。

3 ニュースの政治学

(1)「現実」の社会的構築とフレーム

これまでの議論を踏まえると、ニュースと政治の問題とは、ジャーナリストと政治エリートとの関係にとどまらず、あるいは情報操作やバイアスといった問題というよりも、もっと広範な権力、政治文化、民主主義との関係で、ニュースが果たす機能の問題であることが見えてくる。そこで、ニュースを通じて「政治」を分析するために手がかりとなる概念をいくつか挙げてみたい。

ニュースが果たす機能を考える上で基本となるのが、「現実の社会的構築」という概念である。これは従来、現象学や社会学で論じられ、そして最近では政治学でも言及されるようになった概念である。社会の構成員は、自らが直接経験できない出来事や歴史経験に関する知識やイメージを「現実」として認識し、共有している。むしろ、そうした知識やイメージが共有されることによって、社会は成立している。いうまでもなく、あらゆる出来事や歴史経験が共有されるわけではない。社会の構成員の利害やアイデンティティと関連性のあるものが選択され、それを通じて「現実」が構築・共有される。ニュースは社会におけるこうした「現実」の構築、共有に中心的な役割を果たしている。

このようなニュースによる「現実」の構築過程を考える上で有用なのが、「**フレーム**」という概念である。この場合の「フレーム」は、社会学の領域で提起されたもので、「状況の定義は組織化の原則に沿って組み立てられる」という観点に立つ（Goffman, 1971, p.10）。つまり、社会的な出来事（状況）を意味づけ、解釈する際に、その出来事を構成する要素のいくつかを選択し、理解できる形で組み立てるために用いられるパターン化された手法のことである。ジャーナリストは出来事を報道する際に特定のフレームを採用し、視聴者や読者が理解できるニュースストーリーを編制する。とはいえ、フレーム概念が強調するのは、受け手である視聴者や読者もまた、出来事を解釈する際にフレームを用いるという点である。つまり、メディア・フレームはニュースメディアも含めた社会の中で広く共有されている。加えてフレームは、自覚的に適用するものではなく、非意図的に、暗黙のうちに採用される。

フレーム概念を用いてニュースを政治学的に分析するアプローチは、社会問題や政策過程の報道の中で、問題がどのように定義され、原因が特定され、価値判断が下され、解決方法が提示されているのかに注目し、そのパターンを明らかにする（Entman, 1993, p.52）。そしてそうしたパターンが成立する要因を、ニュースの生産過程の制度的特徴から、あるいは社会的文脈や価値の分布、政治文化の特性から説明する。

このように、フレームは社会問題や政策について、特定の意味づけや解釈を選択・強調するものである。重要な点は、それが排除を生み出す点である。つまり、ある特定の解釈の仕方がニュースの生産と消費の過程でパターン化され、支配的なフレームとなることで、その他の解釈の仕方が排除される可能性があるということである。

（2）イデオロギーとしてのニュース

ニュースが「現実」の特定の意味づけを正当化し、社会の合意を生産する役割を果たすことは、特定のものの見方や考え方を当たり前のもの、自然なものとして常識化する**イデオロギー**の問題に関わることになる。ニュースはまさに、社会における「常識」を造り出す「不可視の権力」として機能している。

それでは、ニュースをイデオロギーの観点から分析することが、どのような意義を持つのだろうか。1つ目は、ある特定のものの見方、考え方、価値観が社会の中で広く浸透し、共有されている状態が明らかになる点である。一見異なる多様な出来事に関する報道に共通の論理や視点、価値観を見い出すことができる場合、それは特定のイデオロギーが複数の出来事の報道に共有されていることを意味している。言い換えれば、それはあるイデオロギーがあらわす世界観や価値観が、社会の中で「常識化」し、さらには「普遍化」する過程に他ならない。

たとえば、「新自由主義」の普遍化について考えてみよう。あらゆる事象を「市場原理」の視点から意味づけ、解釈する考え方は、当初、経済学の世界で登場した。しかし、それは1970年代後半から1980年代にかけて、現実政治の世界で、「改革」を指し示す論理として採用され、今日では、人々の一般的な生活や文化の領域にまで拡張している。その過程、あるいは実態が、ニュースを含めたメディアの様々な現象から見い出すことができる(Couldry, 2010)。日常生活や文化の領域にまで拡大した今日の「政治」を明らかにすることは、ニュース研究の新たな可能性である。

ニュースをイデオロギーの観点から分析することの意義の2つ目は、**アイデンティティ**の政治、あるいは、「境界線の政治」を明らかにすることができる点である。ニュースのイデオロギー機能は、特定の「現実」を自然化するだけではない。「私たちは何者か」、「私たちの目指すべき目標は何か」、「私たちは何を支持するのか」、「私たちは他の集団、特に反対者や敵対者とどのような関係にあるのか」という集合的アイデンティティの意味構築過程にも関わっている(van Dijk, 1998, p.69)。

こうしたニュースのイデオロギーが果たす境界線の政治について分析を加えたのが、サイードの著作『イスラム報道』である。サイードによると、欧米社会の「イスラム」報道は次のような特徴を持つ。第1に、「イスラム」とは「私たち＝欧米社会」とは異なる他者(彼や彼女たち)として表現される。第2に、「イスラム」世界の多様性が失われ、単純化、一枚岩化して表現される。第3に、私たちと他者という二項対立図式は、しばしば「外部からの脅威」、「善と悪」といった「わかりやすい」物語へと転化する。そして第4に、それらを通じて「私たち」自身、あるいは「私たち」の政策が正当化される(サイード、1996)。

ここでサイードは、「イスラム」についての誤った表現を批判し、真の正しい「イスラム」像を提示しようとしているのではない。問題にしているのは、自らの社会のアイデンティティや価値を維持するために展開される境界線の政治であり、そうした境界線を非意図的に再生産するニュースのイデオロギー機能である。

「イデオロギー」が作り出す「常識」といった不可視の権力の分析という点において、ニュースは、議会や政府を対象とした狭義の「政治」にとどまらない、日常生活や文化的領域にまで拡大した「政治」を分析する上で重要な研究対象である。

（3）伝統的ニュースの「危機」

これまで、ニュースから「政治」を読みとく方法について見てきた。最後に、2020年代の現代において、ニュースと「政治」をとらえる視点について考えたい。ここで注目するのは、過去10年ほどの間に進展したデジタル化がもたらした影響である。それは単なるグーグルなどのプラットフォームの台頭、あるいは新聞発行部数の減少や「テレビ離れ」といった現象にとどまらない。現代のニュースを取り巻く環境の変化は、本章でこれまで論じてきたいくつかの前提を揺るがしかねないほど大きく、かつ深刻なものである。

デジタル化の進展は、人々のニュースへの接し方、さらにはニュースをめぐる「文化」も変えてしまう。従来は新聞を読むことで、あるいはテレビのチャンネルを回すことで得られるものが「ニュース」だった。今はソーシャルメディアを通じて流れてくるもの、共有されるものが「ニュース」である。こうした状況は、ニュースが国民国家の中でマス・メディアを通じて流通し、共有されていたかつてのメディア環境と大きく異なっている。それは社会的な「現実」の構築のされ方にも影響を与える。

重要な点は、「ニュース」と「ニュースではないもの」との境界線が曖昧化することである。ソーシャルメディアのユーザは、事故や自然災害の様子を偶然目撃した人がスマートフォンで撮影し、SNSにアップロードした動画を「ニュース」と見なすかもしれない。別のユーザは、インフルエンサーによる時事問題に関するツイート、あるいはユーチューブの時事問題の解説動画を「ニュース」として消費しているかもしれない。いずれも、伝統的なメディアが制度化してきた取材や編集の手法に依拠しない情報である。このように、何が「ニュース」なのかという社会的な合意さえもが失われつつある。

（4）ニュースの危機と民主主義のゆくえ

デジタル化の進展によって形成された、伝統的なメディアが生産するニュースに依存しなくても公的生活を営むことができる環境。それは一見するとこれまで論じてきたような新聞やテレビといったマス・メディアの作り出す「現実」や空気、イデオロギーから私たちを解放するようにも思える。だが、こうしたメディア環境は政治、とくに民主主義にとって大きな問題を生み出す可能性がある。

2021 年 1 月、アメリカの国会にあたる連邦議会議事堂が多くの群衆によって襲撃されるという前代未聞の出来事が生じた。これは、2020 年のアメリカ大統領選挙が「不正」と信じるドナルド・トランプ前大統領の支持派によって引き起こされた。

事件の要因として、一部の熱狂的なトランプ支持派を取り巻くメディア環境の特徴を挙げることができる。こうした人々はトランプ政権に批判的な伝統的メディアのニュースを嫌い、それらのメディアからの情報を自ら遮断した。その代わりにインターネットを中心に生まれた新興のメディアの発信する情報に大きく依存するようになった。

トランプ政権を支持する新興メディアは伝統的なニュース生産の組織や文化を持たず、しばしばフェイクニュースなど偽情報を拡散させた。トランプ自身、そしてトランプ主義的なインフルエンサーが発信する SNS の情報も支持派にとっては「ニュース」であった。そうした情報を共有することで支持者たち独自の「現実」が構築されていた。外部からみると荒唐無稽な陰謀論にしか見えないものであっても、内部の人々にとってはそれこそが「真実」なのである（カクタニ、2019）。

かくして伝統的なニュースメディアが作り出す「現実」と、フェイクニュースが作り出す「現実」によってアメリカ社会は分断された。こうした状況は「ニュース」とは何かが曖昧化したことの 1 つの帰結だといえる。

世界の多くの国々で、伝統的な手法によって生産されたニュースを幅広い人々が共有することで政治社会が成り立つというかつての状況から大きく変容しつつある。日本でも新型コロナウイルスのパンデミック、ロシアによるウクライナ軍事侵攻、あるいは沖縄問題といった種々の社会問題や紛争で偽情報が拡散、共有され、しばしば社会における対立や分断を生み出している。はたして「事実」をめぐる共通の基盤が失われつつある社会で民主主義は成り立つのだろうか。この問題を考える上で、そもそも「ニュース」とは何かを考えることが重要である。

▶▶▶ディスカッションを考える

第11章のディスカッションでは、メディアの影響力について新型コロナウイルス報道から検討しました。ここではそもそも政治学がメディアやニュースに注目する今日的な意義について議論をしてみましょう。

先生　メディアの影響力は長らくマス・コミュニケーションの効果研究のもとで論じられてきました。この議論では、メディアから政治や社会への影響が注目されることになります。一方で、メディアやコミュニケーションに関する研究では近年、社会心理学的な発想とは異なるさまざまなアプローチが発展し、その中で政治や社会がメディアにどのような影響を与えているかが論じられるようになりました。

弘斗さん　この章を通じて政治とメディアの問題を考える上で、ニュースの影響力が重要な論点になってきたことはよく分かりました。ただ、インターネットが発達した現在、新聞やテレビのニュースについて考える意味はあるのでしょうか。

文菜さん　私も新聞は読みませんし、テレビもあまり見ません。

先生　ちなみに皆さんはどのようにしてニュースをチェックしているのですか？

弘斗さん　ネットのポータルサイトはたまに見ます。それから動画共有サービスでお気に入りの時事問題解説動画をよく見ます。

文菜さん　SNSで話題になることをチェックします。それから注目している政治家のアカウントもフォローしてますよ。

先生　確かにそうしたメディアで皆さんがもともと関心を持っている情報は入手できますね。ただ、インターネットのプラットフォームの特性上、皆さんが関心を持たないニュースや情報には接触しにくい状況が生まれてしまいます。

文菜さん　「フィルターバブル」という言葉は聞いたことがあります。それからインターネット、とくにソーシャルメディアでは同じ意見や考え方同士でまとまってしまい、分極化が生じやすいということも本で読んだことがあります。

弘斗さん　自分が入手する情報に偏りが生じる、ということですよね。そうはいっても、この章で説明されていたように、伝統的なメディアも偏っているじゃないですか。

先生　確かに伝統的なメディアも、そしてソーシャルメディアも偏っているといえます。とはいえ、それぞれの偏り方は少し異なっています。ソーシャルメディアの場合、ニュースや情報の流通、消費過程で生じる偏りが問題となります。これは個人の心理的メカニズムに加えて技術的、政治的、経済的な要因から説明されてきました。そしてソーシャルメディア上のニュースや情報の流通・消費過程の偏りの分析を通じて社会の対立や分断の実態が説明されてきました。

文菜さん　たとえば、アメリカ大統領選で「不正が行われた」というフェイクニュースを信じる人たちのコミュニティもこうした観点から分析することができるというわけですね。

先生　それに対して伝統的なメディアについては、ニュースの生産過程で生じる偏りが問題となります。これはニュース・バリューやフレーム、イデオロギーなどの概念から説明されてきました。

そしてこうしたニュースの偏りの分析を通じて社会全体の価値観や問題関心の分布、すなわち偏り方が明らかになるというわけです。

弘斗さん　これも本章で学習した内容ですね。おっしゃりたいことはよくわかるのですが、やはり今日の環境の中で新聞やテレビが制作するニュースをあえて分析することに納得がいきません。新聞を読んでいる人は少なくなっていますし、テレビを視聴する人もそのうち激減していくのではないでしょうか。

先生　今後のニュースの分析を考える上で重要なのは、本章で概観したジャーナリストによる組織的なニュースの生産・流通・消費の場がネット空間へ本格的に移行していく、という点です。すでに現在でも、新聞社や通信社、あるいはテレビ局といった伝統的なメディアの生産したニュースはインターネット上で大量に流通しています。

文菜さん　SNSでもそうしたニュースが流れてくるのを見かけます。

先生　また、これからはネットメディアの中でもプロフェッショナルのジャーナリズム組織が増えていくでしょう。

弘斗さん　つまり、専門的なニュース・バリューを共有したジャーナリストたちがきちんとした取材拠点を持ち、ニュースを生産し続ける制度が大事なのであって、そうした役割を伝統的なメディアが担っても、あるいはインターネット上のメディアが担ってもニュースの質としては変わらない、ということですね。

先生　ニュースが社会に影響を与えるという点では、今後はインターネット上で流通するニュースの影響力が主要な分析対象となっていくことになります。政治や社会がニュースに与える影響、という点では、ニュースという情報が社会の価値観、アイデンティティやイデオロギーを何らかの形で表象し、反映していることが重要です。その点においてはネットのニュースでも変わりません。もちろん、ネット空間ではフェイクニュースのような偽情報の影響力も問われることになります。

文菜さん　実は私、最近ニュースに触れること自体が嫌になってしまいました。ネット上でも政治のニュースなんかは避けてしまいます。

先生　それはなぜですか？

文菜さん　政治や社会問題の報道ではメディアが政府を批判してばかりです。私はリラックスしたり、友達と楽しく過ごしたりするためにメディアを利用したいのです。批判や否定的な話題を見たり読んだりしたくありません。

弘斗さん　たしかに最近はコロナや戦争の話題ばかりで気分が沈みます。ネット上のニュースは炎上ねらいの見出しが多いですし、SNSでもニュースの話題は攻撃的な反応が多くて疲れてしまいます。

先生　実はニュースと民主主義との関係でそのことが目下、大きな問題になっています。ロイタージャーナリズム研究所が毎年発表している「デジタルニュースレポート」の2022年度版では「ニュース離れ」の世界的な進展が話題になりました。

文菜さん　私たちと同じような感覚を持つ人が増えているということですか。

先生　そうです。日本の場合はもう少し深刻で、伝統的なメディアであれ、ネットであれ、もはやニュースにアクセスをする習慣を失ってしまった人が増加していることがこの調査から明らかになりました。

弘斗さん　そうはいっても、マス・メディア時代のようにみんなが同じニュースを共有することはもはや難しいのではないでしょうか。

先生　そのことと、ニュース自体に触れる習慣がなくなってしまうことは別々の問題だと思います。ニュースに触れることは、これまで考えてこなかった争点との出会い、あるいは自分とは異なる立場や意見との出会いをもたらします。そうした経験は社会の価値観や秩序のあり方を考えるきっかけにもなります。そしてそれが民主主義をさらに深めていきます。そうした機会が失われることはまさに民主主義の危機なのです。

文菜さん　今日の民主主義を考える上でニュースをめぐるさまざまな問題を考えることが大事なのですね。

おすすめの本・ウェブサイト

稲増一憲（2022）『マスメディアとは何か――「影響力の正体」』中公新書

新聞やテレビだけでなくインターネットまで網羅しつつ、メディアの影響力を論じた本。具体的な研究結果や事例をもとにマス・コミュニケーションの効果論を学ぶことができる。

逢坂巌（2014）『日本政治とメディア』中公新書

戦後日本の政治とメディアとの関係を通史的に論じた1冊。テレビが登場した1950年代からインターネットが活用される2010年代まで幅広く網羅されており、日本政治とメディアの関係を学ぶ上で役立つ。

山腰修三（2022）『ニュースの政治社会学――メディアと「政治的なもの」の批判的研究』勁草書房

ニュースが政治社会の秩序や民主主義にとっていかなる役割を果たし、あるいは問題を生じさせるのかを論じた研究書。デジタル時代における民主主義の危機について考える機会になる。

第12章

集約された利益で政治を動かす ——利益団体

「利益団体」や「圧力団体」と聞いて、あなたはどのようなイメージをもつだろうか？　政治家にカネを渡し、権力を使って私的な利益を追求している団体という、政治を裏で操っているイメージだろうか？

第 12 章では、利益団体（圧力団体）についてとりあげる。**ディスカッション**では、インターネットと音楽に関する具体的事例から利益団体の活動を捉える。**1** では、利益団体の定義と、民主政治において利益団体が果たす役割について説明した後で、具体的な団体名を分類ごとにあげる。**2** では、利益団体がなぜどのように作られるのかについての理論的な見方を紹介する。**3** では、利益団体がその目的を実現するために政治家や官僚に働きかけを行う際に、どのような戦術や資源を用いるのかをあげていく。**4** では、日本の政治において利益団体が置かれていた文脈を明らかにしながら、労働者の利益団体である労働組合の位置付け、さらには、最近の政治状況の変化の中で利益団体がどのような対応を迫られているのかについて考えていく。

▶▶▶ ディスカッション

インターネットの動画サイトにオリジナルの動画を投稿して、その再生回数に応じた報酬を受け取る「ユーチューバー」が、近年、子どもが将来なりたい職業ランキングの上位に入っている。ある学生が、お小遣いが稼げるならと思い、動画を制作した。無音では寂しいので、好きなミュージシャンの音楽をBGMに使ってアップロードしたところ、数日後に「権利者からの申立てによって削除されました」というメッセージが表示され、見られなくなった。一般社団法人日本レコード協会という団体からの申立てのようだ。

調べてみると、たしかに現状の法制度の下では、その動画サイトの取扱いは正しいことが分かった。しかし、曲の全部をそのままアップロードしたわけではなく、部分的に使ったのに動画全部を削除されるのは理不尽ではないかと憤ったその学生は、この法制度を変えて音楽をもっと自由に使えるようにすべきだという考えをもった。インターネット上では、同じような考え方をもつたくさんの人たちの存在を確認することができた。音楽に関係する団体には、他に一般社団法人日本音楽著作権協会（JASRAC（ジャスラック））というものもあるが、「カスラック」という蔑称で呼ばれるなど、インターネット上ではあまり評判がよくない。

音楽業界に関係する個人や企業は、その立場ごとの利益を守るための団体に加入していることが多い。JASRACは、作詞家や作曲家などの団体である。作詞家や作曲家といった権利者は、作った曲が演奏等に利用された場合にその対価として使用料を得る権利をもつが、どこでどれだけ演奏されたかを個人が把握して請求することはほぼ不可能である。使用料が得られなければ、作詞家や作曲家は音楽活動で生計を立てていけなくなり、新しい音楽が生まれにくくなる。そこで、JASRACは組織的に使用料を徴収し、権利者に分配している。音楽を利用する側にとっても、曲ごとに権利者を探して手続きを行うことは非常に不便であり、使用料も権利者の言い値で高額になってしまうかもしれないため、JASRACが存在しなければ使用料を払わないかもしれない。しかし、JASRACがあることにより、簡単な手続きで適正な使用料を払うだけで権利者から許諾を受けることができ、合法に音楽を利用することができる。この意味で、JASRACは音楽の権利者と利用者の双方に利益をもたらしている。

他方、JASRACやレコード協会などの団体は、作詞家・作曲家や、音楽を世に売り出すレコード会社といった権利者の利益を実現するために、政治や行政に働きかけて、法制度を改正させることがある。この法制度の改正は、しばしば一般の人々にとって不利益になることがある。以前であれば、インターネット上に権利者に無断で音楽ファイルをアップロードすることは違法であっても、それをダウンロードすることについては違法ではなかった。しかし、上記の団体などによる政治・行政への働きかけの結果、2012年10月からは一定の要件を満たせばダウンロードするだけでも刑事罰が科されることとなった。一般の人々にとっては、パソコンの前に座って好きな音楽をダウンロードしただけで、警察に逮捕されてしまうかもしれないというおそれが生じているのである。

音楽を聴くのが好きな人々は、法制度による制約なしでもっと音楽を自由に楽しみたいと思うだろう。他方、音楽で生計を立てている人々は、自由に使われすぎて使用料が入ってこないと困るので、一定の歯止めを求める。数からいえば、音楽を聴くだけの人のほうが、音楽を作る人よりも遙かに多いので、多数決原理からすれば聴く側の意見が聞き入れられるはずである。しかし、実際の政治においては、音楽を作る側の意見が法制度の内容に反映されることが多い。

このように、数としては多いはずの利用者・消費者の利益や意見よりも、数としては少ない生産者の利益や意見が政策に反映されやすいという状況は、音楽に限らず様々な政策領域で見られる。これはなぜだろうか？　そして、それは民主政治にとって望ましいことなのだろうか？

1　利益団体とは何か

（1）利益団体、圧力団体

大学に入学すると、授業で使用する教科書などの書籍を買う機会が増える。書籍はどの書店で購入しても基本的には同じ価格であるが、大学生協の組合員になって生協の書店で購入すれば、割引される場合がある。一般の書店は書籍を売って儲けを出すことを目的とするが、大学生協は組合員の共通の利益を目的としているので、一般の書店における儲けを、商品の割引という形で組合員へ還元しているのである。

利益団体とは、それに加入するメンバーにとって共通の利益を実現するために組織された団体のことをいう。類似する概念に圧力団体という言葉があるが、それは、公共政策を通じてその利益を実現するために政府等に対して政治的影響力を行使しようとする利益団体のことを指す。大学生協の例でいえば、普段は組合員共通の利益を実現することを目指す利益団体であるが、もしも大学生協を対象とした公的な補助金の制度を作るよう政府に強く働きかければ、圧力団体と呼ばれる可能性がある。

（2）利益団体の機能と役割

利益団体や圧力団体というと、選挙を通じて代表される正統な民意とは対照的に、政治に対して良からぬ圧力をかけるというイメージで見られることがある。しかし、利益団体の活動こそが民主政治の本質であるという見方も存在する。利益団体は民主政治においてどのような意味をもっているのだろうか。3つの役割を指摘できる（森、2011）。

1つめは、社会の中にある様々な要求を集約し、政治過程に伝達するという利益表出・集約の機能をもつことである。有権者が選挙でできるのは、政党または候補者を選ぶことのみであり、「こんな政策を作ってほしい」などの願いを投票用紙に書くことはできない。これに対して、利益団体は、一定の範囲の人々の共通の利益を集約し、それを具体的な要求として政府に提示することができる。

2つめは、政策形成や執行の担い手としての役割である。政府が政策を策定しようと思っても、どのような政策を策定するのがよいのかについて、詳細な情報をもたない場合がある。また、政策を実施しようと思っても、そのための人手が足りないなど、必要な資源が不足する場合がある。利益団体は、各省庁に設置されている**審議会**など、政策形成のための会議に委員を送って社会のニーズに関する情報を提供したり、政策を実施する際に政府から業務委託を受けたりする。上述したJASRACによる許諾の手続きについても、国民が法制度を遵守しやすくするという意味で、政策の執行の一部を担っているといえる。

3つめは、社会における利害対立を穏やかなものにし、民主政治を安定させる機能である。個人が自己の利益に関わりのある複数の団体に重複して所属することによって、社会には立場によってさまざまな利益があることが理解できる。その経験を通じて、利害対立がある場合であっても、お互いに相手の立場を理解して妥協することができるようになり、民主政治を安定的に運営できるようになる。

（3）日本における利益団体

日本にはどのような利益団体が存在しているのかを、団体の分類ごとに具体的な名称をあげながら確認したい。利益団体を分類する際にはいくつかの方法があるが、政治における利益団体の行動を理解するためには、団体が関心をもつ政策領域に沿って分類するのが一般的である（村

松・伊藤・辻中、1986；辻中・森編、2010)。

経済・業界団体は、企業等によって組織された、経済活動に関わる団体であり、経済・財政政策や、各業界に関係する規制政策に強い関心をもつ。経済・業界団体には、業種に関係なく組織される経営者団体と、業界別に組織される業界団体がある。経営者団体の代表例は、大企業の経営者によって組織されている日本経済団体連合会（経団連）である。業界団体には、普段はライバル企業として市場で競争している複数の企業が加盟している。たとえば、自動車業界の業界団体である日本自動車工業会には、自動車メーカーであるトヨタやホンダや日産などが加盟している。普段はライバル企業として市場のシェアを争う関係にあるが、自動車にかかる税額や、環境にやさしい新車を購入するときの補助金制度など、業界全体に共通する利益も存在する。

労働団体は、労働組合とその連合組織である。労働組合は、被雇用者が労働環境等の改善を求めて雇用主と交渉するために組織する団体である。欧米では企業の枠を超えて業種別・産業別に労働組合が組織されているのに対し、日本では企業別に組織されており、企業別労働組合が活動の基本単位である。日本でも欧米のような産業別労働組合中心の活動への転換が目指された時期もあったが、企業別労働組合が年功賃金をはじめとする日本的雇用慣行と高い親和性をもっていたことや、労働運動の方針をめぐる党派的対立により、欧米型の産業別労働組合への転換は挫折した（木下、2021)。企業別の労働組合は、業界ごとに組織されている労働組合の連合体（自動車業界でいえば、自動車総連など）に加盟している。業界ごとに組織された連合体がさらに集まって組織しているのが、日本労働組合総連合会（連合）などの全国中央組織（ナショナル・センター）である。

農林水産業団体は、農林漁業に関わる協同組合とその連合組織である。多くの農家は、地域の農業協同組合（農協）に加入する。農協に加入しておけば、耕うん機や稲刈り機などの農業機械を必要なときに借りることができたり、よい条件の融資を農協から受けられたりするなどのメリットがある。地域レベルで組織されている農協は、都道府県レベルの連合会を組織しており、さらにそれが加入する全国組織がある。

福祉団体は、福祉給付やサービスの受け手によって組織されている団体である。たとえば、民間企業の被雇用者は企業によって設立された健康保険組合に加入するが、その組合の連合組織である健康保険組合連合会（健保連）は、持続的な医療保険制度の確立を目指して、医療制度の改革に向けた活動を行っている。

教育団体は、教育政策に関心をもつ利益団体である。私立大学協会や全国高等学校長協会のように、学校法人や学校長から構成される団体が代表例である。日本教職員組合（日教組）は、教職員の労働組合としての側面ももつが、教育政策に関する活動を行うという点からはこの分類に含めることもできる。

その他の分類として、資格を伴う専門職ごとに組織されている専門家団体（日本医師会、日本弁護士連合会など）や、地方自治体などによって組織される行政関係団体（全国知事会など）がある。また、環境問題や消費者問題への対応など、団体の構成員だけに限定されない目標をもつ市民団体や、政治活動や政治家への支援を目的とする政治団体などもある。宗教団体も、信者の共通の利益である宗教活動を推進するという目的をもつため、利益団体に含まれる。

日本の利益団体についての包括的な研究によれば（辻中・森編、2010）、諸外国と比較した場合の日本の利益団体の１つの特徴は、経済・業界団体と農林水産業団体という生産者側の団体が全体のうち多数（43%）を占めることである。また、利益団体や圧力団体というと、政治・行政の中枢である東京の永田町や霞が関で活動しているようなイメージをもたれる場合もあるが、多くの団体は拠点を置いている市町村や都道府県といった「地元」で活動しており、全国レベルで活動する団体は、数の上では一握りにすぎない。

2　利益団体はなぜ、どのように作られるのか

利益団体はなぜ、どのように組織されるのか。ここでは、理論的な見方を確認する。大きく分けて、マクロな視点から捉える見方と、個人を単位として説明しようとする見方がある（丹羽、1995〜1996）。

マクロな視点からの説明の１つめは、社会における利益や価値観の多様化に伴って、利益団体が「増殖」するというものである。ほとんどの人々が農村に暮らしていた時代には、利益や価値観は多様性に乏しかった。しかし、工業化・都市化が進むことにより、職業が多様化して各々の利益は異なるものとなり、価値観も多様化する。その多様化した利益や価値観に対応して、それらを共有する人々が集まって、団体が生み出される。

２つめは、既存の社会勢力間の均衡が崩れたときに、不利な側に置かれた集団がその状況を打開すべく組織化するという説明である。たとえば、農業や製造業において、安い輸入品に押されて国内産品が売れなくなってしまった場合には、生産者たちは組織化して政府に輸入規制を求めるための運動を起こす。

これに対し、個人を単位として団体の形成を論じたのはオルソンである（**第 13 章**の「**ディスカッション**」も参照）。彼は、利益団体の形成にあたっては**フリーライダー問題（ただ乗り問題）**があることを明らかにした（オルソン、1996）。利益団体が追求する利益とは、少なくともその団体に所属するメンバー共通の利益である（より広い範囲の人々に共通する利益を目指すこともある）。その意味で、利益団体が追求する利益は、メンバーにとっての**公共財**であるため、その財の獲得に必要なコストを負担しない人が利益を受けることを妨げることはできない。これを非排除性という。

たとえば、労働組合は賃金等の労働環境の改善を求めて雇用主と交渉

するが、その交渉の結果として賃金が上がった場合には、その交渉に尽力していない組合員や、さらには組合に加入していない被雇用者もその恩恵を受けることができる。このように、労力などのコストを負担しても負担しなくても利益を受けられるときには、合理的に利益を計算する人であれば、コストを負担せずに利益を得る選択肢、つまりは組合に加入しないという選択肢を選ぶだろう。皆がそのように考えれば、そもそも組合は組織されない。

このように考えれば、利益団体というのはそもそも組織されにくく、共通の利益を追求するための活動を活発化させにくいはずである。ではどういう場合に利益団体が組織され、その活動が活発になるのか。オルソンによる１つの説明は、関係する人々の数が少ない場合である。団体のメンバーの数が少なければ、活動の成果に占める１人あたりの貢献の割合が大きくなり、活動に参加する意義が見出しやすい。反対に、メンバーの数が多いとその割合が小さくなり、自分１人ぐらいではほとんど影響がないとしてサボってしまいがちである。大学の課外活動でも、メンバー数が多いサークルであれば、名簿に名前はあるが活動にはほとんど参加しない「幽霊部員」がある程度いるだろう。メンバーの数が少なければ、相互監視の目が行き届きやすいという側面もある。メンバーが力を合わせて活動をしようとしているときに、少人数でお互いよく知っている関係であれば、サボりがバレやすいので、活動に参加せざるをえない。市場が寡占状態に近い業界ほど関係する企業が少なく、そういった業界の団体は組織化が容易で活動も活発になりやすい。

オルソンの議論は、利益団体の形成が困難であることを示しているが、形成それ自体の説明としては不十分であった。これに対し、ソールズベリーは、利益団体を一種の「事業」と見立てて、団体の組織化を説明した（Salisbury, 1969）。企業家が経済的利潤を得ることを目的に投資をするように、政治的企業家は自分が創設する団体への加入者数を増やすべく、団体がメンバーに提供する便益を生産するための投資を行う。個人は、その団体に加入することによって得られる便益が加入にかかるコストを上回ると判断すれば、団体に加入する。提供される便益には、金銭的価値に換算できる物質的便益のほか、社交の楽しみや一体感といった連帯的便益、価値ある目的のために貢献しているということによる満足感を意味する表現的便益がある。

3　利益団体はどのように活動するのか

（1）利益実現のための戦術

利益団体がその目的を実現するためには公共政策による対応が必要となる場合があり、そのためには政府への働きかけをしなければならない。この働きかけを**ロビー活動**（**ロビイング**）というが、その戦術には大きく分けて2種類ある（Gais and Walker, 1991など）。1つめは、政策決定者・実施者に面会するなどして直接働きかけるインサイド戦術である。働きかけ先としては、政治家・政党と、行政という、2つのパターンが考えられる。上述した団体調査によれば（辻中・森編、2010）、日本の利益団体の7割が少なくともいずれかに接触している。また、そのうち行政のみに接触する団体と、政党と行政の両方に接触する団体が多数を占めており、政党のみに接触する団体は少数派である。

もう1つの戦術は、世論に広く訴えかけて団体の求める公共政策への支持を集め、政策決定者がその政策を採用しやすい環境を作り出すアウトサイド戦術である。メディアなどを通じて団体の意見を大衆に伝えるほか、座り込みや街頭デモなどによってアピールする。日本ではあまり見られないが、資金の豊富なアメリカの利益団体は、テレビCMを使うこともある。

（2）利益実現のための資源

利益団体の望む政策を実現させるためには、政策決定者を動かさなければならない。利益団体が政策決定者である政治家や官僚の欲しがっている資源を提供できれば、望む政策を実現できる可能性が高まる。利益団体のもつ主要な資源（リソース）としてあげられるのは、組織規模、財政規模、および、情報である。

組織規模とは、その団体に関係するメンバーの数を意味する。選挙の際に、特定候補の選挙運動を利益団体のメンバーがボランティアとして支援することができたり、特定候補に投票するよう呼びかけて動員できるメンバー（たとえば、業界団体であれば会員企業の従業員やその家族、宗教団体であれば信者）の数が多ければ、政治家はその団体と良好な関係を築くことによって票が得られ、当選の確率が高まるので、その団体の望む政策を実現させようとするだろう。投票に行くと、投票所出口あたりに「投票済証」が置いてある場合がある。メンバーが実際に特定候補に投票したかどうかを団体が把握することは難しいが、少なくとも投票に行ったかどうかについては、これを団体に提出させることで確認できる。

財政規模とは、その団体がもつ金銭的資源を意味する。これを多くもつ団体であれば、政党に多額の献金をすることもできるし、退職した官僚を雇用するためのポストを用意することもできる。もちろん、直接的に便宜を図ってもらうべく金銭の授与をすれば贈賄の罪に問われうるが、特定の政策の実現に関係なく日常的に献金等をしていれば、罪に問われる可能性は極めて低くなる。

情報とは、団体がもつ現場での情報や専門知識等である。政治家や官僚は、より望ましい政策を策定するために、その政策に関係する人々のニーズや専門知識を欲している。利益団体は望む政策を実現させるために、有利と思われる情報を政策決定者に提供する。

4　日本政治と利益団体

（1）多元主義とコーポラティズム

政治システムにおける利益団体の位置付けや、社会の利益がどのようにして政治過程に取り入れられていくのかを理解するための理論として、アメリカ政治を理解する文脈で発展してきた**多元主義**論と、ヨーロッパ政治を理解する文脈で発展してきた**コーポラティズム**論がある。多元主義論は、社会におけるさまざまな利益を代表する利益団体が利益をめぐって競争し、交渉し、そして妥協した結果として、実質的な政策が決定されると考える。他方、コーポラティズム論は、各領域における利益団体は労働組合と経営者団体のそれぞれの頂上団体に集約されるという階層的構造があり、それらの頂上団体に政府を加えた三者の交渉によって政策が決定されると考える。

1980年代頃の日本の政治学界においては、日本の政治はいずれの理論で理解できるかという点をめぐって論争があった。元々、多元主義の概念が生まれたアメリカでは、ある争点で対立関係にあった団体同士が別の争点では連合するという状況を想定していた。たとえば、労働政策をめぐって、鉄道の経営者団体と労働組合、そしてトラックの経営者団体と労働組合とはそれぞれ対立関係にあるが、陸上運輸政策において、政府が鉄道業界への優遇策を取りやめて代わりにトラック輸送を優遇しようとするときなどには、鉄道の経営者団体と労働組合は協調して反対するだろう。

これに対し日本の政治は、利益団体の対立／協調関係は政策領域ごとに縦割りされた「仕切り」の中に限られており、その中では当該政策を所管する中央省庁が重要な役割を果たすという、「日本型」の多元主義として理解できると指摘されてきた。この「仕切り」の中で、その政策領域における族議員、省庁官僚、そして関係する利益団体の相互作用によって政策が形成される。その三者の利益が既得権益を守るという点で一致するときには、三者が同盟のような固い協調関係を結ぶという**鉄の三角形**（**三角同盟**）がみられる。ここで強い影響力をもつ利益団体は、上述した団体分類でいえば、経済・業界団体や、農林水産業団体であった。これらの団体は、その豊富な政治的資源を利用しながら、族議員や官僚との関係を通じて、政策に対して一定の影響力を行使してきたのである。

（2）労働組合

上述した論争においては、日本政治をコーポラティズム論で理解しようとする見方も提示された。しかし、コーポラティズム論では労働組合が政府の政策形成に際して強い影響力をもつと想定するのに対し、日本における労働組合は、そういった影響力をほとんどもたないと考えられてきた。

日本の政策形成過程において、労働組合が影響力をもたないと考えられてきたのはなぜだろうか。自民党長期政権下の日本政治は、中心に政策過程があり、その周辺にはイデオロギー過程があるという、二環構造で理解することができる（村松、1981）。政策過程とは、政治の力を用いて利益を配分する過程を意味する。この過程における主要なアクターは、自民党、官僚、そして経済・業界団体や農林水産業団体であった。他方、イデオロギー過程とは、保守と革新のイデオロギー対立の過程である。それはつまり、既存の政治・行政のあり方に対して価値観のレベルからの大きな変革を迫る革新勢力と、既存の価値観を守ろうとする保守勢力とが対抗する過程である。革新勢力とは、政党としては社会党や共産党、利益団体としては労働組合や日教組などがあげられる。

労働組合も、加入する労働者に共通する利益を実現するための利益団体であるから、経済・業界団体や農林水産業団体のように政策過程に入り込んで、そういった利益を獲得するのが合理的な行動のはずである。しかし、労働組合は政策過程の主要なアクターとはみなされてこなかった。その主要な理由としてあげられるのは、労働組合の全国中央組織の中で最大規模であった日本労働組合総評議会（総評）が、公務員の労働組合中心の組織であったことである。労働組合が対立する相手方は経営者であるが、公務員の場合はそれが必然的に政府となり、待遇の改善などを求める経済闘争がイデオロギーをめぐる政治闘争に転化する傾向があった（森、2011）。

しかし、民間企業の労働組合の活動に注目してみると、労働組合は必ずしもイデオロギー過程のみで活動していたわけではなかった。企業別労働組合が中心の日本では、経営者側と激しく対立してストライキなどを頻繁に起こせば、その企業が倒産してしまうおそれがある。民間の労働組合は、経営者との協調路線をとることによって企業内で有利な立場を獲得し、利益を確保してきた。この活動を主導したのは大企業の労働組合であったが、その活動の成果は波及し、多くの労働者がその恩恵を受けることになった（久米、1998）。

（3）利益団体をめぐる政治環境の変化

利益団体をめぐる政治環境の近年の変化は、利益団体の政治的戦略や影響力に変化をもたらしている。

まずあげられるのは、規制緩和の潮流である。1980年代の新自由主義的改革以降、業界の既得権益を崩して一般消費者の利益になるよう各種の規制を緩和すべきという大きな流れがある。鉄の三角形は既得権を守ろうとするが、こうした流れの中で規制緩和に抵抗すると、消費者利益の「敵」としてマスメディアに扱われ、国民から強く批判されるおそれがある。小泉純一郎首相（当時）が郵政民営化を推進していた際に、それに反対する国会議員たちが改革を阻む「抵抗勢力」として否定的に報道されたのが、その例としてあげられる。

1990年代に行われた制度改革による影響もある。その1つは、衆議院の選挙制度が中選挙区制から小選挙区制を中心とする制度に変わったことである。中選挙区制の下では、選挙区の状況にもよるが、有効投票数の 10〜20％程度という得票率でも当選できたので、固定票の重要性が高かった。それゆえ、地元の有力な業界団体の支援を受け、その業界のための政策の策定に尽力する族議員になることが、選挙戦略として有効であった。しかし、小選挙区制で確実に当選するためには有効投票数の過半数の得票が必要であるため、業界団体だけではなく、幅広い有権者の支持を集めなければならなくなった。選挙制度改革前の衆議院議員は特定の団体のみと接触する「族議員型」の傾向が強かったが、改革後には多数の団体と接触する「キャッチオール型」へと変化している（濱本、2018）。議員と強いつながりをもっていた業界団体の側から見れば、そのつながりを独占することは以前より難しくなったといえる。

影響を及ぼしたもう 1 つの制度改革は、1990 年代後半に行われた行政改革によって、政策形成の一部がトップダウン式になったことである。「日本型」多元主義から捉えた日本政治は、政策領域ごとに仕切られた中で、その領域に関係する族議員、省庁官僚、利益団体によって実質的な政策が決定される、ボトムアップ式の政策形成過程であった。これがトップダウン式の政策決定に変化すると、利益団体が働きかけを行える機会は減少し、影響力は低下するだろう。

以上のように、利益団体が求める利益をインサイド戦術によって実現させるのは、以前と比べれば困難な状況になってきている。このような中で利益団体はどのような手法で利益を実現させようとするだろうか。1 つの可能性は、アウトサイド戦術の手法を併用することである。たとえば、タクシー業界においては 2000 年代初めに規制緩和が行われたが、2000 年代後半には規制緩和の見直しが行われ、結果として規制の再強化が実現した。規制強化は自由競争の制限を意味し、それは料金が下がらないという点で消費者の不利益となる。タクシーの業界団体は、規制緩和によって乗務員が低賃金・長時間労働に追い込まれ、それが利用者の安全性の低下につながるということを、規制緩和の弊害としてメディアを通じて政策決定アクターや有権者に認知させることに成功した（秋吉、2012）。このように、一定の範囲の人々の利益の実現を目指す利益団体にとって、その利益が他の多くの人々にも価値をもたらすという言説を用いることの重要性が高まっている。

▶▶▶ディスカッションを考える

第12章のディスカッションでは、消費者の利益よりも生産者の利益が政策に反映されやすいという状況が生まれやすいのはなぜか、そして、それは民主政治にとって望ましいことなのかが問われました。

弘斗さん　インターネットでもっと自由に映画を見たり音楽を聴いたりできるようになったら嬉しいですが、そのために署名活動をしたりして議員に働きかけるほどの熱意はもてなさそうです。

先生　なぜそう思うのですか？

弘斗さん　だって僕がやらなくても、インターネット上にはもっとアタマのいい人たちがいて、署名活動とか取りまとめてくれそうじゃないですか。だったら後からそれに乗っかった方が楽かなって思います。

先生　それがまさにフリーライダー問題（ただ乗り問題）ですね。皆がそのように考えてしまっては、消費者側の利益は政治過程に表出されません。では、どういう場合なら熱意をもてそうですか？

文菜さん　生活がかかっている場合でしょうか。インターネットでできることがちょっと増えたぐらいでは私の生活は変わりませんが、音楽業界の人たちは場合によっては会社が潰れてしまうかもしれないから、一生懸命になって、議員に働きかけたりするのでしょう。

先生　そうですね。さらに、一般の消費者に比べれば、業界団体の関係者は遥かに少数であることからも、フリーライダー問題を解決しやすいといえます。ではこのように生産者の団体の意見や利益が反映されやすいという状況については、望ましいことでしょうか？

弘斗さん　消費者の利益がないがしろにされるのは、何だか腑に落ちないところがありますね。

文菜さん　消費者の立場だけから見ればあまり望ましいとはいえませんが、私たちも職に就けば生産者にもなるのだから、政治を全体として見たときにバランスがとれていればよいのかなと思います。

先生　よい視点ですね。民主政治においては選挙による民意が正統なものと考えられがちですが、利益団体による利益の表出も民主政治の一部をなしています。みなさんの関心のある政策領域において、どのような利益団体があって、その活動がどのように政策に影響しているのか、詳しく調べてみてはいかがでしょうか。

おすすめの本・ウェブサイト

オルソン、マンサー（依田博・森脇俊雅訳）（1996）『集合行為論――公共財と集団理論〔新装版〕』ミネルヴァ書房

集合行為問題について論じた古典の名著。フリーライダー問題などの集合行為問題は、利益団体の形成のみならず、さまざまな社会現象を読み解くために理解しておかなければならない概念である。

久米郁男（2005）『労働政治』中公新書

戦後日本政治において、利益団体としての労働組合がどのようにして労働者の利益や社会全体の利益の実現に貢献してきたかを明らかにする１冊。

辻中豊・森裕城編（2010）『現代社会集団の政治機能』木鐸社

日本の利益団体・市民社会の特徴について、多国間比較の視点も交えながら包括的に明らかにしようとする大規模調査プロジェクトによる研究成果の一部。

第13章

つながって大きくなる 1人ひとりの声 ——市民社会

にぎやかなお祭り、各種セミナーやイベントに参加する人々で溢れる文化センター、公園で炊き出しをするボランティア活動、市町村の重要な意思決定のために行われる公聴会、駅の前で社会問題のチラシを配る人たち、反原発を訴えるために国会前に集まる大勢の人たち。一人ひとりが集まってつながり、そこで共有される考え、意見、主張、要請を広げて訴え、またそこからやりがい、連帯感、市民としての充実感を味わう集合的な行動。こうした風景は私たちの周りに多く存在していた。しかし、突如として訪れたコロナ禍は「集まってつながる」ことを困難にした。政府セクターと市場セクターとともに、私たちの社会を支えている市民社会はどのようなものであり、それはコロナ禍でどのように変化したのか。**第13章**では、まず、市民社会とは何かを市民参加論と社会運動論を通して検討し、コロナ禍で変貌した市民社会の様子と新たな可能性を見る。

▶▶▶ ディスカッション

概要で取り上げた事例の多くは、多かれ少なかれ人々が集まってつながり、自治体や社会のために一緒に行動することを表している。政治学的にいうと、集合行動（collective action）である。こうした集合行動はなぜ、どのように行われるのか。

アメリカの経済学者であるマンサー・オルソンは、まず、人間の合理性、つまり、負担を避け、自己の利益を最大化しようとする判断に注目した。そして、合理的個人は、公共的目的（公共財）を持つ集合行動に参加する動機を持たないと主張した。なぜなら、公共財は実現すればだれもがその利益を享受できるために、その集合行動にわざわざ参加しなくてもその結果の利益を得られるからである。この合理性に基づいて、個人が集合行動に参加しないという考え方は、「**フリーライダー問題（ただ乗り問題）**」として知られている。たとえば、労働組合の場合、一般の労働者は労働組合に加入したり、春闘などの運動に参加したりしなくても、賃上げという利益を受けることができる。そのため、合理的個人が社会運動に参加し、社会集団に加入するということは、自動的に行われるものではない、フリーライダー問題を克服すべきだとオルソンは論じた。

何も負担しなくても利益は得られると判断し、集合行動に参加しないというフリーライダー問題を克服するため、オルソンは、２つの解決策を提示した。１つは、集団の大きさに注目し、大きな集団より小さな集団の方がフリーライダー問題を克服しやすいとした。それは、小規模な集団では、メンバー間でお互いに参加しているか、きちんと活動をしているかなどの相互チェックが比較的簡単である一方、大規模な集団では、こうした相互チェックが難しくなり、ただ乗りしようと考える傾向が強くなるからである。もう１つは、集団のメンバーだけに特定の利益（財やサービス）を与えることを意味する「選択的誘因」を提供することで、フリーライダー問題を解決できるとした。生活協同組合に加入した組合員のみに適用される割引価格や会員だけに提供されるセール情報などが、一例である。

しかし、このようなオルソンの議論は、人間の合理性を前提としているため、ボランティア団体のような利他的集団への参加や、選択的誘因を設けていない多数の社会集団を十分に説明できない、という限界が指摘されている。

では、このオルソンの見方を踏まえて、次の問いを考えてみよう。

あなたは、大学の授業料が毎年高くなる状況を踏まえて、この問題を解決したいと考えている。その1つの方法として、奨学金制度の拡充を思いつき、それを実現するために様々な活動を企画する。まずこの問題を共有する人々を集める。そこから何が問題なのかをより多くの人々にわかってもらい、賛同を得るための活動を広げる。より多くの人の賛同を得ることによって、意思決定者の結果に影響を与えることができるだろう。そのために、あなたは、周りの友達とのつながりやTwitter、InstagramなどのSNSを活用することもできるし、署名活動や講演会などのイベントを企画することもできる。集まってつながることで影響力が生じる。

しかし、ここでオルソンが指摘したフリーライダー問題が生じうる。あなたは、SNSでの書き込みや拡散、署名への賛同を訴えかけたとしても、学生たちはわざわざ時間を割いて賛否を考え、個人情報を明らかにしてまで署名する、という動機を持っていないかもしれない。なぜなら、署名しなくても、奨学金が拡充されたら、その制度の恩恵をうけることができるからである。

このフリーライダー問題は、さらに、コロナ禍でより顕著になった。感染症拡大防止のために集まることができない状況で、授業形態の決定など、意思決定過程に学生の意見を反映するように働きかけたいとしても、その声をまとめることすら難しくなったからである。

オルソンはこのようなフリーライダー問題を克服するため、2つの解決策を提示しているが、あなたなら、どのような方法を用いて解決するだろうか。他の方法はありうるだろうか。またコロナ禍のように、集まることが難しくなり、フリーライダー問題がより顕著になる状況下では、どのような方法で集合行動を行うことができるだろうか。

1　市民社会とは

近代国家が成立し強大化するにつれて、国家は市民社会を統制するようになり、市民社会は国家権力に従う傾向が強くなった。代議制民主主義が多くの国によって採択され、投票を通して市民の政治参加が行われてきたものの、多くの国においては市民社会の自由な活動や意思決定は依然として確保されなかった。しかし、1980年代後半、東ヨーロッパの市民社会が民主化運動を起こし、社会主義国家の崩壊をもたらす一因となったことから、市民社会は新たな注目を集めるようになった。日本でも、1995年の阪神・淡路大震災の際のボランティア活動を通して市民社会が注目されはじめ、1998年には特定非営利活動促進法（NPO促進法）が制定されたことから、市民社会の議論が活発になった。これを背景に、市民社会の性格や成熟度、活動というテーマは、国家との関係や社会において重要性を高めつつ、民主主義の議論も深まるようになっている。

では、市民社会とは、具体的に何を意味するのであろうか。この言葉の歴史は古く、論者によって定義は異なるが、ここでは2つの大きな特徴を指摘しておきたい。第1の特徴は、市民社会とは国家から独立した領域だということである。そのなかでも特に、営利活動を行う市場と家族という私的領域を除く公共的空間が、市民社会の固有領域として見なされている（坂本、2017、2頁）。第2の特徴は、自発的結社の集合体、すなわち社会の様々な集団を意味することである。この集団には、スポーツや音楽のクラブから、自治会・町内会、労働組合、農林水産業団体、経営者団体、市民団体、NPO、NGO、宗教団体といった幅広い集団が含まれる。

社会の様々な集団に注目して市民社会をとらえる見方は、特に、政治学の市民社会研究に大きな影響を及ぼした。集団は、曖昧な概念になりかねない市民社会の中で、観察しやすい存在であるだけではなく、個々人が市民活動や政治活動に参加しやすくする手段でもある。人々は集団で集まってそこでつながり（連帯）（労働組合に加入し、労働者間にネットワークを作る、など）、集団の要求に沿って社会運動を起こしたり（勤務条件向上のためにストライキを行う、など）、さらには、その要求を実現するために政治家や官僚に働きかけ、政府の決定に影響を及ぼそうとする（労働組合は、ある政策をめぐり政治家や官僚に意向を伝える）。このように、集団を通して市民社会を見てみると、市民社会論の多くの側面が浮かび上がってくる。

2　市民参加論

（1）市民参加論とは

大学で多くの学生たちは各々の興味に合わせてサークルに加入し、活動に参加する。私たちは、実は身近にある多くの集団に所属しているし、目を広げれば、多くの社会集団が存在していることがわかる。一定の居住区域で作られる自治会・町内会から、スポーツや音楽クラブ、婦人会のように、政治活動とは関係のない団体や、環境団体、ボランティア団体、福祉団体のように普段から政治・社会とかかわる活動を行う団体まで、幅広い。ここでは、市民参加論の中で重要な概念である「ソーシャル・キャピタル」について考え、国家と市民社会の関係、そして民主主義に向けた意味合いを探っていく。

（2）なぜ市民参加は重要なのか

フランスの政治家であるトクヴィルは、19世紀はじめにアメリカを訪問した後、次のように述べている。「アメリカ人は年齢、境遇、考え方の如何を問わず、誰もが絶えず団体をつくる。商工業の団体に誰もが属しているだけではない。ありとあらゆる結社が他にある。宗教団体や道徳向上のための結社、真面目な結社もあればふざけたものもあり、非常に一般的なものもごく特殊なものも、巨大な結社もあれば、ちっぽけな結社もある。」（トクヴィル、2008、118頁）。すなわち、市民が日常生活の中で、絶えず自発的に参加する結社をつくっていることが、アメリカの民主主義の根幹をなしていると論じたのである。こうしたトクヴィルの見方は、アメリカにおける政治活動やコミュニティ活動（PTAやロータリークラブなど）、ボランティア活動、教会活動などへの市民参加に関する研究を促した。

一般に市民参加は重要だといわれているが、それはなぜだろうか。それは、「自発的な結社は民主主義の学校」という言葉があらわすように、市民参加は、「市民道徳」や「市民としてのスキル」を身につける教育的役割を担っているからである。民主主義社会で市民は、社会集団への参加を通して、コミュニケーション能力を習得し、熟議や妥協という合意形成の方法を実体験から学び、また政治・社会に対する認識も深めることができるのである。

こうした市民参加をめぐる議論は、アメリカの政治学者であるロバート・パットナムがソーシャル・キャピタルという概念を提示したことによって、大きく発展した。

（3）ソーシャル・キャピタル（社会関係資本）論

パットナムは、著書『哲学する民主主義』（2001）の中で、イタリアの北部と南部の地方政府の統治能力がそれぞれ異なるのは、市民集団への参加や活動がもたらす市民的共同体の成熟度の高低に起因するとした。つまり、自発的結社と市民活動が活発な北部では地方政府はうまく機能している一方、そうでない南部では不具合な地方政府の統治能力が際立つとした。ここで、パットナムは、地方政府の統治能力に影響を与える「**ソーシャル・キャピタル（社会関係資本）**」に注目したのである。

パットナムは、ソーシャル・キャピタルを「人々の協調的行動を促すことにより社会の効率を高めることのできる信頼・規範・ネットワークなどといった社会組織の特徴」と定義した（パットナム、2001、206頁）。それ以来様々な論者がこの定義について議論している中、ソーシャル・キャピタルは「信頼」、「互酬性の規範」、「ネットワーク（絆）」の3つの側面を持つという認識は共有されている（稲葉、2011）。このような定義のもとに、パットナムは、ソーシャル・キャピタル論に「市民社会に存在する多種多様なネットワークの意義、それらネットワークに個々の市民が参加することの意義、市民同士が自発的に協調し合う関係を築くことの意義」を見い出し、ソーシャル・キャピタルによってフリーライダー問題を克服するという観点を新たに提供した（坂本、2010）。この観点は、政治学以外の社会科学の多くの分野でも、ソーシャル・キャピタルがもたらす効果やその要因に関する研究に大きな影響を与えている。

ここからは、ソーシャル・キャピタルがもたらす2つの効果について考えてみたい。1つ目は、政府の統治能力（ガバナンス）の向上が挙げられる（辻中、2019）。先ほど述べたように、パットナムは、イタリアでソーシャル・キャピタルが地方政府の統治能力に影響していることを指摘した。この主張は、ソーシャル・キャピタルが、いかに、どのような経路で、統治能力に影響するのかが明らかではないという批判を受けつつも、その後、この分野に関する多くの研究の土台となった。

次に、2つ目の効果としては、社会を安定させるという側面である。ソーシャル・キャピタルが高い地域では、地域コミュニティの一体感の醸成と犯罪の抑制が見られ、社会が安定するのである。こうした議論は、最近では災害復興に関する研究へと発展している。ダニエル・アルドリッチは、1923年に起きた関東大震災や1995年の阪神・淡路大震災、2004年のインド洋大津波、そして2005年のアメリカのハリケーン・カトリーナによる災害を事例とし、ソーシャル・キャピタルの高い地域では災害復興がより早く進むことを明らかにした（アルドリッチ、2015)。この議論は、さらに2011年の東日本大震災にも応用され、災害に見舞われた人々への多くの支援は友人や近所の人々からのものであること、また、信頼やつながり、市民参加が災害復興を促進することが論じられた（川脇、2019)。

では、このようなソーシャル・キャピタルは、何によって作り出されるのであろうか。第1には、歴史・文化的な要素が考えられる。パットナムによれば、イタリア北部では水平的ネットワークを基盤に市民的共同体が構築されたことにより、行き届いた統治が行われた一方、南部では垂直的ネットワークに基づく市民的共同体がもたらされ、汚職などの悪名高い統治が行われたとされる。パットナムはこの水平的ネットワークと垂直的ネットワークの違いを究明するため、中世における北部の共和政と南部の王政にまでさかのぼり、その形成過程を明らかにしている。しかし、こうした歴史的な説明は、後に歴史決定論であるとして批判にさらされることにもなる。

ソーシャル・キャピタルを生み出す第2の要素としては、社会的変化が挙げられる。パットナムは、アメリカにおけるソーシャル・キャピタルの低下を論じた著書『孤独なボウリング』（2006）の中で、1960年からの30年間で政治参加や市民参加などの様々な参加のあり方が後退したと指摘し、その原因を主に世代間の違いから説明している。戦争を経験していない若者の増加が、市民活動に参加しない傾向を生み出した、とパットナムは分析しているのである。これ以外にも、バラエティー番組のような娯楽の要素の強いテレビ番組の視聴時間（身近な例とすればビデオゲームなどをする時間）の増加も、ソーシャル・キャピタルの低下に影響を与えたとした。

（4）国家との関係、参加型民主主義への議論

「市民道徳」や「市民としての力」を育む自発的結社と市民参加は、民主主義社会の中心的要素である。このような議論は、政治学においては、ソーシャル・キャピタル論を中心に行われてきた。特に、パットナムは、ソーシャル・キャピタルが政府の統治能力を高めるという議論を展開し、国家と協力する市民社会の姿を浮き彫りにした。災害復興のために、政府（行政）と力を合わせ、1人ひとりの市民（個人）と政府との間を取り持つ市民集団の活動が代表例として挙げられる。このような事例から、参加型民主主義が論じられるようになった。一方で、このような政府への協力は、ファシズムのように非民主的な目的で利用されうるマイナスの側面も持つという指摘もある（坂本、2010、25頁）。ソーシャル・キャピタルを考える際、国家との関係性から市民社会の自律性を検討することが、重要な意味を持つといえよう。

3　社会運動論

（1）社会運動とは

私たちはニュースで世界中で行われる多くの抗議運動を見る。たとえば、「黒人の命を守れ！」を掲げたアメリカでのブラック・ライブズ・マター（BLM）運動、「逃亡犯条例」の改正に反対する香港での雨傘運動、セクハラや性的暴力を告発したミートゥー（MeToo）運動などが挙げられる。国内に目を向けると、福島原発事故を受け、原発反対を訴える反

原発運動や集団的自衛権を認める「安全保障関連法案」に反対する抗議運動、国葬反対運動までかつてみられなかった大きな規模の抗議運動が見られた。

このように、私たちの社会の中では、集会、デモ行進、座り込み、ストライキ、署名活動、暴動など、様々な形で抗議活動が行われている。こうした抗議活動は、革命から民主化運動、そして住民運動のかたちであらわれたりする。このような活動を総じて社会運動と呼ぶ。

それでは、社会運動とはどのように定義できるのか。社会学者のシドニー・タローによると、社会運動は、「エリート、敵手、当局との持続的な相互作用の中での、共通目標と社会的連帯に基づいた、集合的挑戦」であり、その特性は、「集合的挑戦、共通目標、社会的連帯、持続的な相互作用」である（タロー、2006、24頁）。

こうした社会運動は、なぜ起こるのか、なぜ人々は自分の時間とお金をかけてまで、社会運動に参加するのだろうか。

（2）なぜ社会運動は起こるのか

かつて社会運動論は、社会の構造的変化によって必然的に発生するもの、もしくは、社会の中にある緊張からもたらされる疎外感や不満を抱いた人々によって引き起こされるものとして、社会運動を説明していた（スメルサー、1973）。しかし、オルソンの議論に影響され、社会運動は合理的個人の判断のもとで行われる合理的な行動であり、おのずと起こるものではなく、社会に常にある不満を操作し、社会運動への参加を促すことのできる組織、資金、活動家の役割などといった「資源の動員」があるからこそ発生するものであるという考え方が登場するようになった（McCarthy and Zald, 1977）。これが、「**資源動員論**」である。

資源動員論は、旧来の社会運動論と異なる2つの特徴を持つ。1つは、社会運動を合理的行動と見なした点である。資源動員論によると、社会運動は資金などの物理的資源、ネットワークなどの非物理的資源に基づいて、コストと利益を計算した上で起こす合理的・戦略的行動である。資源動員論の登場により、社会運動はかつて社会に不慣れな人々が集まって抗議する、時には暴動ともいわれる、社会病理学的な説明から、参加の合理性を強調する考え方へ大きな転換を果たした。もう１つは、それまで社会運動の発生を説明する際に不可欠とされた「不満」を、「どの社会にもいつでも存在する」ものと認識したことである。つまり、不満が存在することだけで必然的に社会運動が発生するのではなく、むしろ、活動家（リーダー）や組織（団体）によって「不満」というものが定義され、作り出され、操作される過程があってこそ、社会運動が発生することを示したのである。そのため、資源動員論では、資源（資金と活動に費やす労力）の蓄積やその使い方に着目することが重要であり、特に組織を分析することの必要性が強調され、社会運動組織の研究に大きな影響を与えた。

一方、1960 年代のアメリカの公民権運動を分析し、「政治過程論」を提唱したダグ・マックアダムは、社会運動を「合理的」で、さらに「政治的」なものとしてとらえ、社会運動論を一層発展させた（McAdam, 1982）。

マックアダムは、社会運動の合理性を強調した資源動員論を評価しつつも、資源動員論が社会運動を取り巻く環境、特に政治的環境の重要性を見過ごしていることを指摘した。その上で、社会運動を「政治的」なものととらえ、さらにその「過程」を見ることが重要であると主張した。マックアダムによると、社会運動の発生には、政治的機会構造、土着組織の強さ、そして認知的解放という３つの要素が必要である。

第１に、政治過程論が社会運動の発生を説明する要素として最も強調するのが、「政治的機会構造」である。この立場では、政治的制度や政策、政治家の動きなどが抗議行動側にとって好意的なものに変化する――すなわち、政治的機会が開かれる――と、抗議行動が発生する可能性が高くなるとされる。言い換えれば、抗議行動に好意的な政治的環境が整うと、抗議集団と対立勢力の力の差が縮まる効果や、国家が社会運動を抑圧するコストが高まる効果がもたらされるとしている。第２の要素は、「土着組織の強さ」である。これは、社会運動の発生には、アメリカの公民権運動の場合でいえば、地元の教会のように昔からその地域にある組織、すなわち、運動が置かれている政治・社会的状況をうまく利用するリーダーやネットワークなどの組織の力が必要であることを強調するものである。最後に、第３の要素として「認知的解放」が挙げられる。これは、政治・社会の状況をどのように認識するかという、現状を解釈するアクターの「主観的認識」を意味している。この考え方は、政治的機会構造が直接的に行動に結びついているのではなく、人々の認識が両者を媒介するという考え方に基づいている。

マックアダムは、社会運動が発生するには、この３つの要素がお互いに作用しなければならないとしている。つまり、大きな社会経済的な変化によって政治的状況が社会運動側にとってより好意的な方向に転じ、この好意的政治環境が土着組織と結び付けられ、さらに、人々の考え方や政治・社会に対する認識が変化することにより、実際の抵抗運動が起こるという。このように、政治過程論は、社会運動の発生における政治的機会構造という政治的環境を軸としながらも、組織や人々の認識を分析枠組みに取り込み、社会運動論に大きく貢献した。

（３）社会運動論の展開

こうしたマックアダムの議論を受けて、社会運動論は、主に４つに分類されて発展していくようになる。それは、政治的機会構造論、動員構造論、フレーミング論、そしてレパートリー論である。

第１の**政治的機会構造**論は、マックアダムが強調した、社会運動に影響を及ぼす政治的環境を理論化したものである。タローは、政治的機会を「成功や失敗に関する人々の期待に影響を及ぼすことによって集合行動への動機を与えるような、政治的環境の一貫した（しかし必ずしも公式的、恒常的なものではない）さまざまな次元のこと」と定義し、政治的機会を構成する要素として、次の5つを提示している（タロー、2006、139頁）。それは、政治的アクターに対するアクセスの増大、政治的提携の変動、政治エリートの分裂、影響力のある強い協力者の有無、政府の抑圧と促進、である。タローは、それぞれの政治的要素が社会運動の成功への期待感に影響を及ぼし、社会運動を起こしたり、衰退させたりすると説明している。

第2の動員構造論は、資源動員論に基づく研究から生まれた考え方である。動員構造というのは、「人々の集合行動への参加や関わりを容易にしてくれる、公式・非公式な総合的手段」を意味し、社会運動組織や活動家、ネットワークの役割に焦点をあてるものである（McAdam, McCarthy, and Zald, 1996）。

第3の**フレーミング論**は、現実をどのように認識するかの枠組みを作ること（フレーミング）の重要性を強調する議論である。**フレーミング論**とは、現実に明確な枠組みを与え、その枠組みに共感する人々を統合し、社会運動に導くという枠組みを作り出す過程こそ、社会運動の発生に必要であると主張するものである（Snow et al., 1986）。たとえば、2000年にボリビアで起きた「水戦争」（政府と民間企業により推進された水道事業の民営化に反対した運動）で、反対運動のリーダーたちは、多くの市民に、社会的弱者を意味する「先住民」というアイデンティティを与えること（フレーミング）に成功し、このアイデンティティにボリビアの市民が共感した結果、多くの人々が民営化反対運動に参加したのである。

最後のレパートリー論とは、社会運動の行動様式（アクション・フォーム）に関する議論である。実際の社会運動は、署名活動、座り込み、デモ行進、集会、ストライキ、暴動など多様な運動様式を用いて行われる。レパートリー論は、このような多様な行動様式の中から、活動家や参加者はなぜ特定の行動様式を選択するのかという問いを立て、そうした選択に影響を及ぼす可能性のある政治体制や、政府の統治能力、文化的な違いといった様々な要素を検討する（Tilly, 2008)。たとえば、暴力という行動様式の場合、社会運動に参加している市民は、いつ、どのように暴力を使うのかという問いのもとで、政府の暴力的鎮圧との関係を考えることができる。レパートリー論は、社会運動の行動様式に着目することで、社会運動の形態の変化や社会運動の流れに関する研究を促した。

（4）国家との関係、直接民主主義への議論

社会運動論に大きな貢献をした3人、マックアダム、ティリーとタローは、各々の理論を統合する形で「たたかいの政治」という考え方を新たに提唱した。これは、「特定の人々によって、他の人々や重要な政治アクターに対して行われる、公的かつ集団的な請願であり、少なくとも1つの政府が抗議の主体、抗議対象、または抗議主体に対する第三者として想定される」（McAdam, Tarrow, and Tilly, 2009)。この定義において政府（国家）とは、社会運動側に、政府としての権利を要求する主体や、社会運動側が要求を行う対象、あるいは社会運動側の要求に対する第三者として、常に重要なアクターとなっている。この点から、国家に要求もしくは対立する市民社会像が浮かび上がってくる。このように、国家をターゲットとして働きかける市民社会や社会運動は、選挙による統治である間接民主主義とは異なり、直接民主主義の扉を開く可能性すら持ち合わせているといえよう。

4　コロナ危機のなかでの市民社会

2020年初め頃に世界を覆った新型コロナウイルス感染症の危機を受け、多くの国は国境をはじめとした街のロックダウンを余儀なくされた。その際に、「ソーシャル・ディスタンシング」（日本では「ソーシャル・ディスタンス」という言葉がよくつかわれていたが、これは社会的・心理的距離を

取り、孤立する意味も含んでいることから、人的接触距離の確保を意味する「ソーシャル・ディスタンシング」がより多く使われている）という言葉が使われた。集まってつながることで社会の様々な問題に取り組んできた市民社会からは、この言葉や措置は社会的孤立を誘発するとして非難された（のちに「フィジカル・ディスタンシング」という言葉が使われるようになった）。危機の時こそ、人々はつながって助け合うことが求められ、そのつながりを円滑にする市民社会の重要性はより増していく。コロナ危機はこうした「フィジカル・ディスタンシング」の際に、市民社会がどのようにつながるのかが問い直された。

同時にコロナ危機での多くの政府の措置は、従来のような対面の要求や抗議活動を難しくさせたのも言うまでもない。それに対して市民たちは新たな形で抗議活動を展開していった。なかでもSNSを通して「ハッシュタグ」をつける・拡散することで要求や抗議内容を謳っている「ハッシュタグ運動」がより活発になった。

「集まる」ことが生命を脅かすことにつながる危機のなかで、市民社会は大きな試練に直面したが、そのなかでも個人と共同体、社会をつなげて危機を乗り越える可能性を見つけてきたのである。ポストコロナ時代における市民社会の新たな変化に注目する必要があるだろう。

▶▶▶ ディスカッションを考える

第13章のディスカッションでは、奨学金制度の拡充を実現させるための活動を企画したとき、より多くの人に賛同してもらうにはどうしたらよいかが問われました。

先生　みなさんはどう考えましたか？

弘斗さん　確かに、「よし参加しよう！」とは、なかなかならないかもしれません。

文菜さん　奨学金制度の拡充が実現すれば、一生懸命活動に関わった人もそうでない人も、同じように恩恵が受けられますもんね。

先生　オルソンの２つの解決策を参考にして、考えてみてはどうでしょうか？

文菜さん　小規模な集団ですと、フリーライダーが見つけやすい。でも、奨学金制度を拡充させるためには多くの人に参加してもらう必要がある……。

弘斗さん　難しいジレンマですね。

文菜さん　となれば、選択的誘因を考える必要がありそうですね。

弘斗さん　誘因、ですか。お金がないから奨学金制度の拡充を訴えているのに、金銭的な余裕はあまりないんじゃないですか。

先生　誘因は必ずしもお金でなくてもよいのですよ。みなさんが何か行動を起こすときの誘因って、お金だけですか？

文菜さん　精神的なものも誘因になりますね。

弘斗さん　他の人とつながることができる喜びも誘因になりますね。

先生　いいですね。

文菜さん　ただ署名を求めるだけではなくて、もう少しいろいろな人と関わることで連帯感を味わえるような仕掛けを考えるのもよいですね。

弘斗さん　仲間から必要とされていると感じる機会が増えれば、活動する団体に対する帰属意識も高まりますね。

文菜さん　その活動に参加することの社会的意義や使命感も誘因になりますね。そういった認識を広めていくことも方法として重要ではないでしょうか。

先生　ボランティア団体や宗教団体など、様々な団体が集合行動におけるフリーライダーの問題に直面し、回避するためにいろいろな方策を練っています。ぜひ一度、そういった団体の日頃の活動や組織形態を、フリーライダーの予防という観点から見つめ直してみてもおもしろいと思います。

おすすめの本・ウェブサイト

パットナム、ロバート・D（河田潤一訳）（2001）『哲学する民主主義』NTT 出版

政府の統治能力に影響を及ぼすソーシャル・キャピタルに着目し、政治学におけるその重要性をはじめて論じた１冊。市民参加、信頼、規範、ネットワークなどといったソーシャル・キャピタル論を勉強する際には必須である。

タロー、シドニー（大畑裕嗣監訳）（2006）『社会運動の力』彩流社

社会運動における政治的環境、組織、行動様式などについての主要な議論を行った上で、社会運動のサイクルを分析した１冊。社会運動に興味がある人には特におすすめしたい。

坂本治也編（2017）『市民社会論――理論と実証の最前線』法律文化社

市民社会をテーマとする諸分野、活動家の実践から学問分野、特に政治学と社会学の理論と実証を網羅して取り扱った１冊。市民社会を研究テーマとする際に参考とするにすばらしい。

終 章

ジレンマの向こうへ

「ゆりかごから墓場まで」。福祉国家はそう表現されることが多い。一方で、この分娩台でやがて産み落とされるであろう胎児は、既に母親の妊婦検診時にエコーで心音をチェックされたときに、母親への妊婦検診に対する金銭的な助成や産婦人科医や助産師が駆使した医療技術への研究助成などといった形で、産まれる前から政府の支援を受けている。

ゆりかごよりももっと前から、私たちは政府の関与のもとにある。

このように、もはや私たちの生活や人生とは切り離せなくなった政治権力を、うまくコントロールするにはどうしたらよいのか。開放性と効率性、民意と自由、利益と感情、これから先の民主主義のゆくえについてなど、対立する概念について、これまでの章を踏まえながら議論する。

1　開放的か、効率的か

これまでの章では、私たちが理想とする社会の実現のために、制度を中心に政治の様々な領域を見てきた。ここで、**序章**で提示した「開放的」と「効率的」の軸に沿って、本書で紹介した政治制度を振り返ろう。

第2章では執政制度を勉強した。議院内閣制は、立法府（議会）の選挙だけで、行政府の長（首相）も決まってしまう点で効率的であり、一方の大統領制は、大統領と議会という異なる方法で選出された代表同士のチェックアンドバランスを求めるという点で効率的でないといえるかもしれない。しかし、大統領権限が強い場合は、固定された任期の間、大統領選挙時点での多数派が実権を握るので、効率的であるといえる。一方、議院内閣制を採用する国の議会選挙が比例性の高い選挙制度で、連立政権を組まなければ院内で多数派を形成できない場合、内閣は連立与党に参加している少数意見の勢力にも配慮するだろう。その場合は開放的といえる。

第3章と**第4章**では、選挙制度と投票行動について取り上げた。選挙制度では、少数意見がより議席に反映されやすい大選挙区制が開放的で、多数意見が議席を独占しやすい小選挙区制の方が効率的、といえるだろう。**第5章**の政党システムでいえば、少数意見が議場で独自の勢力として議席を確保しているという点では、一党制よりも二党制、二党制よりも多党制の方が開放的であるといえる。

しかし、気をつけなくてはいけないのは、**第5章**で見た政党組織である。当選に党の公認が不可欠であったり、党の政策的方針や比例名簿の順位などの党内の意思決定手続が集権化されていたりして、党の執行部の権限が強い場合は、比例代表制や多党制であっても、ごく限られた政党エリートが実権を握り、少数意見が排除されているのかもしれない。また、選挙が政党本位というよりも候補者個人本位で営まれる傾向が強かったり、党内の意思決定手続が分権的であったりするなど、党執行部の力がそれほど強くない場合は、二大政党制や一党優位体制であっても、少数勢力が大政党の傘のもとで議席を確保できているのかもしれない。政党内部の組織構造にも目を向けよう。

第6章の議会制度についていえば、一院制の方が効率的で、二院制の方が開放的であるといえよう。また、短い時間で法案を審議し、限られた政党の代表者しか論戦に参加できない本会議中心主義の方が効率的で、じっくりと法案を審議し、より多くの議員に発言の機会がある委員会中心主義の方が開放的であるとも考えられる。ただ、委員会中心主義であっても、党議拘束が強かったり、所属議員の発言に党執行部の影響が大きかったりする場合には、本会議中心主義と実質的に変わらない。ここでも、政党組織構造に着目する必要性が出てくる。

第9章では、中央と地方の政治制度の違いにも触れた。中央政府が担う外交や国防などは、迅速で一枚岩の効率的な意思決定が求められる一方、福祉や教育など多くの市民の日々の生活に深く関わる政策を担う地方政府の意思決定は、開放性が求められるのかもしれない。となれば、採用すべき政治制度は、中央と地方で異なっていてもよいだろう。

このように、各国の政治制度は他の政治制度やそれを構成する組織と互いに影響し合い、補完的な関係にある。あなたは各国の政治を分析する場合や、望ましい政治制度を構想する場合は、1つの政治制度を見るだけでなく、他の政治制度や組織も踏まえて見ていかなくてはいけない。

2　エリートのための政治学？

忘れてはいけないのは、政治制度は、一般的に政治的なエリートが作ったということである。

ここでもう1つ、「民意」と「自由」という概念を示したい。実はこの２つの概念は、ときとして対立する。

アメリカ独立戦争を含む市民革命の担い手は誰であったか。ブルジョワジーであった。しかし、思い出してほしい。ブルジョワジーたちは市民革命を成功させた後、ただちに選挙権など政治に関する権利を農民や労働者たちにも開放しただろうか。フランスでは、1792年に王制廃止を宣言した国民公会のための選挙を一度、男子普通選挙で実施したのみで、再度の普通選挙は20世紀になるまで待たなければならなかった。

ブルジョワジーたちは、強大な王権が重税や規制などで、自分たちの財産についての自由を奪うことに抵抗した。君主や貴族たちは、血統を受け継ぐことによって様々な特権を享受していた。しかし、血統は、国を導くにふさわしい卓越した識見や、良心を備えている保証にはならない。しかし、だからといって国民はどうか。識見や良心を欠く大衆が、数の力によって強大な権力を獲得し、同じように自由を脅かすならば、それは君主制と何が違うのか。

そこで、市民革命の担い手たちは、どうしたか。行政、立法、司法。権限を分割し、それぞれに従事するメンバーの選出方法や投票日をずらすことで、特定の多数派に権力が集中することを避けようとしたのである。多くの近代国家では三権分立が採用され、特にアメリカは三権のそれぞれの独立性が高い大統領制を生み出した（待鳥、2015）。

したがって、あなたは立法府の議員と行政府の執政長官をそれぞれ別の選挙で選出し、その都度の民意を反映させる大統領制度を、民意に大きな信頼を置く政治制度なのかと思うかもしれない。しかし、制度の導入者の意図はむしろ逆で、その暴走の結果、自由が損なわれることを恐れて、民意の代表者と民意の代表者をぶつけ合い、抑制と均衡のメカニズムを装備したのである。

しかし、政治制度がエリートの制作物だからといって、それを取り扱う政治学がエリートのための学問であるとは限らない。それはもちろん、官僚や政治家に将来なって、何かしらの制度を作るとき、政治学はその役に立つことだろう。たとえば、アメリカのブルジョワジーたちが多数の暴政を避けるために編み出した大統領制という政治制度を、その後に独立を果たした中南米やアジアなどの国々の少なくない「独立の英雄」たちが、オリジナルに改編し、自らが独立後も引き続き強い権勢をふるうための基盤に利用した。

しかし、**序章**で述べたように、法や経済や社会から漏れてしまった人を救済するところに、政治の存在価値がある。

政治学を学ぶということは、あなたを取り囲む政治制度の仕組みや長所と短所を知るということだ。それを上手に活用すれば、あなたがたとえ官僚や政治家といったエリートにならなくとも、あなたの望む理想の社会の実現に近づくだろう。

たとえば、あなたがやめさせたい公共事業があったら、もっと多様な家族のあり方を公的に認めさせたいと願ったら、あなたはどうするだろうか。そのとき、諸外国で実際にそれらを実現した運動を参考にするかもしれない。しかし、政治制度が異なると、同じ運動を行ったとしても成否がわかれてしまう。

たとえば、民意を重んじ、立法府の選挙で多数をとった政治勢力が、議院内閣制のように行政の執政長官も押さえ、さらに裁判官の人事などを通じて司法に強い影響を与えることができる政治制度を採用している場合、重要なのは立法府の選挙となる。この場合は、立法府の選挙における争点化や広範なキャンペーン、有力な政党に対するアプローチが有効な手段になるだろう。一方で、民意を重んじた結果生じてしまうかもしれない多数の暴政について慎重で、大統領制の採用など、権力が高度に分散されている政治体制の場合は、立法府の選挙だけでなく、行政や司法に対しても働きかけを行った方が効果的である。

また、中央と地方が異なる執政制度・選挙制度を持つ場合、それは私たちに自由をもたらしているのかもしれない。中央と地方の政治制度の違いは、政党のまとまりを弱め、もう一方の政治制度では実現されないような意見の代表を可能にする。このとき、中央政府の決定に対する異議申し立ての拠点として、地方政治は利用できるかもしれない。

民意を重んじるのか、自由を重んじるのか。政治制度はそれを編み出した人のアイディアが反映されている。当時のエリートたちの利益や価値を学ぶことを通じて、制度についての理解は深まるだろう。そして、それを知ることは、現代に生きるあなたが、何かしらの政策を実現させたいとき、採用すべき戦略を練る際に役立つ。本書では、主に制度を扱ったが、政治史や政治思想にも目を向けてほしい。

3 「利益」と「感情」

序章で述べたように、代議制民主制だけを前提に政治を考えると、漏れてしまう人が出てしまう。代議制民主制が、有権者と政治家の委任関係を軸に成り立っている以上、「有権者」の資格を与えられなかった人たちは統治のメカニズムから排除されてしまいがちである。まさに誰を「有権者」とするのかの線引きこそ、政治である。そして、政治とは敵と味方の間に境界線を引くことである以上、それに対する異議申し立てもまた政治である。近代国家の代議制民主制は、一定の財産を持つ男性にのみ参政権を与える制限選挙からはじまった。近代の政治史とは、これらの条件が1つひとつ剥がれていって、有権者の範囲が拡張された歴史でもある。この史実に耳をそばだてれば、参政権を求めて運動した労働者や女性たちの足音が聞こえるであろう。今日、政治学を学ぶ私たちは、現在の代議制民主制の枠外に置かれた人たち、たとえばシリア難民やフランスの移民、在日コリアンなどの無国籍者たちの政治行動も、また眼差しの中に入れておく必要があるのではないか。そして、代議制民主制以外の回路については、**第12章**や**第13章**がヒントとなるだろう。

一方で、異なるバックグラウンドを持つ集団を、「味方」に編入することは、様々な軋轢を生む。

人は共同体の中で生まれ育ち、そこで価値や規範を身につける。異なる民族同士が同じ空間に存在することは、ときに豊かさをもたらすこともあるが、ときに衝突も生む。国家として、異なる複数の民族を対等な関係で1つの政治的共同体としてまとめ上げる試みは、幾度となく実施され、それが継続しているところもあれば、崩壊したところもある。

それは、民族間の「利益」をめぐる対立としてあらわれることもある。そして、同時に利益を超えた他民族に対する「感情」が、対立や融和をもたらすことも忘れてはいけない。民族やジェンダー、宗教など様々な側面で、人は「利益」と同時に「感情」において対立し、線を引こうとすることを忘れてはならない。

4　民主主義のゆくえ

最後に、民主主義の現状と今後について考えてみよう。

報道・表現の自由、集会・結社の自由、法の支配、三権分立がしっかりと保障され、複数政党による競争的な選挙が自由で公正に行われている。こうした国は「自由民主主義」の国と呼ばれる。日本もそうした政治体制の国の1つだ。しかし、世界の民主主義の動向を調査するスウェーデンのV-DEM研究所の報告書(2022)では、自由民主主義の国・地域数が2012年の最大42から2021年には34に減少した。これは、1995年以来最少の数値だった。

一方で、独裁国家が増加し、世界人口の70%（54億人）が独裁国家の住人である。自由民主主義の34か国は世界人口のわずか13%を占めるに過ぎない。

政府の手によって表現の自由が著しく悪化した国は過去最高の35か国で、10年前のわずか5か国から増加した。有害な分極化、反論の尊重、じっくり議論することに関する要素が32か国以上で悪化しており、これも2011年のわずか5か国から増加した。

この教科書は、代議制民主制を中心とした政治制度を扱ってきた。しかし、近年は「選挙権威主義」体制と呼ばれ、競争的な選挙を通じた独裁体制を維持・強化する国や地域も数多く観察されている。独裁者たちは、競争的な選挙で選ばれたことを強い権力を保持する根拠とし、自らの権力を抑制しチェックする司法部やメディアを抑圧しようとする。代議制民主制が採用されているからといって、私たちの自由民主主義が守られるわけではない。

新型コロナウイルス禍への対応では、いっとき権威主義体制の国家が持て囃された。しかし、そうした国家が発表するデータには改竄（かいざん）や捏造の可能性も常に指摘された。

第11章にあるように、フェイクニュースなどの偽情報が民主主義を脅かしていることも事実だ。しかし政府が公表するデータや表に現れている数値だけを元に議論することは危険が伴う。そういうデータや数値に基づかない議論を「陰謀論」と笑うのは簡単だ。だがそうした行為は時に、密かに政治過程を操作する独裁者を利することになるかもしれない。

だからこそ、本書で検討したさまざまな制度や組織が重要なのである。司法部やメディアのチェック（**第8章・第11章**）、地方自治や団体・結社、社会運動（**第9章、第12章、第13章**）はしばしば独裁的な中央政府に対する抵抗の拠点となってきた。独裁者たちはしばしば大衆に向かってこうした自分を脅かす制度や組織の中の人を、既得権益者だとか腐敗したエリートだとか囃し立ててなじる。時にポピュリズムの「燃料」にさえ利用される。今一度、政治とは何か、という問いを携えながら、こうした制度や組織の役割や価値について、教科書を読み返しながら考えてほしい。

V-DEM研究所の報告書はこうも指摘している。世界の平均的な市民が享受している民主主義の水準は2021年には1989年の水準まで低下し、過去30年間の民主主義の進歩は、今や根絶されつつある。民主主義は後退している。私たちが今享受している自由は、あと10年先、20年先も安泰なのだろうか。守るのは、誰か。私たちだ。

本書の執筆にあたり、弘文堂の中村壮亮氏には多大なるご助言とご助力をいただいた。記して感謝申しあげたい。

改めて序章の冒頭に戻ろう。法が守ってくれるものは法が守る。市場で解決できるものは経済が守る。家族や友人たちが助けてくれるものは社会が守る。そこから漏れてしまったものを何が救うのか。それは政治だ。弱く、少ない者たちのためにこそ、政治はある。

小さきものに幸あれ。

2023年3月

編著者　木寺 元

あ　行

アイデンティティ　自分自身、ないしは自分たちが何者であるかを定義づけるうえで参照点となる同一性や同一化のこと。アイデンティティを通じて人々は自らの目標や利害、あるいは社会との関係を説明することができる。さらに、アイデンティティは自らと異なる他者との対比において規定されることから、それが抑圧や排除、あるいは敵対関係の構築に結びつくという側面も持つ。〔山腰修三〕
➡207ページ

アジェンダ設定モデル　マス・コミュニケーション論の効果研究の中で提唱されたモデル。アジェンダとは、政治的・社会的な争点を指す。ある特定の争点がメディアで大きく取り上げられ、強調されると、受け手もその争点が重要だと認識する。このモデルの特徴は、メディアの影響力は人々の認知のレベルで強く作用すると説明した点にある。〔山腰修三〕
➡202ページ

足による投票　住民は、自分に見合った税負担と行政サービスを求めて、自治体を選ぶことができるとする理論のこと。このメカニズムが働くことにより、自治体は効率的な行政サービスを提供しなければ、納税者でもある住民を失うこととなり、財政的に厳しい状況に置かれることになる。〔辻陽〕
➡168ページ

アナーキー(無政府状態)　国際社会に中央政府がない状態を指す。国際社会には主権国家より上位の権力体は存在しない。このため主権国家に強制的に何かをさせる／させないことはできない。しかし、アナーキーとは必ずしも無秩序を意味するものではない。〔髙島亜紗子〕
➡179ページ

アリーナ型議会
→　**変換型議会／アリーナ型議会**

安全保障のジレンマ　他国の脅威に対抗するための（防衛目的の）軍備増強が、逆に他国に脅威を感じさせる要因となり、互いに軍事力増強を促し合うこと。このジレンマが生じるのは、軍事増強の意図が正確に伝わっていないことに原因がある。〔髙島亜紗子〕
➡181ページ

委員会
→　**本会議／委員会**

一院制／二院制　一院制とはただ１つの議院によって構成される議会を指す。これに対して、２つの議院からなる議会を二院制、または両院制と呼ぶ。〔髙島亜

紗子〕
➡105 ページ

イデオロギー　様々な社会集団、あるいは社会全体の中で共有されたものの見方や考え方の体系を指す。イデオロギーに基づいて、人々は社会が機能するあり方を理解し、社会的な「現実」を認識できるようになるが、そこには特定の価値観や利害が反映されることになる。したがって、イデオロギーは多くの場合、自覚されることなく社会の「常識」を形成する機能を果たす。〔山腰修三〕
➡206 ページ

ウェーバー、マックス　旧プロイセン帝国の社会学者、経済学者（1864〜1920）。現代にも読み継がれる多くの著作を残しており、代表作に『プロテスタンティズムの倫理と資本主義の精神』、『経済と社会』、『職業としての政治』などがある。晩年は宗教社会学の研究を行ったことでも知られる。〔木寺元〕
➡127 ページ

ウェストミンスターモデル　イギリスに代表されるような、単独政権と集権的な政党組織が組み合わされることによって強い執政がもたらされる議院内閣制のモデル。イギリスの国会議事堂があるウェストミンスター宮殿から、このように呼ばれる。〔早川有紀〕
➡033 ページ

M+1 ルール　各選挙区における有力な候補者数は、定数（M：Magnitude）プラスひとりに絞られることになるという法則。これにしたがえば、小選挙区制は定数が 1 だから、有力な候補者数は 1＋1＝2 となり、デュベルジェの法則が示唆する方向と一致する。〔山本健太郎〕
➡094 ページ

か 行

会期不継続の原則　会期中に議決に至らなかった法案を次の会期に持ち越さないという考え方。日本の国会もこの原則をとるが、例外として会期終了前に「継続審議」と議決された法案は、国会閉会中にも委員会で審査することができる。これらの継続審議案件は、次の国会で審議される。〔髙島亜紗子〕
➡108 ページ

革新自治体　共産党や社会党など革新勢力の支援を受けた首長が率いる自治体。1960 年代から 70 年代にかけて全国の都市部に誕生した。公害規制や福祉政策で成果を上げた。〔田中雅子〕
➡015 ページ

影の内閣（シャドウ・キャビネット）
アリーナ型議会であるイギリス議会で採用されている制度。イギリスでは野党第一党は、「女王陛下の野党」として公的地位を与えられ、「影の首相」を筆頭に影の大臣で影の内閣を組織する。政権奪取後は、彼や彼女たちが政権を担うのが一般的である。日本でも民主党が 1999 年に

「ネクスト・キャビネット」としてこの制度を模したものを誕生させた。〔高島亜紗子〕

➡105 ページ

官僚制の逆機能　本文の事例のほかマートンは、明確な権限は縄張り主義を生み出し、階層的な命令系統は権威主義的態度を助長し、文書主義は膨大で子細な手続き書類の提出を要求する（レッドテープ）ことなどを挙げた。〔木寺元〕

➡129 ページ

議院内閣制　首相および内閣が議会の信任を得ることによって選出され、選出された内閣は議会の信任を失わない限りにおいて任務を遂行する制度。議会の多数派から行政府のリーダーが選ばれる傾向にあるため、行政権と立法権が融合する状況が生まれやすい。〔早川有紀〕

➡032 ページ

キャリア官僚　かつての国家公務員試験Ⅰ種（現在の総合職の一部）合格者の官僚を指す。各府省の事務方トップの事務次官に就任する可能性があるなど、高位な出世が期待できる。一方、「キャリア」に対して、「ノンキャリア」は出世の程度も限られている。〔木寺元〕

➡120 ページ

行政委員会　複数人が協議して意思決定を行う組織体（合議体）で、一般の行政機構から独立して、行政の一部を担当する。自治体において、警察行政を管轄する「公安委員会」や教育行政を管轄する「教育委員会」は、この行政委員会の例である。中央政府では、「公正取引委員会」などがこれに該当する。〔木寺元〕

➡141 ページ

業績投票モデル　政治学者のフィオリーナが提唱した、有権者の現政権への評価が高いときには与党に、低いときには野党に投票すると考えるモデル。〔山本健太郎〕

➡073 ページ

銀行の銀行

→ **発券銀行、政府の銀行、銀行の銀行**

合意型（多極共存型）民主政治　言語などの社会的亀裂に基づいて政党システムが分断されているが、比例代表制とそれがもたらす多党制のなかで、大連合が形成され、中央・地方関係においても異なる社会集団同士の地域の相互自治権と棲み分け自治権が保障され、安定した民主政治を実現してきた。オランダやベルギーなどが該当する。〔山本健太郎〕

➡090 ページ

公共財　広義では、対価を払わない人も、払った人と同じように利用できる性質（非排除性）と、ある人がその財を消費したからといって他の人が消費できなくなることはないという性質（非競合性）のいずれかをもった財・サービスのこと。〔京俊介〕

➡223 ページ

合法的支配　ウェーバーの『経済と社会』の中で議論されている支配の３類型の１つ。ほかに「伝統的支配」と「カリスマ的支配」があり、近代になってから法律の条文に基づき行われる支配が「合法的支配」であり、支配のための機構が官僚制であると論じている。〔木寺元〕

➡128 ページ

コーポラティズム　コーポラティズム社会においては、多数の団体は、その利益を代表する１つの中央団体(頂上団体)のもとに集約され、階層化している。集中度の高い中央団体が政府の統制下に置かれる場合を国家コーポラティズムと呼び、政府と協力して合議を導く場合を自由主義的コーポラティズムと呼ぶ。〔具裕珍〕

➡227 ページ

国対政治　自民党の一党優位体制下で作られた、日本特有の国会運営のやり方。本来公開の場で行われる与野党の論議を、各党の「国会対策委員会」が非公開で折衝した。こうしたやり方は、1980 年代に自民党の汚職が明らかになるとともに、密室主義として強く国民の反発を買うようになった。〔髙島亜紗子〕

➡111 ページ

国民審査　最高裁判所の裁判官は、任命されてからはじめての衆議院議員総選挙と、それから 10 年後ごとの直近の衆議院議員総選挙で国民審査を受ける。国民審査とは、有権者は対象となる裁判官の氏名の書かれた投票用紙をわたされ、罷免すべきだと思う裁判官の氏名の上の欄に×印をつける。この×印をつけた票が有効投票数の過半数に至った裁判官は罷免されるという制度である。〔木寺元〕

➡148 ページ

国民代表制／立法機能／争点明示機能
国政を担う議会に必要な３つの機能。国民代表制とは、選挙によって選ばれた議員が国民（主権者）全体の利益を代表すること。立法機能は、議会が法律を作る能力のこと。争点明示機能は、議会で論戦が繰り広げられることで、何が問題であるかを明らかにすること。〔髙島亜紗子〕

➡103 ページ

55 年体制　1955 年に結成された自民党が 1993 年までの長期間、事実上単独で一貫して政権を担当するという、与野党の関係が固定化した政治体制。〔田中雅子〕

➡013、059 ページ

国家公安委員会　国務大臣である国家公安委員長と５人の国家公安委員の計６人によって構成される。国家公安委員は、過去５年間に警察または検察の職務を行う職業的公務員の前歴を持たない者の中から、内閣総理大臣が両議院の同意を得て任命する。委員のうち３人が同一の政党に所属することとなってはならない。

任期は５年だが、都道府県の公安委員会同様、毎年１人ずつ交代する。〔木寺元〕
➡145ページ

国庫支出金　自治体が行政サービスを提供するのにかかる費用を賄うため、国が自治体に支出するお金のこと。新型コロナウイルス感染症対応地方創生臨時交付金、義務教育費負担金、生活保護費負担金、障害者自立支援給付費等負担金、普通建設事業費支出金や災害復旧事業費支出金などがこれに含まれる。〔辻陽〕
➡165ページ

コンストラクティビズム　合理的選択論に対抗して、社会学的背景を持って誕生した考え方。国家間の間主観性、つまり共通認識によって世界が構成されると考える。彼や彼女たちにとって、たとえば脅威とは客観的なものではなく、脅威と認識されることによって脅威となる。〔髙島亜紗子〕
➡187ページ

さ　行

三角同盟
→　**鉄の三角形（三角同盟）**

三権分立　立法・行政・司法の相互独立、相互のチェックアンドバランスによって権力の濫用を抑止しようとする考え方。アメリカ合衆国憲法を手本とした日本国憲法もこの考えを導入したとされるが、本来議院内閣制では行政権と立法権は密接な関係にある。〔髙島亜紗子〕
➡105、146ページ

資格任用制　公開競争試験の合格者が公務員に採用される仕組み。メリット・システムともいう。これに対し、親族や後援者などを優先的に任用することを、情実任用制（パトロネージ）と呼ぶ。〔木寺元〕
➡122ページ

資源動員論　社会運動を合理的行動としてとらえ、社会運動の発生において、資源を動員する組織やネットワーク、活動家の役割といった動員構造を重視するアプローチ。たとえば、ヘイトスピーチを行う日本の排外主義運動に関する研究では、５ちゃんねるのようなインターネット掲示板やSNSを動員構造として注目する。〔具裕珍〕
➡243ページ

自治事務　自治体が担う事務のうち、法定受託事務以外のものを指す。高校や小中学校の設置・管理、身体障害者手帳の交付など、法律で義務づけられているものと、コミュニティバスの運営や、子ども医療費の補助など、法律で義務づけられず各自治体が独自に取り組めるものの両方がある。〔辻陽〕
➡160ページ

執政制度　民主主義の政治体制において行政府のリーダーの選び方や、国の機関や有権者との関係性を定める制度を指

す。議院内閣制、大統領制、半大統領制などがあり、それぞれにおいて行政府と立法府の関係が異なっている。〔早川有紀〕
➡031ページ

社会学モデル　コロンビア大学のラザーズフェルドらが1940年に米国・オハイオ州のエリー郡で実施した調査（通称、エリー調査）を基に、人々の投票先の決定には社会経済的地位や宗教、居住地域などの社会的要因が大きく影響していることを主張したモデル。決定論的である一方、同じ属性の人がすべて同じ投票行動をとるわけではないので、説明力が弱いといった批判もある。〔山本健太郎〕
➡071ページ

社会関係資本
　→　**ソーシャル・キャピタル（社会関係資本）**

シャドウ・キャビネット
　→　**影の内閣（シャドウ・キャビネット）**

集合行為問題　→　フリーライダー問題

主権国家　国家の領域が定まり、その領域内で自治が行われている国家。国家が他国に侵されない主権を持つという考えは、現代国際政治の基盤であり、主権国家は国際社会の基礎単位である。また、これが転じて主権を行使できていない国家への介入を正当化することもある。〔髙島亜紗子〕
➡178ページ

首相公選制　行政府のリーダーである首相を国民が直接選出し、首相は政権運営について議会の信任をもとに行うもの。イスラエルでは、1992年から2001年まで首相公選制が導入された。〔早川有紀〕
➡036ページ

小選挙区比例代表並立制　1994年に、従来の中選挙区制に代わって衆議院に導入されることになった選挙制度。1996年に初めて実施された。当初は小選挙区300（2023年現在は289）、比例代表制200（同、176）の計500議席（同、465議席）で争われ、両者はそれぞれ独立して議席を決定する混合制である。有権者は小選挙区と比例代表についてそれぞれ1票ずつ投票する。小選挙区中心の制度のため、政党執行部の権限強化と政党の大規模化を促した。〔山本健太郎〕
➡060ページ

素人統制（レイマン・コントロール）
レイマンとは「素人」の意味、転じて一般市民を指す。政治家や行政官のみに政策の立案や決定を委ねるのではなく、一般市民の意見やニーズを適切に政策や施策に反映させること。〔木寺元〕
➡142ページ

審議会　中央省庁などが設置している

諮問機関。政策形成過程において、関係利益団体の合意を得たり、大学教授などの専門家の意見を取り入れたりするために設置されている。官僚の考えた政策に「お墨付き」を与えるための形式的な議論をしているにすぎないとの批判（官僚の「隠れ蓑」論）もある。〔京俊介〕

➡220 ページ

心理学モデル　ミシガン大学のキャンベルらの研究グループが、人々の投票先の決定にあたっては社会的な要因にとどまらず、個々の心理的な要因も影響していると主張したモデル。長期的に形成・維持される政党支持態度を基に、短期的な候補者イメージや争点態度が絡み合って投票先が決まると述べた。政策争点という、一般的には投票で最重要と考えられる要素の優先順位が必ずしも高くないとの主張のため、論争を引き起こした。〔山本健太郎〕

➡071 ページ

政界再編　1993 年の自民党分裂に端を発し、野党が新たな衆議院の選挙制度に対応するため、大同団結や分裂を繰り返したことに代表されるような、政党の合併・分裂・新設・消滅の過程をいう。国会議員の政党間移動が再編を主導したことから、俗に「政界」再編といわれる。2003 年にいったん落ち着いたが、2012 年以降再び活発化している。〔山本健太郎〕

➡096 ページ

政治改革　1980 年代の終わりから、リクルート事件などの金権スキャンダルが相次いだことを受け、世論の批判が高まったことへの対応として試みられた一連の改革を指す。紆余曲折の末に 1994 年に成立した政治改革関連法は、衆議院の選挙制度改革、政治資金規正法改革と政党助成金制度の創設という 3 つの柱からなる。〔山本健太郎〕

➡060 ページ

政治的機会構造　集合行動が成功するかしないかに関する人々の期待や認識に影響を及ぼし、集合行動への参加を促したり引き止めたりする、公式または非公式の政治的環境。たとえば、1960 年代に起きたアメリカの公民権運動の場合、共和党政権下よりも民主党政権下で組織化と動員が活発になった。〔具裕珍〕

➡245 ページ

政府の銀行

→ **発券銀行、政府の銀行、銀行の銀行**

勢力均衡　特に軍事力に注目して、国家間のパワーバランスを志向する考え方。軍事力の増強や同盟によって、特定の国家だけが優位な状況を作り出さないことによって安定が保たれると考える。〔髙島亜紗子〕

➡180 ページ

政令指定都市　都道府県に代わって、都市計画の決定や児童相談所の設置、県費負担教職員の任命・給与の決定、一部国道や県道の管理など、幅広い権限を行使することのできる市のこと。横浜市、名古屋市、京都市、大阪市、神戸市がその第1号として1956年に指定され、現在は20市に上る。〔辻陽〕
➡161ページ

相互依存論　国際政治の経済的側面に注目した考え方。国家間の経済的結びつきが強ければ強いほど、両国が紛争状態に陥る可能性は低いと考える。〔髙島亜紗子〕
➡182ページ

争点明示機能
→　**国民代表制／立法機能／争点明示機能**

ソーシャル・キャピタル（社会関係資本）
人々の協調的行動を促す「信頼」、「規範」、「ネットワーク（絆）」を指す。指標としては、大きくわけて構造的側面（市民社会団体への参加など）と、認知的側面（近隣住民への信頼水準など）がある。東日本大震災のとき、市民参加の割合が高い地域や、献血率が高い地域、犯罪発生率が低い地域など、すなわちソーシャル・キャピタルが高い地域では、津波による犠牲者が少なかった、との研究もある。〔具裕珍〕
➡240ページ

族議員　縦割りの中央省庁に対応して、ある政策分野に精通した議員のこと。担当分野の政策形成に影響力をもつため、関係団体の陳情先となる。官僚は法案提出前に彼らの了承をとっておく必要がある。〔田中雅子〕
➡020、108ページ

た　行

大衆　社会の近代化に伴って登場した人々を特徴づけるために生み出された概念。近代社会の構成員を合理性や理性を持った市民としてとらえる考え方としばしば対比され、大衆はその非合理性が強調される。また、他者と同じであることに安心を抱くという同調性が指摘される。さらに、それと関連して、マス・メディアのメッセージを無批判に受け入れるという受動性が強調される。〔山腰修三〕
➡201ページ

大統領制　行政府のリーダーを国民が議会とは別個の選挙によって直接選出し、選ばれた大統領が任期満了まで解任されない制度。立法・司法・行政の厳格な三権分立を前提にした制度であり、大統領は議会の解散権を持たず、また議会は大統領に対して大統領不信任権を持つことはない。〔早川有紀〕
➡033ページ

多極共存型民主政治
→　**合意型（多極共存型）民主政治**

多元主義　多様な利益団体や結社による競争、交渉、取引によって、権力や政治空間が作られるとする議論。多元主義社会での公共政策は、競争する市民社会団体の交渉による産物であり、市民社会は団体を通して交渉に参加することで、政策に影響を及ぼすことができる。〔具裕珍〕
➡227 ページ

多数決型（ウェストミンスター型）民主政治　小選挙区制と、それがもたらす二大政党制によって、単独政権になりやすく、首相が行政府のみならず立法府も事実上支配下に置いて強いリーダーシップのもとで権力を掌握する政治体制。その代表例であるイギリスの議会の所在地の名称をとって、ウェストミンスター型とも呼ばれる。〔山本健太郎〕
➡090 ページ

ただ乗り問題　→　フリーライダー問題

地方交付税　自治体間の財源の不均衡を調整し、すべての自治体が同じ水準で行政運営を行えるよう、国が自治体に交付するお金のこと。その自治体の財政需要を賄えるほどの潤沢な税収があるとされる自治体は、地方交付税不交付団体となる。〔辻陽〕
➡165 ページ

中選挙区制　1993 年まで衆議院で採用され、現在も参議院と地方議会選挙の一部で導入されている制度。1 つの選挙区の定数はほぼ 3 から 5 人であり、有権者が選択する候補者は 1 人のみである。そのため、衆議院の過半数を目指す政党は同一選挙区に複数の候補者を擁立する必要があり、政党本位の選挙の妨げとなった。〔山本健太郎〕
➡055 ページ

ディスインフォメーション（偽情報）
国家・企業などの信用を失墜させるために故意に流す虚偽の情報。画像や映像を捏造することも多い。〔髙島亜紗子〕
➡190 ページ

鉄の三角形（三角同盟）　規制政策をめぐる利益団体・政治家・官僚の三者による同盟のような関係。利益団体、特に業界団体は、自分たちに有利な規制を維持してもらうために、政治家には票やカネを、官僚には天下りポスト等を提供する。こうして、業界に有利な規制を維持することが三者の一致した利益となって、このような関係が成り立つ。〔京俊介〕
➡228 ページ

デュベルジェの法則　「小選挙区制は二大政党制をもたらし、比例代表制は多党制をもたらす」という、選挙制度と政党システムの間に成り立つ関係性を指摘した法則。フランスの政治学者、モーリス・デュベルジェが提唱したことから、こう呼ばれる。後半についてはおおむね正しいとされるが、前半については事実と理論の双方から批判が寄せられ、今日では選挙区レベルに限定して成り立つ法則と考えられている。〔山本健太郎〕
➡061、092 ページ

特別区　市が行うこととされる事務の多くを実施することのできる、自治体の種別の1つ。現在、東京23区がこれに該当する。市町村が行うことになっている、上下水道の整備・管理運営や消防に関する事務は、東京都が実施している。〔辻陽〕

➡161ページ

な 行

二院制

→　**一院制／二院制**

ニュース・バリュー　何がニュースになるのかを決定する判断基準のこと。ジャーナリストたちは日常業務の中で、通常は暗黙のうちに身につける。また、取材体制は、ニュース・バリューを反映して制度化される。ニュース・バリューはジャーナリストたちの専門文化であり、業界で広く共有されている。その一方で、社会の多数派の価値観とも連動している。〔山腰修三〕

➡197ページ

粘着性論　マイク・モチヅキが提唱した、国会無能論に対する反論。それまで日本の政治は、すべて党内調整で決まり、国会はそれを追認するだけだと思われてきたのに対し、二院制・会期制・委員会制・全会一致の慣行などによって、野党にも一定の抵抗力があることを明らかにした。〔髙島亜紗子〕

➡111ページ

は 行

覇権安定論　圧倒的軍事力を持つ覇権国が存在することで、安定が保たれるとする考え方。覇権国は制度を作ることで公共財を提供し、秩序を創造することが期待されている。〔髙島亜紗子〕

➡181ページ

発券銀行、政府の銀行、銀行の銀行
発券銀行とは、お金を発行すること。その国で使われる紙幣を発券する。政府の銀行とは、政府が集めた税金を管理したり、一時的に政府にお金を貸したりすること。銀行の銀行とは、銀行にお金を貸すこと。〔木寺元〕

➡149ページ

派閥　政策やイデオロギー、人間関係などをもとに政党内部で形成される、独自の組織を持った集団。ボスである領袖や実力者と、取り囲む議員とで構成され、党首選ではまとまった行動をとることが一般的である。小選挙区制導入により機能は弱体化しているものの、選挙支援や役職配分では、依然として政治家の行動原理となっている。〔田中雅子〕

➡019、020、022、059ページ

半大統領制　一国内において行政権を大統領と首相が分有する制度。大統領は議会とは別個の選挙によって国民から直接選ばれ、首相は議会の信任を得て選ばれる。なお、大統領と首相の所属政党が

異なる場合は、コアビタシオン（保革共存政権）と呼ばれる。〔早川有紀〕
➡035 ページ

フリーライダー問題　費用や負担を負わずとも、集合財を享受できることから、合理的な個人は、集合行動をとらないという問題。学校で行われるグループ課題に積極的に参加しなくても、同じグループの学生は同じ評価を得るため、自らの時間を犠牲にしてまでグループ課題に積極的に参加しないことが、私たちの周りで共感できる例である。集合行為問題とも呼ぶ。〔具裕珍〕
➡223、235 ページ

フレーミング論　現実をどのように認識・解釈するかの枠組みを作ることが、社会運動の発生にとって重要であるという議論。フレーミング過程は、特定の文化に沿った形で政治的な争点に意味づけし、それを解釈する枠組みを作ることによって、市民の参加を促す。〔具裕珍〕
➡246 ページ

フレーム　ある出来事を意味づけ、解釈する際に用いられる「組織化の原則」。つまり、出来事の構成要素を選択し、組み立てて人々に理解可能な形で提示する手法のこと。メディア研究、ニュース研究では、社会問題に関する意味づけが、こうしたフレームに基づいてパターン化される点が注目される。〔山腰修三〕
➡205 ページ

変換型議会／アリーナ型議会　変換型議会とは、立法機能に重点をおいた議会。議会の主な役割は法律を作ることだと考えられている。一方、アリーナ型議会は、議会をアリーナと見なし、そこで論戦が繰り広げられることで争点が明らかになることを期待されている。〔髙島亜紗子〕
➡104 ページ

包括政党　特定の集団をターゲットにするのではなく、有権者全体から支持を獲得しようとする政党を指す。広範な支持を調達するために、利害が対立しないような政策を掲げる傾向がある。〔田中雅子〕
➡015 ページ

法定受託事務　自治体が行う事務のうち、本来国が果たすべきではあるものの、国においてその適正な対応を特に確保する必要があるものとして、法律や政令によって定められた事務のこと。国政選挙の管理業務や旅券の発行、生活保護の実施などがこれに当たる。〔辻陽〕
➡159 ページ

本会議／委員会　議会に所属する議員全体で構成される会議を本会議と呼ぶ。日本の場合、本会議は原則公開され、開催に総議員の３分の１以上の出席が本会議成立の条件とされる。これに対して、本会議の予備的議論のために、担当の諸議員によって構成される会議を委員会と呼ぶ。国会の委員会は常に設置されている常設委員会と、国会ごとに設置される

特別委員会にわかれる。〔髙島亜紗子〕
➡106 ページ

ま 行

マニフェスト　政党が選挙で掲げる政権公約。具体的な数値目標、達成期限、財源などを明記し、達成度合いを検証可能にした。2003 年衆院選で民主党が掲げ各党に広まったが、民主党政権の挫折により政党が前面に出して用いることは少なくなっている。〔田中雅子〕
➡011、024 ページ

無政府状態
　→　**アナーキー（無政府状態）**

無党派層　世論調査などで、支持している政党について訊かれたとき、「特に支持している政党はない」と回答する有権者をいう。無党派層は、そもそも政治に興味がないため支持政党がない消極的無党派層と、政治に関心はあるが既成政党に不信感があるため支持政党がない積極的無党派層に分かれる。〔山本健太郎〕
➡078 ページ

や 行

有効政党数　各政党の得票率（議席率）の 2 乗値をすべて足し合わせ、1 で割った数値。仮に議席率を 50％ずつ分けあう二大政党が議会にいる場合、有効政党数は 2 となることが示すように、選挙や議会で意味のある存在の政党がおよそいくつあるかを具体的な数字で示してくれる。当然ながら、二大政党制なら 2 に近い数字となり、多党制なら数字が大きくなる。〔山本健太郎〕
➡094 ページ

郵政解散　2005 年、当時の小泉純一郎首相が、参議院で与党である自民党の一部議員の造反により、郵政民営化関連法案が否決されたことを受け、衆議院を解散したことをいう。小泉首相は、解散総選挙で郵政民営化の是非を争点に掲げ、それに賛成する候補を衆議院での採決で造反した元自民党議員の選挙区にも擁立し、自民党が圧勝した。〔山本健太郎〕
➡023、043、075 ページ

吉田ドクトリン　吉田茂首相によって確定された日本の外交路線。安全保障は主に日米安全保障体制に委ね、日本は経済発展に力を入れるという考え方。〔髙島亜紗子〕
➡188 ページ

世論　政治的・社会的な問題や出来事に関する人々の意見の集合体。今日では世論調査を通じて表出された意見の分布を「世論」と見なす傾向があるが、本来的には多義的な概念である。特に、世論における感情的な側面と理性的な側面のどちらに注目するかによって、世論概念のとらえ方や評価は異なる。〔山腰修三〕
➡199 ページ

ら 行

ライン部門とスタッフ部門　現実の行政機関では、ライン部門の課長は、命令系統一元化の原理に基づいて考えれば直属の上司からのみ指示・命令を受けるはずだが、現実にはスタッフ部門や部内のスタッフ機能を持つ部署（人事部や総務課など）からの指示・命令も受ける。〔木寺元〕
➡122 ページ

リクルート事件　1980 年代末から明るみに出た金権スキャンダル。リクルートという未上場の会社の未公開株を、当時の経営者が政官界に無償でばらまき、将来の上場の折に高値で売り抜ければ多額の金銭を手にできることから、濡れ手で粟だと批判された。与野党問わず株を受け取った議員が多数に上ったことから、カネにまみれた政治のイメージを有権者に植え付けた。〔山本健太郎〕
➡060 ページ

立法機能
→　**国民代表制／立法機能／争点明示機能**

レイマン・コントロール
→　**素人統制（レイマン・コントロール）**

連立政権　複数の政党が共通の目標を実現するために政策合意をし、閣僚を出して共同で政権を運営する政権形態を指す。第一党が議会で過半数を確保できない場合に形成されることが多い。〔田中雅子〕
➡012、022、023、024、060 ページ

ロビー活動（ロビイング）　政府の決定（政策決定・執行）に影響を及ぼすために行われる市民社会団体の主張を伝える活動。ロビー活動は主に、与党議員や野党議員、官僚、司法に向けて行われる。アメリカではロビイングを専門的に行う職業があり、ロビイストとして登録して活動している。〔具裕珍〕
➡225 ページ

ロビイング
→　**ロビー活動（ロビイング）**

引用参考文献

序章

シュミット、カール（田中浩・原田武雄訳）（1970）『政治的なるものの概念』未來社。

建林正彦・曽我謙悟・待鳥聡史（2008）『比較政治制度論』有斐閣。

ムフ、シャンタル（酒井隆史監訳）（2008）『政治的なものについて』明石書店。

ロールズ、ジョン（川本隆史・福間聡・神島裕子訳）（2010）『正義論〔改訂版〕』紀伊國屋書店。

第1章

石川真澄・山口二郎（2021）『戦後政治史〔第4版〕』岩波書店。

猪口孝・岩井奉信（1987）『「族議員」の研究――自民党政権を牛耳る主役たち』日本経済新聞社。

内山融（2007）『小泉政権――「パトスの首相」は何を変えたのか』中央公論新社。

NHK 放送文化研究所編（2020）『現代日本人の意識構造〔第9版〕』NHK 出版。

大嶽秀夫（1994）『自由主義的改革の時代――1980 年代前期の日本政治』中央公論社。

大村華子（2012）『日本のマクロ政体――現代日本における政治代表の動態分析』木鐸社。

葛西敬之（2007）『国鉄改革の真実――「宮廷革命」と「啓蒙運動」』中央公論新社。

カルダー、ケント・E（カルダー淑子訳）（1989）『自民党長期政権の研究――危機と補助金』文藝春秋。

川人貞史（1996）「シニオリティ・ルールと派閥――自民党における人事配分の変化」『レヴァイアサン臨時増刊号』冬：111～145 頁。

北岡伸一（2008）『自民党――政権党の 38 年』中央公論新社。

境家史郎（2017）『憲法と世論――戦後日本人は憲法とどう向き合ってきたのか』筑摩書房。

佐藤誠三郎・松崎哲久（1986）『自民党政権』中央公論社。

新川敏光（2005）『日本型福祉レジームの発展と変容』ミネルヴァ書房。

田中秀征（2018）『自民党本流と保守本流――保守二党ふたたび』講談社。

中北浩爾（2017）『自民党――「一強」の実像』中央公論新社。

広瀬道貞（1981）『補助金と政権党』朝日新聞社。

第2章

飯尾潤（2007）『日本の統治構造』中央公論新社。

内山融（2007）『小泉政権』中央公論新社。

内山融（2022）「民主政治のさまざまな仕組み」川出良枝・谷口将紀編『政治学〔第2版〕』東京大学出版会、61～83 頁。

粕谷祐子（2014）『比較政治学』ミネルヴァ書房。

久保文明編（2013）『アメリカの政治〔新版〕』弘文堂。

サルトーリ、ジョヴァンニ（岡沢憲芙監訳）（2000）『比較政治学』早稲田大学出版部。

竹中治堅（2006）『首相支配』中央公論新社。

建林正彦・曽我謙悟・待鳥聡史（2008）「執政制度」『比較政治制度論』有斐閣、103～132頁。
辻陽（2005～2006）「大統領制比較のための視座」法学論叢158巻2号・3号・4号、30～53頁・65～75頁・64～81頁。
中北浩爾（2019）『自民党——「一強」の実像』中公新書。
牧原出（2016）『安倍一強の謎』朝日新書。
待鳥聡史（2012）『首相政治の制度分析』千倉書房。
待鳥聡史（2015）『代議制民主主義』中央公論新社。
待鳥聡史（2016）『アメリカ大統領制の現在』NHK出版。
山口二郎（2007）『内閣制度』東京大学出版会。
レイプハルト、アレンド（粕谷祐子・菊池啓一訳）（2014）『民主主義対民主主義』勁草書房。
Linz, Juan J.（1994）Presidential or Parliamentary Democracy：Does It Make a Difference?, in Linz, Juan J. and Valenzuela, Arturo（eds.）, *The Failure of Presidential Democracy, vol. 1：Comparative Perspectives*, Johns Hopkins University Press, pp.3–87（中道壽一訳（2003）『大統領制民主主義の失敗 理論編』南窓社）.
Samuels, David J.（2007）Separation of Powers in Carles Boix and Susan Stokes（eds.）, *The Oxford Handbook of Comparative Politics*, Oxford University Press, pp.703–726.
Shugart, Matthew Soberg and Carey, John M.（1992）*Presidents and Assemblies：Constitutional Design and Electoral Dynamics*, Cambridge University Press.
Takenaka, Harukata（2021）Expansion of the Japanese Prime Minister's Power and Transformation of Japanese Politics in Takeo Hoshi and Phillip Y Lipscy（eds）*The Political Economy of the Abe Government and Abenomics Reforms*, Cambridge University Press, pp.43–67.
Uchiyama, Yu（2022）Japanese Prime Ministers and Party Leadership, *Asian Journal of Comparative Politics*, July, pp.1–12.

第3章

川人貞史・吉野孝・平野浩・加藤淳子（2011）『現代の政党と選挙〔新版〕』有斐閣。
佐々木毅編著（1999）『政治改革1800日の真実』講談社。
竹中治堅（2006）『首相支配——日本政治の変貌』中央公論新社。
建林正彦（2004）『議員行動の政治経済学——自民党支配の制度分析』有斐閣。
中北浩爾（2017）『自民党——「一強」の実像』中央公論新社。

第4章

公益財団法人明るい選挙推進協会（2022）「第49回衆議院議員総選挙 全国意識調査 調査結果の概要」公益財団法人明るい選挙推進協会（http://www.akaruisenkyo.or.jp/wp/wp-content/uploads/2018/07/49syuishikicyosa.pdf）。
田中愛治（2012）「無党派層のこれまでと現在」nippon.com（https://www.nippon.com/ja/in-depth/a01104/）。

田中愛治（1998）「選挙研究における『争点態度』の現状と課題」『選挙研究』13 巻、17-27 ページ。
平野浩（1998）「選挙研究における『業績評価・経済状況』の現状と課題」『選挙研究』13 巻、28-38 ページ。
Campbell, Angus, Philip E. Converse, Warren E. Miller, and Donald E. Stokes（1960）*The American Voter*, John Wiley & Sons, Inc.
Fiorina, Morris P.（1981）*Retrospective Voting in American National Elections*, Yale University Press.
Lazarsfeld, Paul F., Hazel Gaudet, and Bernard Berelson.（1948）*The People's Choice?：How the Voter Makes up His Mind in a Presidential Campaign*, 2nd ed, New York：Columbia Univ Press.
Riker, William H. and Ordeshook, Peter C.（1968）A Theory of Calculus of Voting, *American Political Science Review*. 62, pp.25-42.

第 5 章

イングルハート、R.（三宅一郎・金丸輝男・富沢克訳）（1978）『静かなる革命――政治意識と行動様式の変化』東洋経済新報社。
上神貴佳（2013）『政党政治と不均一な選挙制度――国政・地方政治・党首選出過程』東京大学出版会。
サルトーリ、ジョヴァンニ（岡沢憲芙・川野秀之訳）（2001）『現代政党学――政党システム論の分析枠組み』早稲田大学出版部。
建林正彦・曽我謙悟・待鳥聡史（2008）『比較政治制度論』有斐閣。
デュヴェルジェ、モーリス（岡野加穂留訳）（1970）『政党社会学――現代政党の組織と活動』潮出版社。
レイプハルト、アーレンド（内山秀夫訳）（1979）『多元社会のデモクラシー』三一書房。
Lipset, Seymour M. and Rokkan, Stein（1967）Cleavage Structures, Party Systems and Voter Alignments：An Introduction, in Lipset, S. M. and Stein, Rokkan (eds.), *Party Systems and Voter Alignments*, Free Press, pp.1-64.

第 6 章

飯尾潤（2007）『日本の統治構造』中央公論新社。
大山礼子（2003）『国会学入門〔第 2 版〕』三省堂。
大山礼子（2003）『比較議会政治論』岩波書店。
川人貞史（2005）『日本の国会制度と政党政治』東京大学出版会。
北岡伸一（2008）『自民党』中央公論新社。
竹中治堅（2010）『参議院とは何か 1947～2010』中央公論新社。
建林正彦・曽我謙悟・待鳥聡史（2008）『比較政治制度論』有斐閣。
野中尚人（2008）『自民党政治の終わり』筑摩書房。

濱本真輔（2022）『日本の国会議員――政治改革後の限界と可能性』中公新書。
福元健太郎（2000）『日本の国会政治――全政府立法の分析』東京大学出版会。
村松岐夫・伊藤光利・辻中豊編（2001）『日本の政治〔第2版〕』有斐閣。
Mochizuki, M.（1982）*Managing and Influencing the Japanese Legislative Process：the Role of Parties and the National Diet*, Ph. D. Dissertation at Harvard University.

第7章

足立忠夫（1976）「責任論と行政学」辻清明編『行政学講座』東京大学出版会、217〜254頁。
ウェーバー、M.（濱島朗訳）（2012）『権力と支配』講談社。
金井利之（2018）『行政学講義』ちくま新書。
ゴールドナー、A. W.（岡本秀昭・塩原勉訳）（1963）『産業における官僚制――組織過程と緊張の研究』ダイヤモンド社。
柴嵜雅子（2007）「ホロコーストから見た人間の道徳性」『国際研究論叢』（大阪国際大学）21巻1号75〜88頁。
千葉芳夫（2012）「ヴェーバーと官僚制」佛教大学社会学部論集54号33〜46頁。
辻清明（1969）『日本官僚制の研究〔新版〕』東京大学出版会。
西尾勝（2004）『行政学〔新版〕』（新版第9刷）有斐閣。
バーナード、C・I（松田武彦、二村敏子、高柳暁訳）（1968）『経営行動――経営組織における意思決定プロセスの研究』ダイヤモンド社。
原田久（2016）『行政学』法律文化社。
マートン、ロバート・K.（森東吾訳）（1961）『社会理論と社会構造』みすず書房。
真渕勝（2004）「官僚制の変容――萎縮する官僚」『レヴァイアサン』34号20〜38頁。
真渕勝（2009）『行政学』有斐閣。
村松岐夫（1981）『戦後日本の官僚制』東洋経済新報社。
メイヨー、エルトン（村本栄一訳）（1967）『産業文明における人間問題――オーソン実験とその展開』日本能率協会。
Finer, H.（1941）Administrative Responsibility in Democratic Government, *Public Administration Review*, 1（4）, pp.335–350.
Friedrich, C. J.（1940）Public Policy and the Nature of Administrative Responsibility, in Friedrich, C. J. and Mason, E. S.（eds.）*Public Policy 1*, Harvard University Press, pp.3–24.
Gilbert, C. E.（1959）The Framework of Administrative Responsibility, *Journal of Politics*, vol.21, No.3.
Selznick, P.（1949）*TVA and Grass Roots*, University of California Press.

第8章

岩田太（2004）「合衆国における法曹一元制度の一考」上智法學48巻1号、1〜36頁。
高橋寛人（2013）「公安委員会と教育委員会の比較検討」教育学研究80巻2号、172〜184頁。

中央教育審議会教育制度分科会第3回地方教育行政部会（2004）「資料3 旧教育委員会法下における教育委員会制度について」（http://www.mext.go.jp/b_menu/shingi/chukyo/chukyo1/003/gijiroku/04061001/003.htm）。
原口佳誠（2012）「アメリカにおける裁判官公選制とデュー・プロセス」比較法学45巻3号、29〜71頁。
村上祐介（2003）「教育委員会制度はなぜ『安定』したのか」東京大学大学院教育学研究科教育行政学研究室紀要22号、86〜95頁。
Alesina, Alberto and Summers, Lawrence H.（1993）Central Bank Independence and Macroeconomic Performance：Some Comparative Evidence, *Journal of Money, Credit and Banking*, vol. 25（2）, pp.151-162.
Bernanke, Ben（2005）Inflation in Latin America：A New Era?, at the Stanford Institute for Economic Policy Research Economic Summit, February 11.
Cukierman, Alex；Webb, Steven B. and Neyapti, Bilin（1992）Measuring the independence of central banks and its effect on policy outcomes, *The World Bank economic review*, Vol. 6, No. 3, pp.353-398.
Horn, Murray J.（1995）*The political economy of public administration：institutional choice in the public sector*, Cambridge University Press.
American Judicature Society（2013）"Judicial Selection in the States：Appellate and General Jurisdiction Courts"（http://www.judicialselection.us/uploads/documents/Judicial_Selection_Charts_1196376173077.pdf）.

第9章

青木栄一（2006）「国・都道府県・市町村」村松岐夫編『テキストブック地方自治』東洋経済新報社、115〜134頁。
天川晃（1983）「広域行政と地方分権」ジュリスト増刊29巻、120〜126頁。
北村亘・青木栄一・平野淳一（2017）「第8章　地方税財政と予算」『地方自治論——2つの自律性のはざまで』有斐閣、136〜156頁。
村松岐夫（1994）『日本の行政』中央公論新社。
Peterson, Paul E.（1981）*City Limits*, University of Chicago Press.
Tiebout, Charles M.（1956）A Pure Theory of Local Expenditures, *Journal of Political Economy*, Vol. 64, No. 5, pp.416-424.
総務省『令和4年版地方財政白書』（https://www.soumu.go.jp/main_content/000800696.pdf）。

第10章

カー、E・H（原彬久訳）（2011）『危機の20年』岩波書店。
キッシンジャー、ヘンリー・A（岡崎久彦監訳）（1996）『外交（上）・（下）』日本経済新聞社。
多湖淳（2020）『戦争とは何か——国際政治学の挑戦』中公新書。

ナイ、ジョセフ・S、ウェルチ、ジュニア＝デイヴィッド・A（田中明彦・村田晃嗣訳）（2017）『国際紛争』有斐閣。
中西寛・石田淳・田所昌幸（2013）『国際政治学』有斐閣。
ニコルソン、ハロルド（斎藤眞・深谷満雄訳）（1968）『外交』東京大学出版会。
ブル、ヘドリー（臼杵英一訳）（2000）『国際社会論』岩波書店。
最上俊樹（2016）『国際機構論講義』岩波書店。
モーゲンソー、ハンス・J（原彬久訳）（2013）『国際政治（上）・（下）』岩波書店。
吉川直人編（2015）『国際関係理論〔第2版〕』勁草書房。
Jervis, Robert（1978）Cooperation under the Security Dilemma, *World Politics*, Vol. 30, No. 2, pp.167–214.
Keohane, Robert O. and Nye, Joseph S.（1977）*Power and Interdependence*, Longman.
Waltz, Kenneth N.（1959）*Man, the State and War：A Theoretical Analysis*, Columbia University Press.
Wendt, Alexander（1992）Anarchy is what States Make of it：The Social Construction of Power Politics, *International Organization*, Vol. 46, No. 2, pp.391–425.

第11章

大石裕・岩田温・藤田真文（2000）『現代ニュース論』有斐閣。
カクタニ・ミチコ（岡崎玲子訳）（2019）『真実の終わり』集英社。
蒲島郁夫・竹下俊郎・芹川洋一（2010）『メディアと政治〔改訂版〕』有斐閣。
サイード、E・W（浅井信雄・岡真理訳）（1996）『イスラム報道』みすず書房。
佐藤卓己（2008）『輿論と世論』新潮社。
タックマン・G（鶴木眞・櫻内篤子訳）（1991）『ニュース社会学』三嶺書房。
徳山喜雄（2014）『安倍官邸と新聞「二極化する報道」の危機』集英社。
ノエル＝ノイマン・E（池田謙一・安野智子訳）（2013）『沈黙の螺旋理論〔改訂復刻版〕』北大路書房。
マコームズ、M・E、ショー、D・L（谷藤悦史・大石裕監訳）（2002）「マス・メディアの議題設定の機能」『リーディング政治コミュニケーション』一藝社、111〜123頁。
ラザースフェルド、P・F、ベレルソン・B、ゴーデット・H（有吉広介監訳）（1987）『ピープルズ・チョイス』芦書房。
Cook, Timothy E.（1998）*Governing with the News：The News Media as a Political Institution*, The University of Chicago Press.
Couldry, N.（2010）*Why Voice Matters：Culture and Politics after Neoliberalism*, Sage.
Entman, R. M.（1993）Framing：Toward Clarification of a Fractured Paradigm, *Journal of Communication*, 43(4), pp.51–58.
Goffman, E.（1971）*Frame Analysis*, Northeastern University Press.
Louw, E.（2010）*The Media and Political Process*（*2nd edition*）, Sage.

McQuail, D.(2013) *Journalism and Society*, Sage.
Van Dijk, T. A.(1998) *Ideology*, Sage.

第12章

秋吉貴雄（2012）「規制緩和と利益団体政治の変容――タクシーの規制緩和における言説政治」『年報政治学』2012-Ⅱ号、110～133頁。
伊藤光利（2000）「利益団体」伊藤光利・田中愛治・真渕勝『政治過程論』有斐閣、166～192頁。
オルソン、マンサー（依田博・森脇俊雅訳）（1996）『集合行為論――公共財と集団理論〔新装版〕』ミネルヴァ書房。
木下武男（2021）『労働組合とは何か』岩波新書。
京俊介（2011）『著作権法改正の政治学――戦略的相互作用と政策帰結』木鐸社。
久米郁男（1998）『日本型労使関係の成功――戦後和解の政治経済学』有斐閣。
辻中豊（1988）『利益集団』東京大学出版会。
辻中豊・森裕城編著（2010）『現代社会集団の政治機能――利益団体と市民社会』木鐸社。
丹羽功（1995～1996）「利益団体の組織分析（1）（2・完）――アメリカ政治学における理論の展開」『法学論叢』137巻6号、46～66頁、139巻3号、70～90頁。
濱本真輔（2018）『現代日本の政党政治――選挙制度改革は何をもたらしたのか』有斐閣。
真渕勝（2009）「利益団体と政治」久米郁男・川出良枝・古城佳子・田中愛治・真渕勝『政治学〔補訂版〕』有斐閣、467～489頁。
村松岐夫（1981）『戦後日本の官僚制』東洋経済新報社。
村松岐夫・伊藤光利・辻中豊（1986）『戦後日本の圧力団体』東洋経済新報社。
森裕城（2011）「利益団体」平野浩・河野勝編『アクセス日本政治論〔新版〕』日本経済評論社、95～116頁。
Gais, Thomas L. and Walker Jr., Jack L.(1991) Pathways to Influence in American Politics, in Walker, Jr., Jack L.(ed.), *Mobilizing Interest Groups in America*, The University of Michigan Press, pp.103-121.
Salisbury, Robert H.(1969) An Exchange Theory of Interest Groups, *Midwest Journal of Political Science*, 13(1), pp.1-32.

第13章

アルドリッチ、D・P（石田祐・藤澤由和訳）（2015）『災害復興におけるソーシャル・キャピタルの役割とは何か』ミネルヴァ書房。
稲葉陽二（2011）『ソーシャル・キャピタル入門』中央公論新社。
オルソン、マンサー（依田博・森脇俊雅訳）（1996）『集合行為論』ミネルヴァ書房。
川脇康生（2019）「防災・災害復興で求められる地域コミュニティの機能」辻中豊・山内直人編著『ソーシャル・キャピタルと市民社会・政治：幸福・信頼を高めるガバナンスの構築は可能

か』ミネルヴァ書房。
坂本治也（2010）『ソーシャル・キャピタルと活動する市民』有斐閣。
坂本治也（2017）「市民社会論の現在――なぜ市民社会が重要なのか」坂本治也編『市民社会論』法律文化社。
スメルサー、ニイル・J（会田彰・木原孝訳）（1973）『集合行動の理論』誠信書房。
タロー、シドニー（大畑裕嗣監訳）（2006）『社会運動の力』彩流社。
辻中豊（2019）「市民社会・ガバナンス・ソーシャル・キャピタルの相互関係」辻中豊・山内直人編著『ソーシャル・キャピタルと市民社会・政治：幸福・信頼を高めるガバナンスの構築は可能か』ミネルヴァ書房。
辻中豊・森裕城編著（2010）『現代社会集団の政治機能――利益団体と市民社会』木鐸社。
トクヴィル、アレクシス・ド（松本礼二訳）（2008）『アメリカのデモクラシー 第2巻（上）』岩波書店。
ハーバーマス、ユルゲン（細谷貞雄・山田正行訳）（1994）『公共性の構造転換』未來社。
パットナム、ロバート（河田潤一訳）（2001）『哲学する民主主義』NTT出版。
パットナム、ロバート（柴内康文訳）（2006）『孤独なボウリング』柏書房。
McAdam, Doug（1982）*Political Process and the Development of Black Insurgency, 1930–1970*, University of Chicago Press.
McAdam, Doug；McCarthy, John D. and Zald, Mayer N.（1996）*Comparative perspectives on social movements：political opportunities, mobilizing structures, and cultural framings*, Cambridge university press.
McAdam, Doug；Tarrow, Sidney and Tilly, Charles（2009）*Comparative perspectives on contentious politics*, Cambridge university press.
McCarthy, John D. and Zald, Mayer N.（1977）Resource Mobilization and Social Movements：A Partial Theory, *American Journal of Sociology*, Vol. 82, No. 6, pp.1212–1241.
Snow, David A.；Rochford, E. Burke, Jr.；Worden, Steven K. and Benford, Robert D.（1986）Frame Realignment Processes, Micromobilization, and Movement Participation, *American Sociological Review*, Vol. 51, pp.464–481.
Tilly, Charles（2008）*Contentious Performances*, Cambridge University Press.

終章

待鳥聡史（2015）『代議制民主主義』中央公論新社。
Hirschman, Albert O.（1994）Social Conflicts as Pillars of Democrtic Market Society, *Political Theory*, Vol. 22, No. 2, pp.203–218.
The V–Dem Institute（2022）*Democracy Report 2022*, Department of Political Science University of Gothenburg（https://www.v–dem.net/documents/19/dr_2022_ipyOpLP.pdf）.

執筆者紹介（執筆順）

木寺 元（きでら・はじめ） 編著者 序章、第７章、第８章、終章、附録執筆
（編著者紹介参照）

田中 雅子（たなか・まさこ） 第１章、附録執筆
2016年 東京大学大学院総合文化研究科国際社会科学専攻相関社会科学コース博士後期課程単位取得退学
2018年 博士（学術）（東京大学）
現 在 流通経済大学法学部准教授
主 著 『増税の合意形成――連立政権時代の政党間競争と協調』（単著）日本評論社、2022年。
「連立政権下の福祉縮減過程――1994年と2004年の年金改正を中心に」（単著）公共政策研究10号、59～69頁、2010年。

早川 有紀（はやかわ・ゆき） 第２章、附録執筆
2015年 東京大学大学院総合文化研究科国際社会科学専攻相関社会科学コース博士後期課程修了
2015年 博士（学術）（東京大学）
現 在 関西学院大学法学部准教授
主 著 『環境リスク規制の比較政治学――日本とEUにおける化学物質政策』（単著）ミネルヴァ書房、2018年。
「アメリカにおける食品安全政策とリスク管理――危機時と平時の観点から」（単著）危機と国家（日本比較政治学会年報25号）、近刊、2023年。

山本 健太郎（やまもと・けんたろう）　第３章、第４章、第５章、附録執筆
2007年　東京大学大学院総合文化研究科国際社会科学専攻相関社会科学コース博士課程単位取得退学
2009年　博士（学術）（東京大学）
現　在　北海学園大学法学部教授
主　著　『政界再編――離合集散の30年から何を学ぶか』（単書）中公新書、2021年。
『政党間移動と政党システム――日本における「政界再編」の研究』（単著）木鐸社、2010年。

髙島 亜紗子（たかしま・あさこ）　第６章、第10章、附録執筆
2019年　東京大学大学院総合文化研究科国際社会科学専攻国際関係論コース博士後期課程単位取得退学
現　在　日本国際問題研究所研究員
主　著　Apology in Japanese Foreign Policy：Why an Apology is Made by a State Leader（単著）法学研究（大山耕輔教授退職記念論文集）96巻2号、466～490頁、2023年。
「謝罪の形成――第二次大戦後の日本とドイツを比較して」（単著）国際政治187号、114～130頁、2017年。

辻 陽（つじ・あきら） 第9章、附録執筆

2003年　京都大学大学院法学研究科政治学専攻博士後期課程中途退学

2016年　博士（法学）（京都大学）

現　在　近畿大学法学部教授

主　著　『日本の地方議会――都市のジレンマ、消滅危機の町村』（単著）中公新書、2019年。

『戦後日本地方政治史論――二元代表制の立体的分析』（単著）木鐸社、2015年。

山腰 修三（やまこし・しゅうぞう） 第11章、附録執筆

2008年　慶應義塾大学大学院法学研究科政治学専攻後期博士課程単位取得退学

2008年　博士（法学）（慶應義塾大学）

現　在　慶應義塾大学法学部教授

主　著　『ニュースの政治学――メディアと「政治的なもの」の批判的研究』（単著）勁草書房、2022年。

『コミュニケーションの政治社会学――メディア言説・ヘゲモニー・民主主義』（単著）ミネルヴァ書房、2012年。

京 俊介（きょう・しゅんすけ） 第12章、附録執筆

2009年　大阪大学大学院法学研究科法学・政治学専攻博士後期課程修了

2009年　博士（法学）（大阪大学）

現　在　中京大学法学部教授

主　著　『著作権法改正の政治学――戦略的相互作用と政策帰結』（単著）木鐸社、2011年。

「政策担当者による厳罰化立法の正当化理由の分析――『抑止効果』への言及に注目して」（単著）犯罪社会学研究47号、107〜121頁、2022年。

具 裕珍（く・ゆじん） 第13章、附録執筆

2013年 東京大学大学院総合文化研究科国際社会科学専攻相関社会科学コース博士後期課程単位取得退学

2018年 博士（学術）（東京大学）

現 在 東京大学東アジア藝文書院（EAA）特任准教授

主 著 『保守市民社会と日本政治――日本会議の動員とアドボカシー：1990-2012』（単著）青弓社、2022年。

A Configurative Approach to Conservative Mobilization in Japan：The Effect of Combining Political Opportunities and Threats, *Japanese Political Science Review, Vol. 5*, pp.27-58（2020）.

編著者紹介

木寺 元（きでら・はじめ）

現　在

明治大学政治経済学部教授

略　歴

東京学芸大学附属高等学校（東京都）出身。東京大学教養学部総合社会科学科相関社会科学分野を経て、2006年東京大学大学院総合文化研究科国際社会科学専攻相関社会科学コース博士課程中途退学。2011年博士（学術）（東京大学）。学部生時代の一番の思い出は、クラスで演劇、映画サークルで映画制作を行って、学園祭で上演・上映をしたことで、「みんなで集まって、わいわい何かやる」ということが好きな学生だった。

2006年北海学園大学法学部専任講師、2010年准教授、2014年明治大学政治経済学部准教授を経て、2019年より現職。講義では、実際に使える政治学を目指して、今起きているニュースや、中学校や高校の歴史の授業で習った出来事など、イメージしやすい具体的なケースと絡めることを心がけている。また、大教室の授業でも、スマートフォンを用いたクイズ形式の投票システムや、リアクションペーパーを用いた学生同士の仮想ディスカッションの導入など、一方通行でなく、双方向性・多方向性を実現した講義を展開している。

主　著

『地方分権改革の政治学――制度・アイディア・官僚制』（単著）有斐閣、2012年。

「越境者・主権権力・地方政治」都市問題110巻7号、2019年。

「グラフ理論とQCAに基づく人事システム分析」季刊行政管理研究167号、2019年。

政治学入門〔第3版〕

2016（平成28）年4月30日　初　版1刷発行
2020（令和2）年3月15日　第2版1刷発行
2023（令和5）年5月15日　第3版1刷発行

編著者　木寺　元
発行者　鯉渕友南
発行所　株式会社弘文堂　101-0062　東京都千代田区神田駿河台1-7
TEL 03(3294)4801　振替 00120-6-53909
https://www.koubundou.co.jp

カバーデザイン　野田デザイン事務所
印　刷　三報社印刷
製　本　井上製本所

ISBN 978-4-335-46044-9